21世纪高等院校教材·法学系列

经济法学

主　编　李　响
副主编　王金堂
参　编　（按姓氏笔画为序）
　　　　于　晋　王国柱　王清埃
　　　　曲天明　刘永存　杨　喆
　　　　张丽丽　周　丽　曹　胜

科学出版社
北　京

内容简介

本书针对非法学专业学生学习经济法学的需要和特点，结合案例教学和法学前沿理论研究成果，对经济法学的基本内容进行了深入浅出的论述。全书共分14章，系统讲述了经济法基础理论、公司法、企业法、外商投资企业法、破产法、税法、票据法、证券法、知识产权法、竞争法、产品质量法、消费者权益保护法、担保法等方面的知识，内容全面，条理清晰。

本书可作为非法学专业本科、大中专学校的法学教材，供教师选讲和学生阅读学习使用，也适合其他法学爱好者参考使用。

图书在版编目(CIP)数据

经济法学/李响主编. —北京：科学出版社，2008
21世纪高等院校教材. 法学系列
ISBN 978-7-03-021357-0

Ⅰ. 经… Ⅱ. 李 Ⅲ. 经济法-法的理论-中国-高等学校-教材
Ⅳ. D922.290.1

中国版本图书馆 CIP 数据核字(2008)第 032572 号

责任编辑：徐 蕊 / 责任校对：曾 茹
责任印制：张克忠 / 封面设计：陈 敬

科学出版社出版
北京东黄城根北街16号
邮政编码：100717
http://www.sciencep.com

北京市文林印务有限公司 印刷
科学出版社发行 各地新华书店经销
*
2008年4月第 一 版　开本：B5（720×1000）
2015年1月第五次印刷　印张：18 1/4
字数：346 000
定价：28.00元
（如有印装质量问题，我社负责调换）

作者简介

李响 1965年9月生,武汉大学经济法学硕士、中国海洋大学环境与资源保护法学博士(在读),现为青岛科技大学法学研究所所长、硕士生导师、法学教授、政法学院副院长。在20余年的高校教学与科研中,已形成比较稳定的研究方向并取得了一批研究成果,研究方向主要为经济法学、知识产权法学和环境与资源保护法学,特别是对竞争法学有一定的研究。作者曾赴俄罗斯讲学,研究俄罗斯竞争法,考察俄罗斯阿穆尔州反垄断委员会,对中国反垄断立法与俄罗斯反垄断法进行比较研究,并提出独到见解。近5年来,在国家、省、市核心学术期刊上发表论文20余篇,主持市级以上项目8项,出版专著、主编教材5部。

王金堂 男,汉族,1968年10月生,中国人民大学法学硕士,副教授,现任青岛科技大学政法学院法学系主任,中国法学会会员。主要研究方向:经济法、民商法。近5年来发表专业论文20余篇,主持科研项目6项。主要代表作为:《论我国农地产权制度的困局及改革思路》、《完善农村土地承包经营权制度研究》等。

目 录

第一章 经济法基础理论 1
- 第一节 经济法的产生和发展 1
- 第二节 经济法的概念和调整对象 4
- 第三节 经济法的基本原则 6
- 第四节 经济法律关系 10
- 第五节 经济法的地位和体系 16

第二章 公司法律制度 23
- 第一节 公司法概述 23
- 第二节 有限责任公司 26
- 第三节 股份有限公司 38
- 第四节 公司的合并、分立、清算 48
- 第五节 法律责任 51

第三章 合伙企业法律制度 54
- 第一节 合伙企业法概述 54
- 第二节 合伙企业的设立 56
- 第三节 合伙企业内部、外部关系 57
- 第四节 合伙企业的解散和清算 62

第四章 个人独资企业法律制度 65
- 第一节 个人独资企业概述 65
- 第二节 个人独资企业设立 66
- 第三节 个人独资企业的投资人及事务管理 67
- 第四节 个人独资企业的解散和清算 68

第五章 外商投资企业法律制度 70
- 第一节 外商投资企业法概述 70
- 第二节 中外合资经营企业法 72
- 第三节 中外合作经营企业法 76
- 第四节 外商独资企业法 81

第六章 企业破产法律制度 87
- 第一节 破产法概述 87
- 第二节 破产程序 88

第七章 税收法律制度 … 98
- 第一节 税法概述 … 98
- 第二节 中国现行实体税法结构体系 … 102
- 第三节 税收征收管理法律制度 … 111
- 第四节 税务代理制度 … 116
- 第五节 税法责任制度 … 118
- 第六节 涉外税法 … 120

第八章 票据法 … 124
- 第一节 票据法概述 … 124
- 第二节 汇票 … 133
- 第三节 本票 … 137
- 第四节 支票 … 138

第九章 证券法律制度 … 141
- 第一节 证券法概述 … 141
- 第二节 证券发行 … 144
- 第三节 证券交易 … 147
- 第四节 证券运营和监督管理机构 … 153

第十章 知识产权法律制度 … 157
- 第一节 知识产权法概述 … 157
- 第二节 著作权法律制度 … 159
- 第三节 专利法 … 176
- 第四节 商标法 … 185

第十一章 竞争法律制度 … 196
- 第一节 竞争与竞争法概述 … 196
- 第二节 反不正当竞争法律制度 … 202
- 第三节 反垄断法律制度 … 210

第十二章 产品质量法律制度 … 225
- 第一节 产品质量法概述 … 225
- 第二节 产品质量的监督与管理 … 226
- 第三节 产品生产者、销售者的产品质量和义务 … 229
- 第四节 产品责任 … 231

第十三章 消费者权益保护法律制度 … 238
- 第一节 消费者权益保护法概述 … 238
- 第二节 消费者的权利与经营者的义务 … 239
- 第三节 消费者权益争议的解决和法律责任 … 245

第十四章　担保法……………………………………………………… 252
　　第一节　担保法概述………………………………………………… 252
　　第二节　保证………………………………………………………… 256
　　第三节　抵押………………………………………………………… 262
　　第四节　质押………………………………………………………… 270
　　第五节　留置………………………………………………………… 275
　　第六节　定金………………………………………………………… 278
后记………………………………………………………………………… 283

第一章 经济法基础理论

重点问题
* 经济法的调整对象
* 经济法的基本原则
* 经济法的体系

第一节 经济法的产生和发展

一、经济法的产生

对经济法作为一个独立的法律部门产生于何时,国内外法学界的学者有不同的说法。有学者认为,经济法作为一个独立的法的部门产生于古代社会。当适应经济关系发展的需要而制定、调整特定经济关系的法律规范达到一定数量的时候,也就形成了作为独立法律部门的经济法。[1] 也有学者认为,经济法是随着国家与法律的产生而产生,到垄断资本主义阶段,经济法形成为一个新的法的部门。该种观点提出,经济法是阶级社会最古老法律的一个组成部分。当人类进入阶级社会,随着国家与法律的产生,经济法也就出现了。在奴隶制与封建制社会,经济法是包括在"诸法合体"的法律之中;到自由资本主义时期,经济法与其他法律同时并存;到了垄断资本主义阶段,经济法的地位凸显出来,逐步形成了一个新的法律部门。在社会主义社会,建立了一种新型的社会主义经济法。[2] 国外有学者认为近代经济法产生于19世纪末,他们认为,在19世纪后半叶,随着资本主义的发展,垄断市场的倾向日渐显著,产生了各种市场弊端。因此,国家对自由市场干预的法,即经济法也就发展起来。近代的经济法虽然是从19世纪发展起来的,但国家对市场的介入法,在市民革命前就已经存在了。[3] 日本的经济法学者金泽良雄认为,经济法是在资本主义进入垄断阶段以后产生的。金泽良雄在谈到德国产生经济法时指出,"经济法"一词在学术上开始使用,主要是在第一次世界大战后的德国。当时在德国,由于第

---

[1] 杨紫烜:《经济法概论》,光明日报出版社,1987年,第32页。
[2] 关乃凡:《中国经济法》,中国财政经济出版社,1988年,第23、26页。
[3] 〔日〕丹宗昭信,厚谷襄儿:《现代经济法入门》,谢次昌译,群众出版社,1985年,第11~12页。

一次世界大战的战时经济政策，经济领域出现了新的立法活动和法律现象。在战后，又开始出现有关战时经济复兴的法令，以及在《魏玛宪法》体制下出现的社会化法和其他新的法律现象。受到这种法律现象的刺激而产生的就是"经济法"这一概括性的术语和概念。[①] 上述几种观点表述了经济法作为一个独立的法律部门产生的不同时间。

以上关于经济法产生的几种理论都有其不同程度的合理性。我们认为不能把一个或者数个经济法律规范等同于经济法本身，只有相当多数量的经济法律规范的总称才是经济法。所以，真正学术意义上的经济法是指经济法这个独立的法的部门，因此，经济法产生的含义应理解为经济法这个独立的法的部门的形成。

二、经济法的发展过程

（一）资本主义形成和巩固时期的经济法

在15～18世纪资本主义的形成时期，西欧和东方的一些国家为了使劳动者服从雇主制定了《劳工法》，为了剥削农民颁布了《圈地法》，为了缓和贫民的反抗制定了《济贫法》，为了规定劳动条件和限制劳动时间制定了《工厂法》。以上这些法律均可以看做是早期的经济法律。这些法律从本质上来说，有利于新兴的资本主义国家操纵国家工具形成对自己有利的统治条件，并运用法律手段对社会经济生活进行干预，巩固资本主义的经济基础，以便形成有利于他们的经济秩序，从而使资本主义彻底战胜了封建主义，实现了封建社会向资本主义社会的过渡。

（二）自由资本主义时期的经济立法

这个时期，亚当·斯密写出了《关于国民财富的原因和性质的研究》（以下简称《国富论》），在该书中他十分深刻地论述了"看不见的手"即"市场之手"在形成经济秩序中的决定作用，政府的角色只是"守夜人"。这种思想逐渐成为自由竞争资本主义时期国家经济政策的主导思想。因此，在这个时期以国家干预为主要特征的经济法受到了削弱，民法得到了充分的发展。但是，当时的许多资本主义国家并没有完全放弃国家对经济生活的调整和干预。因此，即使在自由放任主义盛行的时期，资本主义国家都在公用事业、金融、货币、对外贸易、价格、关税以及劳动管理方面颁布了许多与自由放任原则相悖的体现国家调节和干预的经济法律，如英国的《关税法》和法国的粮食限价法等。

---

① 〔日〕金泽良雄：《经济法概论》，满达人译，甘肃人民出版社，1985年，第2页。

（三）垄断资本主义时期的经济立法

1. 美国的经济立法情况

美国是资本主义国家中奉行自由放任经济政策最典型的国家之一，自由放任主义最敏感、最厌恶的就是垄断和限制自由竞争的行为。19世纪末第二次产业革命完成后出现垄断对自由竞争的妨碍，引起了人们的普遍忧虑和不满，因为反对政治上的专制，同样也不能忍受经济上的独裁。于是，要求国家出面干涉、颁布反垄断和限制竞争法的呼声日益高涨。1890年美国国会出台了《反对不法限制和垄断，保护交易和通商的法律》（即《谢尔曼法》），1914年又颁布了《克莱顿法》和《联邦贸易委员会法》，这些法律的特点就是突破了私域独立、私法自治的传统民法的原则，是一种规定由国家直接介入私人经济的新型的法律，可以说这是经济法独立的先声，也是现代经济法最早的法律表现形式。但是，美国的经济立法领域仅限于反垄断和限制竞争，而且也不注重从法理上对法的体系构成加以区分，所以在当时对其他国家的影响并不大。

2. 德国的经济立法情况

对经济法在世界范围内的传播和发展影响最大的是德国。德国是世界上第一个以经济法名称颁布法律、法规，并确认经济法是法学领域中一个新范畴的国家。第一次世界大战期间，德国需要调整经济部署和发展生产以支持战争。战时又大力推行经济管制，将国家资本主义发展到顶峰。而战后，德国作为战败国，国内的经济处于崩溃的边缘，为了应对战后的危机，重建经济，德国的立宪会议首先通过了《魏玛宪法》，并根据这个宪法的精神先后颁布了一系列的政府干预经济的法律、法规。其中，1919年颁布的对钾和煤炭工业实行社会化的《钾经济法》和《煤炭经济法》被认为是世界上最早的以经济法命名的法规。

（四）国家垄断资本主义时期的经济立法情况

第一次世界大战以后，各国政府对经济的干预曾一度有所放松，但几年之后，资本主义国家爆发了1929～1933年的经济危机。危机充分暴露出资本主义社会所奉行的自由放任主义的弊端，以及生产社会化与无政府状态的矛盾，它使得许多国家的经济面临崩溃。于是，资本主义国家开始思考并转而对国民经济进行更为全面的总体性调节，资本主义发展到了国家垄断阶段。

这一阶段国家对社会经济干预管理的特点表现为：一是实行资本主义的国有化，国家垄断主义出现并得到发展，国家不仅以政权的身份对私人经济进行干预，而且开始以资本所有者的身份直接参与生产经营领域的活动。二是国家经济职能的全面强化，运用包括财政分配和经济计划在内的多种手段，对经济进行全面的、综合性和经常性的调节，最典型的就是美国的"罗斯福新政"。"罗斯福新政"的核心就是根据当时美国垄断资本主义发展的需要,通过政府颁布大量的经济法律、法规等手段干预经济生活,解决经济危机带来的矛盾,发展美国的垄断资本主义。可以说,"新政"主要的手段就是国家干预。德国在1933年希特勒上台以后所出台的一系列政策更是体现了国家干预经济的特征,因为希特勒要为发动第二次世界大战作准备。如1933年7月公布了《设立强制卡特尔法》,规定国家有权强制设立卡特尔组织,并可以限制某种工业的扩张;1934年又制定了全面管理制度的法律,并授权经济部可以规定物品的"供应、分配、储藏、贩卖、消费"等;1936年11月公布了《冻结价格令》,规定物价的调整应得到官方的许可。在外贸方面德国也实行了严格的控制。总之,希特勒推行的战时统制经济是为了他发动战争作准备,但从经济运转的角度来看则大大加强了国家对经济生活的干预。

第二次世界大战结束以后,各国为恢复战后经济,始终未放弃国家干预经济的政策,并在经济体制上实现了现代市场经济。现代市场经济的本质就是国家干预之下的市场经济,在立法上则体现为国家干预特征的经济立法内容和领域的大大扩展。这个时期各国经济法的发展在特点上也发生了一些重要的变化:一是各国经济经过第二次世界大战以后的恢复、重建,进入了和平发展时期,各国政府逐渐把经济发展放在重要地位,国家的经济管理职能进一步深化,经济法的立法进一步加强并日益完善。二是经济法逐渐从其立法中剔除了非经济性因素,即过去各国颁布经济立法主要是为了战争的需要,或是为了恢复战争后的创伤,这种立法带有临时性、针对性和补救性的特点。现在各国开始自觉运用经济法来维护经济的运转和协调发展,即开始真正发挥经济法本身所具有的调节、管理、协调等职能。特别是第二次世界大战以后经过几十年的经济和平进程,经济法得到了更为全面的发展和完善。

第二节 经济法的概念和调整对象

一、经济法概念的提出

(一)"经济法"一词的提出

1755年法国空想社会主义者摩莱里出版的《自然法典》(全名是《自然法典或自然法律的一直被忽视或被否认的真实精神》,1755年1月于阿姆斯特丹出版)一书中首先使用了"经济法"这个概念,其第二部分的标题即为"分配法或经济法"。可见,摩莱里所指的经济法调整的范围仅仅限于分配领域。但我们通过《自然法典》仍不难看出摩莱里所称的经济法含有我们现代经济法最本质的特征,即国家对社会生活进行干预和调节。

（二）经济法的概念

近年来，我国的学者们从不同的角度对经济法的概念进行了阐述，总的说来有如下几种观点：徐杰教授认为，经济法是调整经济管理和经济协作中所产生的经济关系的法律规范的总和；陶和谦教授认为，经济法是调整经济管理关系和与经济管理关系密切相关的经济关系的法律规范的总和；杨紫烜教授认为，经济法是调整经济管理关系和经济协作关系的法律规范的总和；刘文华教授认为，经济法是确立国家机关、社会组织和其他经济实体在国民经济体系中的法律地位，调整它们在经济管理和与管理、计划密切相关的经济协作过程中所发生的经济关系的法律规范的总和；李昌麒教授认为，经济法是国家为了克服市场调节的盲目性和局限性而制定的调整全局性的、社会公共性的、需要有国家干预的经济关系的法律规范的总称。[1]

我们认为，要正确理解经济法的概念并给出合理科学的定义必须要正确地概括经济法的调整对象是哪种社会关系，应当明确经济法调整的对象是一种经济关系而不是其他，这种经济关系是在国家调节经济运行过程中发生的。所以，我们认为，经济法是调整国家在调节社会经济过程中所发生的各种经济关系的法律规范的总称，是国家调节社会经济之法，其基本功能和任务在于规范和保障国家调节，促进社会经济协调、稳定和发展。

二、经济法的调整对象

所谓"调整对象"是指经济法应当促进、限制、取缔或者保护的社会关系。总的说来，经济法的调整对象包括企业组织管理关系、市场调控关系、宏观经济调控关系和社会分配关系。

（一）企业组织管理关系

企业组织管理关系是在企业的设立、变更、终止过程中发生的经济管理关系和企业内部管理过程中发生的经济关系。我们认为，我国要实行社会主义市场经济，必须建立活跃的市场主体体系。在市场主体体系中，企业是最主要的主体。国家为了调节本国经济运行，对于企业的设立、变更和终止，企业内部机构的设置及其职权，企业的财务、会计管理等，绝不能管得太严，也不能撒手不管，而是进行必要的调节。这有助于从法律上保证企业成为自主经营、自负盈亏的合格主体，能动地参与市场活动，改善经营管理，提高经济效益。

---

[1] 李昌麒：《经济法学》，中国政法大学出版社，1999年，第32页。

（二）市场调控关系

市场调控关系是指国家为了建立社会主义市场经济秩序，维护国家、生产经营者和消费者的合法权益而调节市场所发生的经济关系。当前，培育和发展市场体系的重点在于发展生产要素市场，规范市场行为，打破地区、部门的分割和封锁，反对不正当竞争，反对垄断。与此相适应，左右市场体系的不正当竞争关系、垄断关系、产品质量关系、广告关系、价格关系、消费者权益保护关系等都需要纳入经济法的调整范围。经济法主要是从国家介入市场的角度对上述关系进行调整。

（三）宏观经济调控关系

宏观经济调控关系是指国家从长远利益和社会公共利益出发，对关系国计民生的重大经济因素实行全局性的管理过程中与其他社会组织所发生的具有隶属性或指导性的社会经济关系。主要包括产业调整、计划、国有资产管理、投资、金融、交通、能源及自然资源等关系。

（四）社会分配关系

社会分配关系是指国家在对国民收入进行初次分配和再分配过程中所发生的经济关系。初次分配是指国民收入在物质生产部门所进行的分配，包括以按劳分配为主体、其他分配方式为补充的分配关系、财政收入关系和企业收入关系等。再分配是国民收入经过初次分配之后在全社会范围内所进行的分配，主要包括预算关系和社会保障关系等。

第三节　经济法的基本原则

一、经济法基本原则的定义

关于经济法基本原则的定义，国内学者观点不一。李昌麒教授定义为："经济法的基本原则是指规定于或者寓意于经济法律之中的对经济立法、经济守法、经济司法和经济法学研究具有指导和适用价值的根本指导思想或规则。"[1] 史际春教授认为："经济法基本原则是经济法宗旨的具体体现，是经济法的规范和法律文件所应贯彻的指导性准则。"[2] 漆多俊教授定义为："经济法调整原则一般是

---

[1] 李昌麒：《经济法学》，中国政法大学出版社，1999年，第54页。
[2] 史际春：《探究经济和法互动的真谛》，法律出版社，2002年，第146页。

指经济法的基本原则，即经济法作为部门法其所有的法律规范及从其制定到实施的全过程都必须贯彻的原则。"① 王保树教授认为："经济法基本原则是法律原则的一种，它是对经济立法、司法、执法、守法具有统帅意义的根本准则。"② 潘静成、刘文华教授认为："经济法基本原则是指能够全面、充分地反映所调整的经济关系的各方面和全过程的客观要求，并对所有的经济法律关系和经济法律、法规都具有普遍意义的指导思想和基本准则。"③

法律的基本原则是法律在调整各种社会关系时所体现的最基本的精神价值，反映了它所涵盖的各部门法的共同要求。那么，经济法的基本原则就应该是经济法调整社会关系时所体现的最基本的精神价值，反映所有经济部门法的共同要求。因而，我们认为经济法的基本原则可以定义为：经济法基本原则是经济法理论研究和经济法治实践中特有的最基本的精神本质和价值追求，是经济法理论研究和经济法治实践的总的指导思想和基本准则。

二、经济法的基本原则

我们认为"公益本位，经济民主"是经济法的基本理念，据此，经济法基本原则应表述为"经济平衡、经济发展、国家调节、社会本位"四个原则。

（一）经济平衡原则

经济平衡原则主要是就经济过程来说的，它体现着经济法的精神本质和价值追求，应为所有经济法主体所遵循。经济平衡原则可分解为市场规制平衡、宏观调控平衡和社会分配平衡三个方面，它指导处理着政府与市场之间的关系、企业与社会的关系、个人与企业以及本国经济与外国经济之间的经济关系。

1. 市场规制平衡

市场规制平衡主要是指在微观经济领域方面各经济活动主体都要追求各自经济利益的最大化，在实现各自利益最大化的过程中就会由于利益的驱动而有可能采取有损于国家、集体、社会以及其他经济活动主体利益的行为，针对这些行为，最有效的措施就是政府进行平衡规制。在市场经济条件下，民商法发挥着基础的调整作用，它通过对人格的保护确立了市场参加者的主体资格，通过对私权的保护奠定了市场经济有序进行的坚实基础，作为市民社会的私法与政治国家的公法一起促进法制建设，对加快依法治国、建设法治国家的进程有

---

① 漆多俊：《经济法基础理论》（修改版），武汉大学出版社，1997年，第169页。
② 王保树：《经济法原理》，社会科学出版社，1997年，第46页。
③ 潘静成，刘文华：《中国经济法教程》，中国人民大学出版社，1999年，第50页。

着深远的影响。但是,民法抽象的平等不能解决事实上不平等所带来的社会矛盾,民法的所有权绝对原则又会制约社会整体利益,民法的自由和自治还可能引起经济在微观上的盲目和宏观上的不稳定。另外,民法的任意性规范也难以应付非正常的市场现象。[①] 对此,政府要予以规范和治理。在微观规制方面,反垄断法、反不正当竞争法、消费者权益保护法、产品质量法等法律对社会经济进行个别调整,保护市场中的弱者,减少资源浪费,降低社会交易成本。经济法在微观经济领域中的调整规制的出发点和归宿都在于平衡经济活动参与者的利益。

2. 宏观调控平衡

宏观调控平衡主要是指宏观经济调控方面以社会经济平衡发展为目标。宏观调控是指国家为了实现经济总量的基本平衡,促进经济结构的优化,推动国民经济的发展,对国民经济总体活动进行的调节和控制。其实质就是国家干预经济,由政府进行调控。经济学领域认为宏观调控的手段主要是经济手段、法律手段和行政手段,在宪政背景下的市场经济环境中它应该是法律化的经济手段和法律化的行政手段。这不仅符合经济合法原则的要求,也是法治经济的体现。政府进行宏观调控,其目的就是运用财政法、金融法、税收法、投资法及产业结构调节法等法律对国民经济发展的任务、方针和原则进行综合调控,使整个社会经济平衡高效发展,其中发挥着宏观调控基本法作用的产业结构调节法进行产业结构调节的灵魂就是平衡。

3. 社会分配平衡

经济法以分配利益和维护利益为其最基本的职能。无论是分配利益还是维护利益,经济法调整的利益主要是集团利益,其主要目的都在于利益的平衡,其原因在于集团的利益不对称。所谓利益不对称是指利益由于集中程度不同所产生的利益在集团间及集团成员间分配的不平衡性,通常存在于生产者与消费者、大股东与小股东、中小投资者与机构投资者、劳工与雇主、外资公司与本地公司、发达地区与不发达地区等不同的集团之间。利益不对称的最终结果则是影响生产率的提高[②],影响整体经济的发展,还可能会引起其他社会问题。这种社会利益分配的职能民商法是很难实现的,经济法的利益分配平衡就是要超越民商法上所讲利益的公平来调整上述集团的利益不对称。这不仅是经济法的职能之一,也是促生经济法产生的原因之一。

---

① 汪渊智、王继军等:《市场经济条件下的民商法与经济法》,中国社会科学出版社,2003年,第170~174页。

② 岳彩申,袁林:《经济法利益分配功能之解释》,《社会科学研究》,2002年,第3期。

（二）经济发展原则

经济发展原则主要是就经济目标结果来说的，体现着经济法的精神本质和价值追求，它可分解为经济持续发展、经济高效发展和经济民主发展，这三方面是统一的。

1. 经济持续发展

经济持续发展是经济学及经济法学都十分关注的问题之一。随着工业文明的不断发展，市场经济的不断成熟以及对资源再生的有限性认识逐步加深，人们的经济发展观也经历着不断变化，由最初经济的数量绝对增长到经济的可持续发展。这种发展观反映了人类的理性和道德本性。经济的可持续发展作为经济法的理念已经逐渐得到了学界的认同。可持续发展的内容包括生态持续发展、人力持续发展和产业持续发展[①]。环境保护法、自然资源法、能源法、农业法等部门法律的制定实施能够促进生态持续发展的建设。在人力持续发展方面，从经济学的角度讲是指劳动力的维持、发展与延续，而从经济法的角度来看，则是劳动法对劳动者合法权益的保障、社会保障法对劳动者充分竞争的有力支撑。在产业持续发展方面，产业的协调是经济持续发展的重要前提。产业结构调节法建立整体产业结构规划制度、保护扶持战略产业制度、调整援助衰退产业制度、鼓励培育新兴产业，其着眼点不仅在于经济的协调发展，还在于经济的持续发展。

2. 经济高效发展

经济高效发展作为经济法发展原则之一，其意义不仅在于经济快速发展，更重要的是它能够反映经济发展的质量水平。经济发展固然要追求经济效率，但更为重要的是追求经济效益，而且必须是能够创造良好社会效益的经济效益。市场经济追求效益经济，同时又是可持续发展的，只有这样的经济高效发展才是符合现代市场经济发展要求的。

3. 经济民主发展

现代市场经济的发展与民主政治的发展是同步互动、相互促进的。市场经济是法治经济，法治的核心内涵是民主。我们还能清晰地看到经济发展与人权的保障是结合在一起的：一方面，经济的发展是保障人权的重要手段、途径和形式；另一方面，市场经济的持续发展与高效发展也离不开经济民主。可以想像，如果没有平等的市场主体资格的确立和维护，没有经济决策的自由和民主，市场经济则无从也无法存在。经济民主不仅以民商法淋漓尽致的发挥为基础，还以经济法的主导及保障为必要条件。否则，由于市场自身的缺陷及民商法的不足就会阻碍

---

① 单飞跃：《经济法理念与规范的解析》，中国检察出版社，2002年，第78页。

甚至破坏经济的发展。

（三）国家调节原则

经济法是为了适应国家对经济生活的调节而产生的一种法律形式。国家对社会经济生活的调节是伴随着国家的产生而产生的。但是国家运用什么手段，如何对经济生活进行调节，调节到什么程度，各国有自己独特的法律和原则。一般来说，国家的调节手段有行政手段和经济法律手段两种。对这两种方法，我们不能采取绝对肯定或者是绝对否定的态度，应当从不同的角度对其进行考虑。如果国家要从总的政策上确立国家调节经济的范围，就适合应用经济法律的方法作出规定。如果国家通过法律赋予政府官员在特定的时间和特定的情况下有一定的调节权限，则可以运用行政的办法确立国家调节经济的范围。但是，从主导方面来讲，应当强调调节经济范围和手段的法律化。

（四）社会本位原则

任何一个法律部门都应该有自己的价值取向，都应当有一个基本的出发点，不论是基本原则还是具体的条款都应该体现这种价值取向，这就是法律的本位思想。正是这种本位思想构成了法律部门之间相互区别的一个主要标志。一般将法律调整的本位分为三种：一是国家本位，这是以国家利益为主导的行政法解决的问题；二是个人本位，这是以当事人利益为指向的民法所要解决的问题；三是社会本位，这是以调节社会公共利益为出发点的经济法所要解决的问题。社会公共利益，顾名思义就是能够为广大人民群众享受的利益。这部分利益关系，显然不适合用以命令与服从为特征的行政法调整，更不适合用以保护当事人利益为出发点的民法调整，最为适当的就是由国家适度调节和干预为己任的经济法调整。而社会公共利益的满足程度又是与国家的宏观调控、经济个体的行为以及市场的运行紧密相关的，这就决定了经济法对社会公共利益关系的调整主要是通过对企业组织管理关系、市场调控关系、宏观经济调控关系和社会分配关系的调整而实现的。

第四节　经济法律关系

一、经济法律关系的概念和特征

（一）经济法律关系的概念

目前国内经济法学界对于经济法律关系的概念学说颇多，但大都是从经济法是一个独立法律部门出发，认为经济法律关系是经济法特有的范畴，强调的是法律关系的部门法属性。如漆多俊教授认为经济法律关系指的是"凡由法律调整经济关系而形成的法律关系",因而,他提出用"国家经济管理法律关系"(后称"国家经济调节法律关系")① 这一概念取代了"经济法律关系"的提法②。用漆多俊教授自己的话说,由于经济法的调整对象为"国家经济调节关系",所以形成的是"国家经济调节法律关系",这种国家经济调节法律关系是指"经济法调整因国家调节社会经济而发生的国家经济调节关系所形成的各方主体之间的权利义务关系"③。李昌麒教授认为,经济法律关系是指经济法主体,根据经济法的规定,在参加体现国家干预经济活动的过程中所形成的经济职权和经济职责,以及经济权利和经济义务关系。④ 刘文华教授认为,所谓经济法律关系是指属于经济法部门的法律关系,也即由经济法部门所规定和保障的权利义务关系。⑤王保树教授指出,经济法律关系是法律关系的一种,它是指由经济法律规范所确认的具有公共经济管理内容的权利(力)义务关系。⑥

法律调整社会关系而形成法律关系,不同的法律调整各自特定的社会关系而形成各种不同的法律关系。我们可以把有经济内容的社会关系称做是经济关系,这样经济关系就是一个十分广泛的概念,经济关系受到法的调整形成的是有经济内容的法律关系,而不是我们所说的经济法律关系,这种有经济内容的法律关系包括民事法律关系、经济法律关系、劳动法律关系、环境法律关系、行政法律关系和刑事法律关系等,⑦经济法律关系只是其中的一部分。只有那些经过经济法调整而形成的法律关系才是经济法律关系,有些经济关系受到民法、行政法等部门法的调整,这时我们只能把它们称做民事法律关系、行政法律关系等,而不能把它们再叫做经济法律关系。因此,我们说经济法律关系是经济法所特有的概念,它有着特定的含义。同时,由于目前经济法学界对经济法的调整对象还没有达成共识,因而用调整对象的叫法去称呼经济法律关系,或者用调整对象的内涵去给经济法律关系下定义,都是不科学的。

综上所述,我们认为可以这样给经济法律关系下一个简单明了的定义:经济法律关系是指由经济法确认和保障的权利义务关系。在这里需要重申的是,经济法律关系是一个特定的概念,是经济法部门所独有的范畴,它是与民事法律关

---

① 漆多俊:《经济法基础理论》(修订版),武汉大学出版社,1999年,第14~16页,第121页。在这本书中,他把经济法的调整对象称为"国家经济管理关系"。
② 漆多俊:《经济法基础理论》(修订版),武汉大学出版社,1999年,第198页。
③ 漆多俊:《经济法学》,武汉大学出版社,1998年,第25页。
④ 李昌麒:《经济法学》,中国政法大学出版社,1999年,第95页。
⑤ 潘静成,刘文华:《经济法》,中国人民大学出版社,1999年,第104页。
⑥⑦ 王保树:《经济法原理》,社会科学文献出版社,1999年,第98页。

系、行政法律关系、刑事法律关系等并列的一种法律关系。

（二）经济法律关系的特征

经济法律关系除了具备法律关系的一般特征之外，还具有它自身的一些特点。综合各位学者有关的论述，我们认为经济法律关系具有以下特征：

（1）经济法律关系是由经济法所确认的权利义务关系，受经济法保护。某种社会关系如果不受法律调整，不形成法律关系，当事人不具有法律上的权利和义务，法律则不予以保护。某种特定的经济关系经过经济法的调整，则上升为经济法律关系。经济法规定了当事人在参加经济活动时所应享有的法律权利和必须履行的法律义务，这正是经济法对经济法律关系进行确认的静态方式。经济法主体在动态活动中，必须按照经济法规定的准则，确立双方的权利义务关系，而后由国家强制力保证实施。可以说，没有经济法的存在，就不会有经济法律关系的产生。

（2）经济法律关系既体现国家意志又体现当事人意志。首先，经济法律关系必须体现国家意志。经济法反映的是一种国家意志，经济法律关系的当事人，按照经济法的规定，从事经济活动以及由此形成的经济法律关系，本身就体现了国家意志。事实上，只有这样，国家才能赋予它以法律关系的形式，反之则不能取得法律关系的形式。其次，经济法律关系在许多情况下也体现当事人意志，因为在我国具体的经济法律关系中，国家意志与当事人的意志在大多数情况下是一致的。再次，必须明确的是，在经济法律关系形成、实现的过程中，国家意志是主导的，但它与经济法律关系参加者的意志是相互联系的。国家的意志，必须借助经济法律关系参加者的意志才能得到实现。

（3）经济管理行为是经济法律关系最重要的客体。行为，不仅可以作为经济法律关系的客体，也可以作为其他法律关系的客体。但是与其他法律部门相比较，行使经济管理权力的行为和接受经济管理的行为，在经济法律关系中表现得最为普遍。

二、经济法律关系的三要素

法律关系的理论最初是在欧洲大陆民法中产生的，后来在原苏联法学中得到发展，并形成了法律关系构成的"三要素"理论。按照这个理论，任何法律关系均可分解为三个要素，即法律关系的主体、法律关系的内容和法律关系的客体，经济法律关系也不例外。

（一）经济法律关系的主体

经济法律关系的主体是指参加经济法律关系的当事人，即经济法上的权利义务归属者。它是指具有经济权利（力）能力和经济行为能力，依法独立享有经济权利（力）、承担经济义务的组织和公民。多数学者认为经济法律关系主体即经济法主体，然而，由于一些学者认为经济法主体资格的取得可以依据宪法、有关国家机构的组织法以及一些行政法规，[①] 这样就把经济法主体与其他法律关系主体相混同，造成经济法律关系主体的混乱和不确定性，似乎其他法律关系主体即其他部门法主体也是经济法主体，似乎经济法没有自己基本的特定的主体。在这样的基础上，史际春教授才提出经济法主体有两个含义：一是指经济法律关系的主体或称参加者；二是指根据经济法主体制度成立的主体。经济法律关系的主体或当事人的范围非常广泛，但多数不是根据经济法的主体制度设立的，其中，只有少数几种是根据经济法的主体制度设立的，如根据国有企业法、合作制或集体所有制法、中央银行法等经济法的主体制度成立的国有企业、集体所有制企业、人民银行等。[②]

诚然，民事法律关系、行政法律关系等其他法律关系的主体可能也会参加经济关系，但它们能不能参加经济法律关系，能参加什么样的经济法律关系，都是要由经济法作出规定的。也就是说，哪些组织和公民能够参加经济法律关系，成为经济法律关系的主体，需要由经济法作出规定。无论是组织还是公民，非由经济法规定，不得参加经济法律关系，不得成为其主体。而且这些组织和公民参加何种经济法律关系也不是随意的，他们能够参加经济法律关系的范围，仍需要由经济法作出规定。例如，县级以上工商行政管理部门的地位、职权等是由政府组织法来规定的，它依据政府组织法取得行政法律关系主体的资格，但它作为反不正当法律关系这种经济法律关系的主体资格则是由《中华人民共和国反不正当竞争法》确认的。

因此，我们认为，经济法律关系主体即经济法主体，它们是经济法所规定的，必须为经济法所承认。非经经济法规定，不能成为经济法主体。

经济法主体如何分类，也是一个众说纷纭的问题。法学界许多人对于经济法主体的种类采取罗列式，把经济法主体分为国家机关、经济组织、社会团体、个体户和公民个人等。这种分类方法至少有两个缺陷：一是难以与行政和民法主体相区别；二是不能很好地体现经济法主体自身的特征。于是，有些学者就把经济法的主体分为决策主体、经济管理主体、生产经营主体、消费主体和监督主体[③]，但这一分类造成了经济法主体体系过于庞大。比较科学的一种分类法是把经济法主体分为经济决策主体、经济管理主体和经济实施主体[④]，但由于决策实际上是

---

① 杨紫煊：《经济法》，北京大学出版社、高等教育出版社，1999年，第75～76页。
② 史际春，邓峰：《经济法总论》，法律出版社，1998年，第184～185页；潘静成，刘文华：《经济法》，中国人民大学出版社，1999年，第116～117页。
③ 杨紫煊：《经济法》，北京大学出版社、高等教育出版社，1999年，第80～86页。
④ 李昌麒：《经济法学》，中国政法大学出版社，1999年，第100～101页。

管理的一个方面、一个过程，因而这类分法也有不尽完善之处。

我们说，对经济法律关系的主体进行分类的目的和意义，在于更好地区分各种主体在该种经济法律关系中的地位和作用，明确他们权利义务的特点。因此，我们认为经济法律关系的主体可以分为两大类，即经济管理主体和经济活动主体。经济管理主体，主要是指国家机关，也包括经依法授权承担一定管理职能的特殊组织；经济活动主体，主要是指直接从事生产、流通、服务和经济协作等活动的组织和个人。当然，国家以及组织机构内部的机构、单位、成员等，在一定条件下也是经济活动的主体。

（二）经济法律关系的内容

按照法律关系构成理论，权利义务是构成法律关系的要素之一，称为法律关系的内容。任何法律关系莫不如此，经济法律关系的内容仍然是权利义务。这是因为，法律关系在本质上是用法律上的权利义务形式固定下来的社会关系。法律关系，即法律上权利义务关系，两个概念是完全等同的。所以我们说，经济法律关系的内容，是指经济法律关系主体享有的经济权利（力）和承担的经济义务。

1. 经济管理主体的经济权力和义务

经济管理主体的经济权力和义务，又可称为经济职权和职责。经济职权，也叫经济权力，它是指国家机构依法行使领导和组织经济建设职能时所享有的一种命令与服从性质的权力，同时也是一种职责。所以说，经济职权和职责高度统一，权责之主体对其不可抛弃。也就是说，经济职权既是管理主体所享有的权力，也是其应承担的义务或职责，经济职责同时当然包含着相应的职权和权利。

经济职权和职责包括规划、决策、审核、批准、命令、指挥、协调、执行、许可、确认、免除、撤销、检查监督、褒奖、处罚等权责。

2. 经济活动主体的经济权利和义务

我国法律赋予经济活动主体的经济权利是极其广泛的，主要包括：

（1）国有资产管理权，这是指国家授权的单位对所有权属于国家的资产进行管理的权利；

（2）经营管理权，这是指国有企业对于国家授予其经营管理的财产享有占有、使用和依法处分的权利；

（3）承包经营权，这是指农民、农村承包经营户和企业的职工、班组、车间等为完成一定任务对集体或者国家所有的财产行使占有、使用和收益的权利；

（4）经济请求权，这是指经济法律关系的主体享有的可以请求他人为一定行为或不为一定行为的权利，这是一种救济性的权利，通常在一方主体不履行应尽的职责和义务时发生；

（5）申诉、举报和起诉权，经济义务是经济法律关系主体一方为满足另一方的要求必须为一定行为或不为一定行为之约束，经济活动主体的经济义务主要包括遵守国家政策、法律，依法纳税，服从国家有关主管机关的监督管理等。

（三）经济法律关系的客体

经济法律关系的客体，是指经济法律关系主体的权利义务所指向的对象。目前，对于经济法律关系客体的认识，学者们有不同的见解。一种见解认为，经济法律关系的客体是物和行为。史际春教授认为，经济法律关系的客体与一般法律关系的客体一样，无非也包括行为、物、智力成果、人格和身份等类型，他说："鉴于经济法对象的国家意志性，正如任何物均可作为国家所有权的客体或者标的，事实上任何物都可以作为经济法律关系的客体。"[1] 李昌麒教授把经济法律关系的客体确定为经济干预行为、干预行为所及的物、科学智力成果及经济信息四类[2]。另一种见解认为，经济法律关系的客体只是行为。如漆多俊教授说："既然客体是权利义务指向的对象，而权利义务是主体自己为或不为一定行为或者要求他人为或不为一定行为的资格，所以，客体总是指一定的行为。"他还认为，无论经济法、民法或其他法律关系的客体都是这样。物不是权利义务指向的对象，不是法律关系的客体，物只是行为的对象，而特定行为才成为权利义务指向的对象，成为客体。[3]

我们认为单就经济法律关系来看，漆多俊教授的这种看法有一定道理。梁慧星教授在他的"经济法律关系论"一文中也有类似观点，他说："管理性经济法律关系[4]的客体，只是行为，不包括物及非物质财富。"他还认为，作为管理性经济法律关系客体的行为，是管理行为，物价、计划等具体管理对象只是管理行为的标的。[5] 其实，史际春教授也承认"物在多数情况下是法律关系主体行为的客体，从法律关系看则为间接客体，即所谓标的物"。[6] 李昌麒教授所说的"干预行为所及的物"中的"物"实则也是干预行为所指向的对象，否则就不是干预行为所"及"的物了。而对于科学技术成果来说，从他的表述"在对技术成果进行管理所发生的法律关系中，它是经济法律关系的客体"[7] 中，我们也可以看出，科学技术成果也只不过是对其进行管理的行为所指向的对象罢了。

---

[1] 史际春，邓峰：《经济法总论》，法律出版社，1998年，第187～189页；潘静成，刘文华：《经济法》，中国人民大学出版社，1999年，第105～106页。

[2] 李昌麒：《经济法学》，中国政法大学出版社，1999年，第113～114页。

[3] 漆多俊：《经济法基础理论》（修订版），武汉大学出版社，1999年，第231～233页。

[4] 在这篇文章中，梁慧星教授主张经济法律关系是有经济内容的法律关系，他把这种法律关系大致分为财产性经济法律关系和管理性经济法律关系，这种管理性法律关系其实就是本书所说的经济法部门独有的经济法律关系。梁慧星：《中国民法经济法诸问题》，中国法制出版社，1999年，第276页、第289页。

[5] 梁慧星：《中国民法经济法诸问题》，中国法制出版社，1999年，第289页。

[6] 潘静成，刘文华：《经济法》，中国人民大学出版社，1999年，第106页。

[7] 李昌麒：《经济法学》，中国政法大学出版社，1999年，第113页。

所以我们说，经济法律关系的客体只能是行为，这种行为是经济法所规定的，是经济法律关系的主体依照经济法的规定所为的行为，它可以分为两大类，即经济活动主体所从事的基本经济行为和经济管理主体所从事的经济管理行为。其中，经济管理行为是最重要的客体。

总的看来，经济法律关系是指由经济法确认和保障的权利义务关系，它是一个特定的概念，是经济法部门所独有的范畴，它的构成包括主体、内容、客体三个要素。经济法律关系主体即经济法主体，它是指参加经济法律关系的当事人，或曰经济法上的权利义务归属者，我们可以把它分为经济管理主体和经济活动主体两大类。经济法律关系的内容仍然是权利义务，是指经济法律关系主体享有的经济权利（力）和承担的经济义务。至于经济法律关系的客体则只能是行为，它可以分为经济活动主体所从事的基本经济行为和经济管理主体所从事的经济管理行为两大类。

第五节 经济法的地位和体系

一、经济法的地位

（一）经济法地位的含义

经济法地位，也就是经济法在法律体系中的地位，是指在整个法律体系中，经济法是不是一个独立的法律部门，其重要性如何。

由于法律体系是由多层次的法律部门组成的，因此要回答经济法在法律体系中的地位问题，必须说明它是不是一个独立的法律部门。如果经济法是某一层次的一个独立的法律部门，则表明它在法律体系中具有一定地位；如果经济法在任何层次上都不是一个独立的法律部门，那就是说它不是法律体系中的组成部分，在法律体系中没有什么地位可言。

任何一个独立的法律部门，都在法律体系中具有一定的地位。但是，由于它们各自发挥着不同的作用，因此，它们在法律体系中的重要程度又是不同的。要回答经济法在法律体系中的地位问题，还必须说明它的重要性如何。

（二）经济法是一个独立的法律部门

在经济法是不是一个独立的法律部门问题上，国内外法学界存在着一定的分歧。有些学者认为，所谓经济法，只是一个综合性概念，它是关于经济方面的法律、法规的总称，其中包括分属于其他许多部门法的法律规范；有些认为，经济法虽然不是一个独立部门法，但可以把各种调整经济关系的法律综合起来，作为一个学科来加以研究；有些学者把经济法看做是民法或行政法的一种特别法；而直至现在，我国还有人将商法与经济法等同起来，认为经济法其实就是属于商法的一些法律。当前，起码在中国，认为经济法是独立部门法的人越来越多，已经争论不大。经济法之所以能够成为一个独立部门法，是有其内在根据的。

（1）经济法的产生是符合法的发展规律的。马克思主义认为，法是随着经济基础的发展而发展变化的，法律部门的划分并不是不变的。经济法的产生绝非偶然，它是商品经济发展的产物，是符合社会经济发展规律的。20世纪初的西方社会，自由资本主义发展到垄断资本主义阶段，严重地破坏了市场竞争的公平原则，从而极大地限制了市场经济所具有的自由竞争规则的活力。以禁止垄断、反不正当竞争为核心的新型法律部门便脱颖而出。

（2）根据我国经济法调整对象的分析，表明经济法在我国法律体系中是一个独立的法律部门。经济法调整的经济关系，是其他法律部门不能调整的，经济法调整的经济关系的特殊性，是确立经济法是一个独立法律部门的主要依据。经济法的调整对象本身就是那些需要由国家干预和调整的经济关系。经济法的调整不同于经济政策的调整，它是指国家将其意志深入到物质关系，使其成为经济活动的行为准则。通常认为，经济法的调整，从功能上分为两方面：一方面是促进、保护、指导；另一方面是限制和禁止。国家对那些有利于统治秩序的经济关系，需要加以促进、保护和指导；而对那些危及其经济基础和正常经济秩序的社会关系要加以限制和禁止。这些关系具体包括以下几个方面：

1）确认市场主体的法律地位所产生的经济关系。市场主体的法律地位，是指市场主体参加市场活动时在法律上所有的主体资格。如企业的设立、变更、终止等经济活动中产生的经济关系。

2）调控市场，维护市场秩序所产生的经济关系。市场秩序的内容包括市场交易秩序、市场竞争秩序以及市场主体的利益保障机制等。

3）为克服市场经济的盲目性、限制其负面作用，进行宏观调控所产生的经济关系。宏观调控的内容包括计划调控、投资调控、财政税收调控、金融调控以及其他宏观调控关系。

4）社会保障关系。社会保障关系是指国家为了维护经济的公平和社会的稳定，平衡市场经济自发调节带来的缺陷，从而利用经济手段影响国民收入的分配或再分配，发挥国家的基础保障和社会服务功能。

（三）经济法与相关法律部门的关系

1. 经济法与行政法

行政法的产生并不影响经济法的独立。经济法和行政法在调整社会关系中体现着两种不同的国家职能。国家有两大基本职能：一是行政职能；二是经济职能。这两种职能在一定场合是相互分离的，而在另一些场合则是相互结合的。国家行使行政职能的准则就是行政法，国家以行政职能的形式来履行经济职能的准则就是经济法。经济法与行政法的区别表现在以下两方面。①调整对象不同。行政法调整的是有关国家机关的设置和组成、行政权限的划分、行政程序等方面不含物质利益内容的管理关系；而经济法调整需要由国家调整和干预的经济关系。②规范的内容不同。行政法的规范内容包括几个方面：关于国家机关的组成，职责和权限范围的规范；关于国家行政机关干部的任免、提拔、考核、培养、监督的规范；关于国家机关的活动原则、方式和程序的规范；关于国家机关和其他社会组织以及公民的相互关系的规范。经济法的规范内容主要是关于国民经济管理体制以及国家利用各种经济杠杆去调节市场运行机制，引导各个部门的企业微观经济行为，从而建立协调、合理的国民经济比例、格局、结构等方面的规范。

2. 经济法与民法

就广义的调整对象而言，经济法和民法所调整的都是经济关系，即生产关系，而且又都是市场经济条件下的经济关系，所以民法中的等价有偿、契约自由等原则，在经济法中也可以在一定的前提下适用。就经济法的产生而言，它是随着经济的发展从民法中分离出来的。在世界各国的经济立法和经济司法中都有许多民法痕迹。这些都是经济法和民法紧密联系的方面。二者的区别在于：①调整对象不同。二者虽然都以生产关系为调整对象，但经济法调整的是意志经济关系，即以国家干预经济活动为特征、以生产活动为主要对象的经济关系；民法调整的是财产关系，即主要是人与人之间对财物的所有关系。②赖以存在的基础不同。民法是随着私有财产的产生而逐渐形成的；经济法是以生产社会化的高度发展而发生的按比例分配社会劳动的客观要求为基础的。③调整经济关系所运用的原则不同。民法所遵循的主要是平等、自愿的原则；经济法所运用的主要是宏观经济意志化原则。④调整经济关系所运用的手段不同。民法所运用的调整手段纯粹是经济上的得失平衡；经济法则采用民法、行政法、刑法等多种手段，实行综合性的调整方法。

3. 经济法与商法

从各国的实践来看，虽然经济法与商法的共性颇多，如它们都以经济生活为对象；二者的基本功能都在于促进经济的发展，但是它们的性质迥然不同。具体表现在：①商法所规定的当事人双方处于平等地位，而经济法关系上的国家与社团或个人，则常常处于不平等关系；②商法侧重于每一个个体间权利义务的对等关系，而经济法则注重整体间公益关系的均衡与调整；③商法是规定每一个个体单位的内部组织、经营规则、股份发行、债务处理等，即从个体为出发点，而经济法则从国民经济的"全局"出发，对各项经济活动和经济关系，进行行政性的指导、限制、鼓励、调整；④商法注意个体营利性，而经济法则强调公益性，除了促进经济发展外，还监督、限制或禁止某些违背公益的行为（如禁止垄断和不正当竞争交易等）。

在我国的司法实践中，经济法已被确认为一个独立的法律部门。首先，我国颁布和施行了大量重要的经济法法律。这些法律是适应国家经济调节的需要而颁行的，涉及社会经济生活的重要方面和重要部位，关系到社会经济的总体结构和运行，而且与其他部门法性质的法律规范相分离，独立组合为性质较单一的法律规范性文件。其次，我国已确立了经济法基本法律制度。如国家介入社会经济生活实行国家干预、调节的总的法律原则，被国家立法所确立；建立了经济法体系构成中重要的具体经济法法律制度；已颁行的各种具体经济法规范及已建立的各种具体经济法制度，相互协调、配合，贯彻着共同的指导思想和基本原则，共同执行规范和保障国家经济调节的使命。

（四）经济法是一个重要的法律部门

《中华人民共和国宪法》（以下简称《宪法》）明确规定："国家的根本任务是，根据建设有中国特色社会主义的理论，集中力量进行社会主义现代化建设。"我国经济法之所以是一个重要的法律部门，是因为它在保障和促进以经济建设为中心的社会主义现代化建设中发挥着巨大的作用。这种作用主要表现在以下几个方面：

（1）促进以公有制为主体的多种所有制发展。根据《宪法》规定的原则，国家制定了一系列经济法律、法规，如《中华人民共和国全民所有制工业企业法》《城镇集体所有制企业条例》《城乡个体工商户管理暂行条例》《中外合资经营企业法》《中外合作经营企业法》等。这些经济法律、法规的颁布和施行，极大地促进了以公有制为主体的多种所有制的共同发展，为社会主义经济建设作出了巨大贡献。

（2）保障经济体制改革的顺利进行。一是从法律上保证经济体制改革朝着正确的方向发展；二是为经济体制改革措施的贯彻提供可靠的法律保证；三是以法律手段保护经济体制改革的成果。

（3）保证国民经济持续、快速、健康发展。恰如其分地估价经济法的地位，在市场经济条件下具有现实意义。由于在市场经济发展过程中产生的诸多经济关系日益复杂，这些经济关系在总体上需要各类法律的综合调整，因此仅靠任何一个部门法都不足以实现法律体系的调整目标，必须有经济法与其他相关的部门法配合，才能共同实现法律体系的输出功能。

二、经济法的体系

（一）经济法体系的概念

组成法的体系的法的部门是多层次的。在整个法的体系中，经济法是一个独立的法的部门，而经济法本身又有自己独特的体系。

我们认为经济法体系是由多层次的、门类齐全的经济法律规范组成的有机联系的统一整体。

(二) 经济法体系的结构

经济法体系的结构决定于经济法调整对象的特定经济关系的结构,经济法调整的特定经济关系应该是在国家调节管理本国经济运行过程中发生的经济关系,即国家经济管理调节关系。所以,不同层次的经济法部门是以不同层次的国家管理调节关系为调整对象的。在我国目前的市场经济环境下,国家经济管理调节关系的结构决定了经济法体系是由企业组织管理法、市场管理法、宏观调控法和社会保障法构成的。

1. 企业组织管理法

企业组织管理法是调整在企业设立、变更、终止过程中发生的经济管理关系和企业内部管理过程中发生的经济关系的法律规范的总称。企业组织管理法可以根据实践需要进一步进行划分,如合伙企业组织管理法、公司企业组织管理法等。

2. 市场管理法

基于价值规律和市场竞争基础之上的市场主体生产、交易行为,在理论上就存在着产生垄断和其他不正当竞争行为的可能性,产业革命使这种可能性变为现实性,导致价值规律的扭曲和各种限制竞争行为。它直接侵害其他经营者和消费者的权益,并从根本上破坏市场秩序和良好的机制,造成交易成本高昂、经济效益低微。对此,"无形之手"难以矫正,而以维护个体利益、契约自由为中心内容的民商法也常常无能为力。这样,就需要国家以最高政权代表和社会利益协调者的身份,基于公共利益,对社会经济加以干预,对市场主体行为予以规制。这是促使国家介入市场的最初动因,也是反垄断和限制竞争法成为现代经济法最初渊源的基本原因。

国家管理市场的根本目的在于维持"完全竞争条件",即"当市场不起作用时,国家的任务就是造就一种基本上符合竞争条件的相应局势"。[1] 可见,市场管理法是调整在市场管理过程中发生的经济管理关系的法律规范的总称。市场管理法可以进一步划分为反不正当竞争法、反垄断法和消费者权益保护法等。

3. 宏观调控法

如果说反垄断和限制竞争行为是现代国家介入市场经济过程的起始动因,规制市场是国家的常态职能,那么,引导和促进社会经济协调、稳定和快速发展就应是现代国家宏观经济管理的中心任务和基本经济职能,并将随着生产力、生产社会化和经济国际化程度的提高而不断变化和强化。现代经济的发展,不仅取决于生产力发展水平,还取决于生产力的合理布局,取决于人、财、物等社会资源

---

[1] 〔德〕E.J.梅斯特梅克:《经济法》,王晓晔译,《比较法研究》,1994年第1期。

的合理配置。众所周知，市场调节实质上是在价值规律作用下利益机制的自动调节，它能引导社会资源向高效、低耗部门流动，从而实现资源的优化配置。但与此同时，市场调节又有自发性、盲目性、波动性等非有序化倾向。各微观经济主体（企业）的经济决策往往仅从自身利益出发，在信息不足和信息滞后的作用下，很难适应社会总量的平衡和总体结构合理的要求，导致资源的浪费，引起社会经济的颠簸以至危机。因此，需要国家立足于国民经济发展全局的高度，矫正市场调节的微观性和短期性，对社会经济进行宏观调控。

国家宏观调控的过程，就是国家通过搜集、分析和发布经济信息，作出经济预测，编制经济计划，作出经济决策，以及进行必要的干预和控制，对社会经济施以影响，以实现总量、结构等方面的平衡和合理化，提高社会经济总体效益，引导国民经济按既定目标持续、稳定、协调、快速发展。保障国家实现宏观调控的法律法规应主要包括计划法、产业政策法、财政法、金融法、税法和投资法等。

4. 社会保障法

社会保障法是调整在社会保障过程中发生的经济关系的法律规范的总称。如前所述，市场调节是通过利益机制发挥作用的。这样，各微观经济主体追求利润最大化的倾向就可能与经济和社会发展的系统化、均衡化要求相违背，从而在那些投资大、风险高、回报期长、无利或微利的领域出现投资空白，出现所谓"公共产品"不足的问题。而上述领域往往是市场运转的基础或为国计民生所必需。这就需要国家出于社会整体利益而非营利目的，直接投资以弥补上述领域的投资不足，发挥国家的基础保障和社会服务功能。社会保障法可以进一步划分为社会保险法、社会救助法等。

思考题

1. 简述经济法的产生。
2. 经济法的概念、调整对象是什么？
3. 试分析经济法的地位。
4. 阐述经济法体系。
5. 经济法的基本原则有哪些？
6. 简述经济法的体系结构。

典型案例

1998年，甲工厂有股东5人，方某不仅是股东，也是该厂（即取暖设备厂）的法定代表人。后股东会决定，将方某分出去，设立锅炉厂，并由另一股东接替他取暖设备厂厂长的职务。但由于方某没有锅炉生产许可证，只好从事原来熟悉的业务。1999年，该工厂所在的市通信公司准备出版电话号码簿，通过电话向方某核实企业名称、地址和电话号码（因取暖设备厂与通信公司曾经签订协议，约定由通信公司在电话号码簿上为该厂刊登介绍其产品和联系方法的广告)。方某没有说明自己已经不是取暖设备厂法定代表人的事实,将锅炉厂的电话号码、名称地址和自己的姓名与取暖设备厂联系在一起,致使客户打往取暖设备厂的电话由方某的锅炉厂接收。取暖设备厂的营业额因此减少了60%。取暖设备厂以方某和市通信公司为被告向法院起诉,要求两被告停止侵权并赔偿损失。据查,该电话号码簿已经发行2万册。

问题:

(1) 方某的行为是否侵权?

(2) 法院应如何处理该案件?

(3) 市通信公司在该案件中是否应该承担责任?

参考答案:

(1) 方某的行为侵犯了取暖设备厂的企业名称权。

(2) 法院应依据《中华人民共和国反不正当竞争法》责令方某停止不正当竞争行为。

(3) 通信公司没有认真核实方某的身份,也没有要求他出具取暖设备厂要求修改广告内容的证明材料,应承担法律责任。

第二章 公司法律制度

重点问题
* 有限责任公司和股份有限责任公司的不同特点
* 公司设立的条件
* 公司的组织机构

第一节 公司法概述

一、公司的概念与特征

（一）公司的概念

公司是依法设立的以营利为目的的企业法人，股东以其投资额为限对公司负责，公司以其全部财产对外承担责任。《中华人民共和国公司法》（以下简称《公司法》）第2条规定："本法所称公司是指依照本法在中国境内设立的有限责任公司和股份有限公司。"也就是说，在我国，公司必须是在中国境内依照《公司法》设立的，而且我国的公司仅仅包括有限责任公司和股份有限公司这两种形式。

（二）公司的特征

公司具有以下特征。

1. 公司必须依法设立

《公司法》第6条规定："设立公司，应当依法向公司登记机关申请设立登记。符合本法规定的设立条件的，由公司登记机关分别登记为有限责任公司或者股份有限公司；不符合本法规定的设立条件的，不得登记为有限责任公司或者股份有限公司。"也就是说，公司的设立，必须依照《公司法》规定的条件和程序设立，不依法定的条件和程序设立的公司不能成其为公司。

2. 公司以营利为目的

公司的设立和运营都是以营利为目的的，营利性是公司区别于其他一切非营利性社团和组织的首要特征。

3. 公司是具有法人资格的企业

《公司法》第3条规定："公司是企业法人，有独立的法人财产，享有法人财产权。公司以其全部财产对公司的债务承担责任。"所谓法人资格就是指法人应当具备四个条件,即依法成立,有必要的财产和经费,有自己的名称、组织机构和场所和能够独立承担民事责任。公司满足上述四个条件,便具有法人资格。

4. 公司实行有限责任

公司实行有限责任是指公司的股东仅对公司负责,股东仅以出资额为限负责,股东不对公司的债权人直接承担责任[①]。

除此以外,公司还有其他一些特征,如公司是以股东的投资行为为基础设立的,[②] 等等。

二、公司的种类

按照不同的标准,可以对公司作不同的分类。

按照股东责任的不同可以将公司分为有限责任公司、股份有限公司、无限责任公司、两合公司、股份两合公司等形式。其中,我国《公司法》所承认的公司仅指有限责任公司和股份有限公司。这是公司最重要的一种分类方式。本章的第二节和第三节将分别对有限责任公司和股份有限公司进行讲述。

按照公司信用基础的不同,可以将公司分为人合公司、资合公司和人合兼资合公司。这种分类是学理上的分类。公司的经济活动以股东个人信用为基础的是人合公司,如无限公司;以资本信用为基础的,是资合公司,如股份有限公司;兼取个人信用与资本信用的是人合兼资合公司,如有限责任公司。

按照公司组织关系,可以将公司分为母公司和子公司。在不同公司之间存在控制与依附关系时,处于控制地位的是母公司,处于依附地位的则是子公司。母公司和子公司是由持股关系形成的。母公司和子公司都具有法人资格,在法律上是彼此独立的企业。另外,公司还可以设立分公司,分公司是公司的分支机构,不具有法人资格。相对分公司而言,公司可以称为本公司或总公司。

此外,公司还有很多种分类方式。例如,按公司股份是否允许公开发行和自由转让,可以将公司分为封闭性公司和开放性公司;按公司资本构成的来源属性划分,可以将公司分为国营公司、私营公司和合营公司;按公司经营的行业可以将公司分为工业公司、商业公司、咨询服务公司、建筑公司和证券公司;按公司的注册国籍可将公司分为本国公司、外国公司和跨国公司,等等。

---

① 张富强:《经济法学》,法律出版社,2005年,第439~440页。
② 中国注册会计师协会:《经济法》,中国财政经济出版社,2006年,第85页。

三、我国公司法及其特征

（一）我国现行公司法

公司法是规定公司法律地位，调整公司组织关系，规范公司在设立、变更与终止过程中组织行为的法律规范的总称①。它具体调整公司对内对外的各种法律关系，例如，公司的股东、董事、经理、雇员等各部分人的权利义务关系，公司的组织机构之间的法律规定，公司与政府之间的法律关系，公司与第三人之间的法律关系，等等。

公司法的概念有狭义和广义之分。狭义的公司法，是指专门调整公司问题的法典，在我国即是《中华人民共和国公司法》；广义的公司法，除包括专门的公司法典以外，还包括其他有关公司的法律、法规、行政规章等，如《中外合资经营企业法》、《公司登记管理条例》等。

我国现行的《中华人民共和国公司法》是调整公司法律关系的基本法，它颁布于1993年12月29日，之后分别于1999年12月25日、2004年8月28日和2005年10月27日进行了修订。该法共计13章，219条。

根据《公司法》的规定，我国《公司法》适用于有限责任公司和股份有限公司，外商投资的有限责任公司和股份有限公司也适用《公司法》，但有关外商投资的法律另有规定的，适用其规定。

2005年10月修订之后的《公司法》自2006年1月1日起施行。

（二）我国新《公司法》的特征

较修改之前的《公司法》，2005年10月修订的《公司法》呈现出一些新的特征，主要包括如下几点：

（1）降低了有限责任公司和股份有限公司的设立门槛。新《公司法》规定，有限责任公司注册资本的最低限额为人民币3万元。法律、行政法规对有限责任公司注册资本的最低限额有较高规定的，从其规定。这就取消了旧法关于注册资本分行业的最低限制的规定，统一并降低注册资本的限制，鼓励人们积极参加经济活动。同时，新《公司法》规定，股份有限公司注册资本的最低限额为人民币500万元，这比旧法的1000万元有了大幅度的降低。

（2）新增了关于一人有限责任公司的规定。

（3）完善了对中小股东的保护机制。主要是设置了股东的股权回购请求权，使中小股东可以在权益受损的情况下选择退出公司。

---

① 中国注册会计师协会：《经济法》，中国财政经济出版社，2006年，第89页。

此外，新《公司法》还作出了一系列修改，包括健全了董事制度、完善了上市公司治理结构等。

第二节　有限责任公司

一、有限责任公司的概念与特征

有限责任公司，也简称有限公司，是指依照法律规定由一定人数的股东所组成，股东以其出资额为限对公司负责，公司以其全部资产对其债务承担责任的企业法人。它具有如下特征[①]：

(1) 有限责任公司的股东人数有上限。我国《公司法》规定有限责任公司应由 50 个以下股东出资设立。

(2) 有限责任公司的股东对公司债务承担有限责任。有限责任公司的资本是由各投资股东认缴形成的，股东认缴的资本额不划分为等额股份，而是由股东自己或者由股东间协商确定，并明确记载在公司章程中。股东以其投资额对公司债务承担责任，公司在经营中发生的债务，不得再行向股东追究个人责任。

(3) 有限责任公司不能向社会公众募集公司资本。有限责任公司的设立是经投资者合意，确定投资比例和方式，从而形成股本总额。证明投资的是股权证明书（股单）或出资证明书，它不能流通。

(4) 股东出资转让有一定限制。这一点在下文有详细论述。

(5) 有法定资本额的限制。我国《公司法》规定，有限责任公司注册资本的最低限额为人民币 3 万元。

二、有限责任公司的设立条件

根据《公司法》第 23 条的规定，设立有限责任公司，应当具备下列五个条件。

1. 股东符合法定人数

具体而言，有限责任公司应由 50 个以下股东出资设立。

2. 股东出资达到法定资本最低限额

有限责任公司的注册资本为在公司登记机关登记的全体股东认缴的出资额。有限责任公司注册资本的最低限额为人民币 3 万元。法律、行政法规对有限责任公司注册资本的最低限额有较高规定的，从其规定。

[①] 甘培忠：《企业与公司法学》(第三版)，北京大学出版社，2004 年，第 227～228 页。

公司全体股东的首次出资额不得低于注册资本的20%，也不得低于法定的注册资本最低限额，其余部分由股东自公司成立之日起2年内缴足；其中，投资公司可以在5年内缴足。

股东可以用货币出资，也可以用实物、知识产权、土地使用权等可以用货币估价并可以依法转让的非货币财产作价出资；但是，法律、行政法规规定不得作为出资的财产除外。全体股东的货币出资金额不得低于有限责任公司注册资本的30%。对作为出资的非货币财产应当评估作价，核实财产，不得高估或者低估作价。

股东应当按期足额缴纳公司章程中规定的各自所认缴的出资额。股东以货币出资的，应当将货币出资足额存入有限责任公司在银行开设的账户；以非货币财产出资的，应当依法办理其财产权的转移手续。

3. 股东共同制定公司章程

公司章程是关于公司组织及其活动的基本规定，它是公司内部管理的基本准则。设立公司必须依法制定公司章程。公司章程对公司、股东、董事、监事、高级管理人员具有约束力。

有限责任公司章程由股东共同制定，并应当载明下列事项：①公司名称和住所；②公司经营范围；③公司注册资本；④股东的姓名或者名称；⑤股东的出资方式、出资额和出资时间；⑥公司的机构及其产生办法、职权、议事规则；⑦公司法定代表人；⑧股东会会议认为需要规定的其他事项。股东应当在公司章程上签名、盖章。

4. 有公司名称，建立符合有限责任公司要求的组织机构

公司在设定自己的名称时，必须严格按照法律、法规的规定进行。其中，根据《公司法》的规定，有限责任公司必须在公司名称中标明"有限责任公司"或者"有限公司"字样。

所谓符合有限责任公司要求的组织机构，是指《公司法》中规定应当设立的机构，包括股东会、董事会或执行董事、监事会或监事等。

5. 有公司住所

公司以其主要办事机构所在地为住所。确定公司住所主要有两方面的意义：其一，可以确定诉讼管辖地，有利于国家诉讼管理；其二，确定向公司送达文件的法定地址。

三、有限责任公司股东的权利和义务

股东是向公司出资或者取得公司股份，并以其出资或者所持股份，对公司承

担责任并享有权利的人。股东对公司享有一系列合法权利,简称股权[1]。同时,股东也必须履行其法定的义务。

(一)股东的权利

公司股东依法享有资产收益、参与重大决策和选择管理者等权利。具体来说,有限责任公司的股东享有以下权利。

(1)股东的知情权。股东有权查阅、复制公司章程、股东会会议记录、董事会会议决议、监事会会议决议和财务会计报告。股东可以要求查阅公司会计账簿。股东要求查阅公司会计账簿的,应当向公司提出书面请求,说明目的。公司有合理根据认为股东查阅会计账簿有不正当目的、可能损害公司合法利益的,可以拒绝提供查阅,并应当自股东提出书面请求之日起15日内书面答复股东并说明理由。公司拒绝提供查阅的,股东可以请求人民法院要求公司提供查阅。

(2)股东的分红权利。股东按照实缴的出资比例分取红利。但是,全体股东约定不按照出资比例分取红利的除外。

(3)股东的优先认购权。公司新增资本时,股东有权优先按照实缴的出资比例认缴出资。全体股东约定不按照出资比例优先认缴出资的除外。

(4)提起股东代表诉讼的权利。即当董事、监事、高级管理人员或者他人的违反法律、行政法规或者公司章程的行为给公司造成损失,公司拒绝或怠于向该违法行为人请求损害赔偿时,具备法定资格的股东有权代表其他股东,代替公司提起诉讼,请求违法行为人赔偿公司损失。

(5)参与重大决策和选择管理者的权利。股东会是股东实现该项权利的组织机构。

(二)股东的义务

1. 股东的出资义务

股东应当按期足额缴纳公司章程中规定的各自所认缴的出资额。股东以货币出资的,应当将货币出资足额存入有限责任公司在银行开设的账户;以非货币财产出资的,应当依法办理其财产权的转移手续。股东不按照前款规定缴纳出资的,除应当向公司足额缴纳外,还应当向已按期足额缴纳出资的股东承担违约责任。公司成立后,股东不得抽逃出资。

2. 股东的资本充实义务

有限责任公司成立后,发现作为设立公司出资的非货币财产的实际价额显著

---

[1] 陈宇等:《公司法》,中国经济出版社,2004年,第220页。

低于公司章程所定价额的,应当由交付该出资的股东补足其差额;公司设立时的其他股东承担连带责任。

3. 股东的其他义务

公司股东应当遵守法律、行政法规和公司章程,依法行使股东权利,不得滥用股东权利损害公司或者其他股东的利益;不得滥用公司法人独立地位和股东有限责任损害公司债权人的利益。公司股东滥用股东权利给公司或者其他股东造成损失的,应当依法承担赔偿责任。公司股东滥用公司法人独立地位和股东有限责任,逃避债务,严重损害公司债权人利益的,应当对公司债务承担连带责任。另外,公司的控股股东不得利用其关联关系损害公司利益。

四、有限责任公司股东出资的转让

由于有限责任公司兼具资合与人合的因素,注重股东之间的联系及稳定,因此,各国一般都对有限责任公司股东出资转让进行一定的限制[①]。我国《公司法》对此作了如下规定。

(一)股权的转让和继承

有限责任公司的股东之间可以相互转让其全部或者部分股权。股东向股东以外的人转让股权,应当经其他股东过半数同意。股东应就其股权转让事项书面通知其他股东征求同意,其他股东自接到书面通知之日起满30日未答复的,视为同意转让。其他股东半数以上不同意转让的,不同意的股东应当购买该转让的股权;不购买的,视为同意转让。

自然人股东死亡后,其合法继承人可以继承股东资格;但是,公司章程另有规定的除外。

(二)股东的优先购买权

经股东同意转让的股权,在同等条件下,其他股东有优先购买权。2个以上股东主张行使优先购买权的,协商确定各自的购买比例;协商不成的,按照转让时各自的出资比例行使优先购买权。公司章程对股权转让另有规定的,从其规定。人民法院依照法律规定的强制执行程序转让股东的股权时,应当通知公司及全体股东,其他股东在同等条件下有优先购买权。其他股东自人民法院通知之日起满20日不行使优先购买权的,视为放弃优先购买权。

---

① 陈宇等:《公司法》,中国经济出版社,2004年,第186页。

(三) 股权回购请求权

为了保护中小股东的利益，使其可以在法定的条件下，通过法定的程序退出公司，《公司法》规定了股东的股权回购请求权[①]，即有下列情形之一的，对股东会该项决议投反对票的股东可以请求公司按照合理的价格收购其股权：①公司连续5年不向股东分配利润，而公司该5年连续赢利，并且符合本法规定的分配利润条件的；②公司合并、分立、转让主要财产的；③公司章程规定的营业期限届满或者章程规定的其他解散事由出现，股东会会议通过决议修改章程使公司存续的。自股东会会议决议通过之日起60日内，股东与公司不能达成股权收购协议的，股东可以自股东会会议决议通过之日起90日内向人民法院提起诉讼。

五、有限责任公司的组织机构

公司组织机构又称公司机关，是代表公司活动、行使相应职权的自然人或自然人组成的集合体。有限责任公司的组织机构包括股东会、董事会、监事会以及高级管理人员，但其设置比较灵活，如可以执行董事代替董事会、以监事代替监事会。此外，一人有限责任公司、国有独资公司中的组织机构设置也有所不同。

(一) 有限责任公司的股东会

1. 股东会的组成和法律地位

有限责任公司股东会由全体股东组成，是公司的权力机构。有限责任公司的一切重大事务须由股东会决定。

2. 股东会的职权

按照《公司法》第38条的规定，股东会行使下列职权：①决定公司的经营方针和投资计划；②选举和更换非由职工代表担任的董事、监事，决定有关董事、监事的报酬事项；③审议批准董事会的报告；④审议批准监事会或者监事的报告；⑤审议批准公司的年度财务预算方案、决算方案；⑥审议批准公司的利润分配方案和弥补亏损方案；⑦对公司增加或者减少注册资本作出决议；⑧对发行公司债券作出决议；⑨对公司合并、分立、解散、清算或者变更公司形式作出决议；⑩修改公司章程；⑪公司章程规定的其他职权。

3. 股东会的召开和决议的形成

股东会议事和表决有法定的程序。

[①] 《公司法释义》编写组：《〈中华人民共和国公司法〉释义》，中国法制出版社，2005年，第148页。

(1) 股东会的召集。首次股东会会议由出资最多的股东召集和主持，以后的会议召集和主持工作分以下几种情况：有限责任公司设立董事会的，股东会会议由董事会召集，董事长主持；董事长不能履行职务或者不履行职务的，由副董事长主持；副董事长不能履行职务或者不履行职务的，由半数以上董事共同推举一名董事主持。有限责任公司不设董事会的，股东会会议由执行董事召集和主持。董事会或者执行董事不能履行或者不履行召集股东会会议职责的，由监事会或者不设监事会的公司的监事召集和主持；监事会或者监事不召集和主持的，代表 1/10 以上表决权的股东可以自行召集和主持。

(2) 股东会的召开。股东会会议分定期会议和临时会议。定期会议应当依照公司章程的规定按时召开。代表 1/10 以上表决权的股东，1/3 以上的董事，监事会或者不设监事会的公司的监事提议召开临时会议的，应当召开临时会议。召开股东会会议，应当于会议召开 15 日前通知全体股东；但是，公司章程另有规定或者全体股东另有约定的除外。

(3) 股东会的议事方式和表决程序。股东会应当对所议事项的决定作成会议记录，出席会议的股东应当在会议记录上签名。股东会会议由股东按照出资比例行使表决权；但是，公司章程另有规定的除外。另外，股东会会议作出修改公司章程、增加或者减少注册资本的决议，以及公司合并、分立、解散或者变更公司形式的决议，必须经代表 2/3 以上表决权的股东通过。

(二) 有限责任公司的董事会或执行董事

1. 董事会的产生和法律地位

董事会是由全体董事共同组成的集体决策机构，是有限责任公司的常设管理机构，由股东会选举产生，代表公司执行公司业务，负责企业经营决策及管理规定。《公司法》第 45 条及 51 条规定，有限责任公司设董事会，其成员为 3~13 人；但是，股东人数较少或者规模较小的有限责任公司，可以设 1 名执行董事，不设董事会。执行董事的职权由公司章程规定。

董事会设董事长 1 人，可以设副董事长。董事长、副董事长的产生办法由公司章程规定。另外，2 个以上的国有企业或者 2 个以上的其他国有投资主体投资设立的有限责任公司，其董事会成员中应当有公司职工代表；其他有限责任公司董事会成员中可以有公司职工代表。董事会中的职工代表由公司职工通过职工代表大会、职工大会或者其他形式民主选举产生。

2. 董事会的职权

根据《公司法》第 47 条的规定，董事会对股东会负责，行使下列职权：①召集股东会会议，并向股东会报告工作；②执行股东会的决议；③决定公司的经营计划和投资方案；④制定公司的年度财务预算方案、决算方案；⑤制定公司的利润分配方案和弥补亏损方案；⑥制定公司增加或者减少注册资本以及发行公司债券的方案；⑦制定公司合并、分立、解散或者变更公司形式的方案；⑧决定公司内部管理机构的设置；⑨决定聘任或者解聘公司经理及其报酬事项，并根据经理的提名决定聘任或者解聘公司副经理、财务负责人及其报酬事项；⑩制定公司的基本管理制度；⑪公司章程规定的其他职权。

3. 董事会的召开和决议

董事会会议由董事长召集和主持；董事长不能履行职务或者不履行职务的，由副董事长召集和主持；副董事长不能履行职务或者不履行职务的，由半数以上董事共同推举1名董事召集和主持。

董事会应当对所议事项的决定作成会议记录，出席会议的董事应当在会议记录上签名。董事会决议的表决，实行一人一票。董事会的议事方式和表决程序，除《公司法》另有规定外，由公司章程规定。

（三）有限责任公司的监事会或监事

1. 监事会的组成和法律地位

有限责任公司设监事会，其成员不得少于3人。股东人数较少或者规模较小的有限责任公司，可以设1~2名监事，不设监事会。监事会应当包括股东代表和适当比例的公司职工代表，其中职工代表的比例不得低于1/3，具体比例由公司章程规定。监事会中的职工代表由公司职工通过职工代表大会、职工大会或者其他形式民主选举产生。董事、高级管理人员不得兼任监事。

监事会设主席1人，由全体监事过半数选举产生。监事会主席召集和主持监事会会议；监事会主席不能履行职务或者不履行职务的，由半数以上监事共同推举1名监事召集和主持监事会会议。

监事可以列席董事会会议，并对董事会决议事项提出质询或者建议。监事会、不设监事会公司的监事发现公司经营情况异常，可以进行调查；必要时，可以聘请会计师事务所等协助其工作，费用由公司承担。

2. 监事会或监事的职权

监事会或监事的职权包括：①检查公司财务；②对董事、高级管理人员执行公司职务的行为进行监督，对违反法律、行政法规、公司章程或者股东会决议的董事、高级管理人员提出罢免的建议；③当董事、高级管理人员的行为损害公司的利益时，要求董事、高级管理人员予以纠正；④提议召开临时股东会会议，在董事会不履行本法规定的召集和主持股东会会议职责时召集和主持股东会会议；⑤向股东会会议提出提案；⑥依照《公司法》第152条的规定，对董事、高级管理人员提起诉讼；⑦公司章程规定的其他职权。

（四）有限责任公司的经理

1. 经理的产生

有限责任公司可以设经理，由董事会决定聘任或者解聘。有限公司不设董事会而设1名执行董事的，执行董事可以兼任公司经理。

2. 经理的职权

经理对董事会负责，行使下列职权：①主持公司的生产经营管理工作，组织实施董事会决议；②组织实施公司年度经营计划和投资方案；③拟订公司内部管理机构设置方案；④拟订公司的基本管理制度；⑤制定公司的具体规章；⑥提请聘任或者解聘公司副经理、财务负责人；⑦决定聘任或者解聘除应由董事会决定聘任或者解聘以外的负责管理人员；⑧董事会授予的其他职权。另外，公司章程对经理职权另有规定的，从其规定。

经理列席董事会会议。

（五）公司董事、监事、高级管理人员的任职条件及义务

1. 任职条件

我国《公司法》规定，有下列情形之一的，不得担任公司的董事、监事、高级管理人员：①无民事行为能力或者限制民事行为能力；②因贪污、贿赂、侵占财产、挪用财产或者破坏社会主义市场经济秩序，被判处刑罚，执行期满未逾5年，或者因犯罪被剥夺政治权利，执行期满未逾5年；③担任破产清算的公司、企业的董事或者厂长、经理，对该公司、企业的破产负有个人责任的，自该公司、企业破产清算完结之日起未逾3年；④担任因违法被吊销营业执照、责令关闭的公司、企业的法定代表人，并负有个人责任的，自该公司、企业被吊销营业执照之日起未逾3年；⑤个人所负数额较大的债务到期未清偿。

公司违反上述规定选举、委派董事、监事或者聘任高级管理人员的，该选举、委派或者聘任无效。董事、监事、高级管理人员在任职期间出现上述情形的，公司应当解除其职务。

2. 公司董事、监事、高级管理人员的义务

（1）董事、监事、高级管理人员应当遵守法律、行政法规和公司章程，对公司负有忠实义务和勤勉义务。不得利用职权收受贿赂或者其他非法收入，不得侵占公司的财产。

（2）董事、高级管理人员不得有下列行为：①挪用公司资金；②将公司资金以其个人名义或者以其他个人名义开立账户存储；③违反公司章程的规定，未经股东会、股东大会或者董事会同意，将公司资金借贷给他人或者以公司财产为他人提供担保；④违反公司章程的规定或者未经股东会、股东大会同意，与本公司订立合

同或者进行交易；⑤未经股东会或者股东大会同意，利用职务便利为自己或者他人谋取属于公司的商业机会，自营或者为他人经营与所任职公司同类的业务；⑥接受他人与公司交易的佣金归为己有；⑦擅自披露公司秘密；违反对公司忠实义务的其他行为。董事、高级管理人员违反上述规定所得的收入应当归公司所有。

（3）股东会或者股东大会要求董事、监事、高级管理人员列席会议的，董事、监事、高级管理人员应当列席并接受股东的质询。

董事、高级管理人员应当如实向监事会或者不设监事会的有限责任公司的监事提供有关情况和资料，不得妨碍监事会或者监事行使职权。

（4）董事、监事、高级管理人员执行公司职务时违反法律、行政法规或者公司章程的规定，给公司造成损失的，应当承担赔偿责任。

董事、高级管理人员违反法律、行政法规或者公司章程的规定，损害股东利益的，股东可以向人民法院提起诉讼。

六、一人有限责任公司

2005年《公司法》修订的重要内容之一就是增加了一人有限责任公司的内容。在此之前，我国不承认一人有限责任公司，认为其不足以提供公司发展的动力以及承担公司运作的经营风险。而随着社会的发展，一人有限责任公司事实上大量存在。[①] 另外，一人有限责任公司在理论界也一直备受关注和争议[②]。随着实践的发展，承认一人有限责任公司既是我国公司发展的需要，也是公司立法的大势所趋。

具体来说，一人有限责任公司，是指只有一个自然人股东或者一个法人股东的有限责任公司。

（一）一人有限责任公司的设立

一个自然人只能投资设立一个一人有限责任公司。该一人有限责任公司不能投资设立新的一人有限责任公司。一人有限责任公司的注册资本最低限额为人民币10万元。一人有限责任公司章程由股东制定。股东应当一次足额缴纳公司章程规定的出资额。一人有限责任公司应当在公司登记中注明自然人独资或者法人独资，并在公司营业执照中载明。

---

① 《公司法释义》编写组：《〈中华人民共和国公司法〉释义》，中国法制出版社，2005年，第114~116页。

② 上海市高级人民法院：《公司法疑难问题解析》，法律出版社，2005年，第165~166页。

（二）一人有限责任公司的运行

一人有限责任公司不设股东会，股东行使有限责任公司股东会的相应职权，股东依照这些职权作出决定时，应当采用书面形式，并由股东签名后置备于公司。一人有限责任公司的股东不能证明公司财产独立于股东自己的财产的，应当对公司债务承担连带责任。一人有限责任公司应当在每一会计年度终了时编制财务会计报告，并经会计师事务所审计。

（三）一人有限责任公司与个人独资企业的区别

一人有限责任公司和个人独资企业都可以由一个自然人设立，但两者之间存在着重大差别[①]。

（1）两者的法律性质不同。一人有限责任公司是有限责任公司的一种，是法人企业；而个人独资企业不是法人企业。

（2）两者的责任形式不同。一人有限责任公司实行的是有限责任，股东以其出资额为限对公司承担责任；而个人独资企业的投资者要以其个人财产对企业债务承担无限责任。

（3）两者的税收义务不同。一人有限责任公司及其股东要分别缴纳企业所得税和个人所得税；个人独资企业的投资者只需就其所得缴纳个人所得税。

七、国有独资公司

（一）概念

国有独资公司，是指国家单独出资、由国务院或者地方人民政府授权本级人民政府国有资产监督管理机构履行出资人职责的有限责任公司。

（二）我国《公司法》对国有独资公司的特别规定

1. 国有独资公司的组织机构

国有独资公司不设股东会，由国有资产监督管理机构行使股东会职权。国有资产监督管理机构可以授权公司董事会行使股东会的部分职权，决定公司的重大事项，但公司的合并、分立、解散、增加或者减少注册资本和发行公司债券，必须由国有资产监督管理机构决定；其中，重要的国有独资公司合并、分立、解散、申请破产的，应当由国有资产监督管理机构审核后，报本级人民政府批准。

（1）国有独资公司设董事会。董事每届任期不得超过3年。董事会成员中应

[①] 《公司法释义》编写组：《〈中华人民共和国公司法〉释义》，中国法制出版社，2005年，第117页。

当有公司职工代表。董事会成员由国有资产监督管理机构委派；但是，董事会成员中的职工代表由公司职工代表大会选举产生。董事会设董事长1人，可以设副董事长。董事长、副董事长由国有资产监督管理机构从董事会成员中指定。

(2) 国有独资公司设经理，由董事会聘任或者解聘。经国有资产监督管理机构同意，董事会成员可以兼任经理。国有独资公司经理的职权与一般有限责任公司经理享有的职权相同。

国有独资公司的董事长、副董事长、董事、高级管理人员，未经国有资产监督管理机构同意，不得在其他有限责任公司、股份有限公司或者其他经济组织兼职。

(3) 监事会。国有独资公司监事会成员不得少于5人，其中，职工代表的比例不得低于1/3，具体比例由公司章程规定。监事会成员由国有资产监督管理机构委派；但是，监事会成员中的职工代表由公司职工代表大会选举产生。监事会主席由国有资产监督管理机构从监事会成员中指定。

2. 国有独资公司与一人有限责任公司的区别

国有独资公司和前一部分所述的一人有限责任公司，都只有一个投资主体，且投资者都承担有限责任，这是两者的共同之处。但是一人有限责任公司的投资主体是自然人或法人，其存在和发展是商品经济高度发达的产物；而国有独资公司的投资主体是国家，它本身具有社会性、政治性以及团体性。对于这两者，我国《公司法》分别作出了具体的规定，两者存在着重大的差别。

此外，对于国有独资公司和一人有限责任公司，《公司法》没有作出规定的，要适用《公司法》关于有限责任公司的规定。

八、公司债券

(一) 概念和特征

公司债券，是指公司依照法定程序发行、约定在一定期限还本付息的有价证券。公司以实物券方式发行公司债券的，必须在债券上载明公司名称、债券票面金额、利率、偿还期限等事项，并由法定代表人签名，公司盖章。公司债券是一种债权凭证，可以据以要求债券发行者到期还本付息。发行公司债券是公司的一种重要筹资活动。它具有以下特征[1]：

(1) 公司债券是一种有价证券。它具有流通性，可以在金融市场上出售，也可以在特定情况下与实物资产、现金实现交换。

(2) 公司债券是债权证券，反映的是一种借贷关系。

---

[1] 甘培忠：《企业与公司法学》(第三版)，北京大学出版社，2004年，第322页。

(3) 公司债券的发行须按照法律规定的程序进行。

(4) 公司债券是到约定期限由公司还本付息的有价证券，是缴回证券。

公司债券与普通债务不同：首先，公司债券是面向社会公众发行的，而普通债务是向特定的金融机构或企事业单位、个人借贷形成；其次，公司债券的发行有严格的法定条件和法定程序，而普通债务由借款人和出借人协商确定即可；再次，公司债券可以自由流通转让，而普通债务并非如此。

依据不同的标准，可以对公司债券进行不同的分类[①]。

1. 根据债券上是否记载债权人姓名或者名称，可以将公司债券分为记名公司债券和无记名公司债券

记名公司债券，即在债券上记载债权人姓名或者名称的债券。发行记名公司债券的，应当在公司债券存根簿上载明下列事项：①债券持有人的姓名或者名称及住所；②债券持有人取得债券的日期及债券的编号；③债券总额，债券的票面金额、利率、还本付息的期限和方式；④债券的发行日期。记名公司债券的登记结算机构应当建立债券登记、存管、付息、兑付等相关制度。

无记名公司债券，即在债券上不记载债权人姓名或者名称的债券。发行无记名公司债券的，应当在公司债券存根簿上载明债券总额、利率、偿还期限和方式、发行日期及债券的编号。

2. 根据是否可以变更为公司股票，可以将公司债券分为可转换公司债券和非转换公司债券

可转换公司债券，即依照约定办法可以转换为公司股票的债券；反之，不能转换为公司股票的债券为非转换公司债券。

上市公司经股东大会决议可以发行可转换为股票的公司债券，并在公司债券募集办法中规定具体的转换办法。发行可转换为股票的公司债券，应当在债券上标明可转换公司债券字样，并在公司债券存根簿上载明可转换公司债券的数额。公司应当按照其转换办法向债券持有人换发股票，但债券持有人对转换股票或者不转换股票有选择权。

（二）公司债券的发行和转让

公司发行公司债券应当符合《中华人民共和国证券法》规定的发行条件。一般来说，公司债券的发行程序，应经过公司决议、提出申请、政府审批、公告募集、资金缴付等阶段。其中，对于公告募集阶段，《公司法》作出了详细的规定。

发行公司债券的申请经国务院授权的部门核准后，应当公告公司债券募集办法。公司债券募集办法中应当载明下列主要事项：①公司名称；②债券募集资金

[①] 注册会计师协会：《经济法》，中国财政经济出版社，2006年，第115页。

的用途；③债券总额和债券的票面金额；④债券利率的确定方式；⑤还本付息的期限和方式；⑥债券担保情况；⑦债券的发行价格、发行的起止日期；⑧公司净资产额；⑨已发行的尚未到期的公司债券总额；⑩公司债券的承销机构。

公司债券可以转让，转让价格由转让人与受让人约定。公司债券在证券交易所上市交易的，按照证券交易所的交易规则转让。记名公司债券，由债券持有人以背书方式或者法律、行政法规规定的其他方式转让；转让后由公司将受让人的姓名或者名称及住所记载于公司债券存根簿。无记名公司债券的转让，由债券持有人将该债券交付给受让人后即发生转让的效力。

第三节 股份有限公司

一、股份有限公司的概念与特征

（一）概念

股份有限公司，是指由数量较多的股东所组成，其全部资本分为等额股份，股东以其所持股份为限对公司承担有限责任，公司以其全部财产对公司债务承担责任的企业法人[1]。

（二）特征

股份有限公司和有限责任公司之间具有一些共同的特点。例如，两者的股东都只承担有限责任，而公司以其全部财产对外承担民事责任；两者的股东人数、注册资本额都有法定要求，但是两者之间也存在着很多区别。与有限责任公司相比，股份有限公司具有以下特征[2]：

（1）股份有限公司的股东人数有法定限额。设立股份有限公司，应当有2人以上200人以下为发起人，其中须有半数以上的发起人在中国境内有住所。

（2）股份有限公司的资本划分为均等的股份。这是股份有限公司与有限责任公司的重要区别之一。划分等额股份，有利于公司公开向社会募集资本，也有利于确定股东的权利。

（3）股份有限公司设立和运行过程中可以公开募集股份。

（4）股份有限公司股东权益转让灵活。这种转让通过股票交易所实现，一般不需要经过股东会或董事会的同意。

（5）法定资本额的限制。股份有限公司注册资本的最低限额为人民币500万

---

[1] 甘培忠：《企业与公司法学》（第三版），北京大学出版社，2004年，第255页。
[2] 甘培忠：《企业与公司法学》（第三版），北京大学出版社，2004年，第255～257页。

元,远远高于有限责任公司。

(6)股份有限公司是典型的资合公司,它的信用基础是公司的资本。公司资本既是公司赖以经营的物质条件,也是对债权人债权实现的保障。债权人与股东之间、股东与股东之间不要求建立信任关系。

二、股份有限公司的设立方式

股份有限公司的设立,可以采取发起设立或者募集设立的方式。

(一)发起设立

发起设立是指由发起人认购公司应发行的全部股份而设立公司。这种方式不向社会公众公开募集股份,在其发行新股之前,其全部股份由发起人持有。这种设立方式较为简便,但要求发起人有较为雄厚的资金,可以认购全部股份。[①]

股份有限公司采取发起设立方式设立的,注册资本为在公司登记机关登记的全体发起人认购的股本总额。公司全体发起人的首次出资额不得低于注册资本的20%,其余部分由发起人自公司成立之日起2年内缴足;其中,投资公司可以在5年内缴足。在缴足前,不得向他人募集股份。

以发起设立方式设立股份有限公司的,发起人应当书面认足公司章程规定其认购的股份;一次缴纳的,应即缴纳全部出资;分期缴纳的,应即缴纳首期出资。以非货币财产出资的,应当依法办理其财产权的转移手续。发起人不依照规定缴纳出资的,应当按照发起人协议承担违约责任。

(二)募集设立

募集设立是指由发起人认购公司应发行股份的一部分,其余股份向社会公开募集或者向特定对象募集而设立公司。采用这种方式设立公司,发起人只需投入较少资金,就可以从社会上凝聚到较多的资金。但是由于这种设立方式涉及社会公众,对社会的经济、政治秩序都有影响,为了保护投资者的利益,维护社会秩序,法律对其规定了更为严格的设立程序[②]。

1. 向社会公开有关信息

发起人向社会公开募集股份,必须公告招股说明书,并制作认股书。认股书应当载明《公司法》第87条所列事项,由认股人填写认购股数、金额、住所,并签名、盖章。认股人按照所认购股数缴纳股款。招股说明书应当附有发起人制

[①②] 《公司法释义》编写组:《〈中华人民共和国公司法〉释义》,中国法制出版社,2005年,第155~156页。

定的公司章程，并载明下列事项：发起人认购的股份数；每股的票面金额和发行价格；无记名股票的发行总数；募集资金的用途；认股人的权利、义务；本次募股的起止期限及逾期未募足时认股人可以撤回所认股份的说明。

2. 证券公司承销

发起人向社会公开募集股份，应当由依法设立的证券公司承销，签订承销协议。

3. 银行代收股款

发起人向社会公开募集股份，应当与银行签订代收股款协议。代收股款的银行应当按照协议代收和保存股款，向缴纳股款的认股人出具收款单据，并负有向有关部门出具收款证明的义务。

4. 验资

发行股份的股款缴足后，必须经依法设立的验资机构验资并出具证明。

股份有限公司采取募集方式设立的，注册资本为在公司登记机关登记的实收股本总额。以募集设立方式设立股份有限公司的，发起人认购的股份不得少于公司股份总数的35%；但是，法律、行政法规另有规定的，从其规定。

三、股份有限公司设立的条件

按照《公司法》第77条的规定，设立股份有限公司，应当具备下列条件：

（1）发起人符合法定人数。具体而言，设立股份有限公司，应当有2人以上200人以下为发起人，其中须有半数以上的发起人在中国境内有住所。

（2）发起人认购和募集的股本达到法定资本最低限额。股份有限公司注册资本的最低限额为人民币500万元。法律、行政法规对股份有限公司注册资本的最低限额有较高规定的，从其规定。

（3）股份发行、筹办事项符合法律规定。

（4）发起人制定公司章程，采用募集方式设立的经创立大会通过。股份有限公司章程应当载明下列事项：①公司名称和住所；②公司经营范围；③公司设立方式；④公司股份总数、每股金额和注册资本；⑤发起人的姓名或者名称、认购的股份数、出资方式和出资时间；⑥董事会的组成、职权和议事规则；⑦公司法定代表人；⑧监事会的组成、职权和议事规则；⑨公司利润分配办法；⑩公司的解散事由与清算办法；⑪公司的通知和公告办法；⑫股东大会会议认为需要规定的其他事项。

（5）有公司名称，建立符合股份有限公司要求的组织机构。股份有限公司，必须在公司名称中标明"股份有限公司"或者"股份公司"字样，并且符合其他关于企业名称的法律规定。股份有限公司的组织机构包括股东大会、董事会、监事会和经理等，它们依照公司法和公司章程设立并履行职责。

（6）有公司住所。

四、股份有限公司发起人的设立责任

（一）发起人的概念

发起人是为设立股份有限公司而依照法定条件和法定程序进行筹办事务并享有法定权利和承担法定义务的人，既可以是法人，也可以是自然人，他们承担公司筹办事务。发起人应当签订发起人协议，明确各自在公司设立过程中的权利和义务。

（二）发起人承担的公司筹办事务

1. 出资

发起人应当按照法律规定认缴股份。以发起设立方式设立股份有限公司的，发起人应当书面认足公司章程规定其认购的股份；一次缴纳的，应即缴纳全部出资；分期缴纳的，应即缴纳首期出资。以非货币财产出资的，应当依法办理其财产权的转移手续。以募集设立方式设立股份有限公司的，发起人认购的股份不得少于公司股份总数的35%；但是，法律、行政法规另有规定的，从其规定。

2. 制定公司章程

全体发起人共同制定并共同签署公司章程。

3. 建立公司机构

以发起设立方式设立股份有限公司的，发起人首次缴纳出资后，应当选举董事会和监事会。以募集方式设立股份有限公司的，公司机构的建立要通过创立大会进行。

发起人应当自股款缴足之日起30日内主持召开公司创立大会。创立大会由发起人、认股人组成。发行的股份超过招股说明书规定的截止期限尚未募足的，或者发行股份的股款缴足后，发起人在30日内未召开创立大会的，认股人可以按照所缴股款并加算银行同期存款利息，要求发起人返还。发起人应当在创立大会召开15日前将会议日期通知各认股人或者予以公告。创立大会应有代表股份总数过半数的发起人、认股人出席，方可举行。

创立大会行使下列职权：①审议发起人关于公司筹办情况的报告；②通过公司章程；③选举董事会成员；④选举监事会成员；⑤对公司的设立费用进行审核；⑥对发起人用于抵做股款的财产的作价进行审核；⑦发生不可抗力或者经营条件发生重大变化直接影响公司设立的，可以作出不设立公司的决议。创立大会对上述事项作出决议，必须经出席会议的认股人所持表决权过半数通过。

(三) 发起人的设立责任

股份有限公司的发起人应当承担下列责任：①公司不能成立时，对设立行为所产生的债务和费用负连带责任；②公司不能成立时，对认股人已缴纳的股款，负返还股款并加算银行同期存款利息的连带责任；③在公司设立过程中，由于发起人的过失致使公司利益受到损害的，应当对公司承担赔偿责任。

五、股份有限公司股东的权利与义务

(一) 权利

股份有限公司股东与有限责任公司股东一样，依法享有资产收益、参与重大决策和选择管理者等权利。股东有权查阅公司章程、股东名册、公司债券存根、股东大会会议记录、董事会会议决议、监事会会议决议和财务会计报告，对公司的经营提出建议或者质询。符合法定资格的股东有提起股东代表诉讼的权利。

(二) 义务

(1) 出资的义务。股份有限公司成立后，发起人未按照公司章程的规定缴足出资的，应当补缴；其他发起人承担连带责任。

(2) 资本充实的义务。股份有限公司成立后，发现作为设立公司出资的非货币财产的实际价额显著低于公司章程所定价额的，应当由交付该出资的发起人补足其差额；其他发起人承担连带责任。

(3) 公司股东应当遵守法律、行政法规和公司章程，依法行使股东权利，不得滥用股东权利损害公司或者其他股东的利益；不得滥用公司法人独立地位和股东有限责任损害公司债权人的利益。

六、股份有限公司的组织机构

(一) 股东大会

1. 股东大会的构成

股份有限公司的股东大会是由全体股东组成的公司最高权力机构。

2. 股东大会的职权

股份有限公司股东大会的职权，与有限责任公司股东会的职权相同。

3. 股东大会的召开

股东大会应当每年召开一次年会。有下列情形之一的，应当在2个月内召开临时股东大会：①董事人数不足本法规定人数或者公司章程所定人数的 2/3 时；②公司未弥补的亏损达实收股本总额 1/3 时；③单独或者合计持有公司 10% 以上股份的股东请求时；④董事会认为必要时；⑤监事会提议召开时；⑥公司章程规定的其他情形。

4. 股东大会的召集

股东大会会议由董事会召集，董事长主持；董事长不能履行职务或者不履行职务的，由副董事长主持；副董事长不能履行职务或者不履行职务的，由半数以上董事共同推举 1 名董事主持。

董事会不能履行或者不履行召集股东大会会议职责的，监事会应当及时召集和主持；监事会不召集和主持的，连续 90 日以上，单独或者合计持有公司 10% 以上股份的股东可以自行召集和主持。

《公司法》和公司章程规定公司转让、受让重大资产或者对外提供担保等事项必须经股东大会作出决议的，董事会应当及时召集股东大会会议，由股东大会就上述事项进行表决。

5. 股东大会的议事和表决规则

股东可以委托代理人出席股东大会会议，代理人应当向公司提交股东授权委托书，并在授权范围内行使表决权。

股东出席股东大会会议，所持每一股份有一表决权。但是，公司持有的本公司股份没有表决权。股东大会作出决议，必须经出席会议的股东所持表决权过半数通过。但是，股东大会作出修改公司章程、增加或者减少注册资本的决议，以及公司合并、分立、解散或者变更公司形式的决议，必须经出席会议的股东所持表决权的 2/3 以上通过。

股东大会选举董事、监事，可以依照公司章程的规定或者股东大会的决议，实行累积投票制，即股东大会选举董事或者监事时，每一股份拥有与应选董事或者监事人数相同的表决权，股东拥有的表决权可以集中使用。

股东大会应当对所议事项的决定作成会议记录，主持人、出席会议的董事应当在会议记录上签名。会议记录应当与出席股东的签名册及代理出席的委托书一并保存。

（二）董事会、经理

1. 董事会的构成

股份有限公司设董事会，其成员为 5~19 人。股份有限公司董事任期与有限责任公司董事任期一样，由公司章程规定，但每届任期不得超过 3 年。董事任期届满，连选可以连任。董事会成员中可以有公司职工代表。董事会中的职工代表由公司职工通过职工代表大会、职工大会或者其他形式民主选举产生。

董事会设董事长1人，可以设副董事长。董事长和副董事长由董事会以全体董事的过半数选举产生。董事长召集和主持董事会会议，检查董事会决议的实施情况。副董事长协助董事长工作，董事长不能履行职务或者不履行职务的，由副董事长履行职务；副董事长不能履行职务或者不履行职务的，由半数以上董事共同推举1名董事履行职务。

2. 董事会的职权

《公司法》关于有限责任公司董事会职权的规定，适用于股份有限公司董事会。

3. 董事会的召开

董事会每年度至少召开2次会议，每次会议应当于会议召开10日前通知全体董事和监事。代表1/10以上表决权的股东、1/3以上董事或者监事会，可以提议召开董事会临时会议。董事长应当自接到提议后10日内，召集和主持董事会会议。董事会召开临时会议，可以另定召集董事会的通知方式和通知时限。

4. 董事会的议事和表决规则

董事会会议应有过半数的董事出席方可举行。董事会作出决议，必须经全体董事的过半数通过。董事会决议的表决，实行一人一票。董事会应当对会议所议事项的决定作成会议记录，出席会议的董事应当在会议记录上签名。

董事会会议，应由董事本人出席；董事因故不能出席，可以书面委托其他董事代为出席，委托书中应载明授权范围。

董事应当对董事会的决议承担责任。董事会的决议违反法律、行政法规或者公司章程、股东大会决议，致使公司遭受严重损失的，参与决议的董事对公司负赔偿责任。但经证明在表决时曾表明异议并记载于会议记录的，该董事可以免除责任。

5. 经理

股份有限公司设经理，由董事会决定聘任或者解聘。

《公司法》关于有限责任公司经理职权的规定，适用于股份有限公司经理。

公司董事会可以决定由董事会成员兼任经理。

（三）监事会

1. 监事会的构成

股份有限公司设监事会，其成员不得少于3人。监事会应当包括股东代表和适当比例的公司职工代表，其中，职工代表的比例不得低于1/3，具体比例由公司章程规定。监事会中的职工代表由公司职工通过职工代表大会、职工大会或者其他形式民主选举产生。

监事会设主席1人，可以设副主席。监事会主席和副主席由全体监事过半数选举产生。监事会主席召集和主持监事会会议;监事会主席不能履行职务或者不履行职务的,由监事会副主席召集和主持监事会会议;监事会副主席不能履行职务或者不履行职务的,由半数以上监事共同推举 1 名监事召集和主持监事会会议。

董事、高级管理人员不得兼任监事。

《公司法》关于有限责任公司监事任期的规定,适用于股份有限公司监事。

2. 监事会的职权

《公司法》关于有限责任公司监事会职权的规定,适用于股份有限公司监事会。监事会行使职权所必需的费用,由公司承担。

3. 监事会的召开

监事会每 6 个月至少召开一次会议。监事可以提议召开临时监事会会议。

4. 监事会的议事和表决规则

监事会的议事方式和表决程序,除《公司法》另有规定外,由公司章程规定。

监事会决议应当经半数以上监事通过。

监事会应当对所议事项的决定作成会议记录,出席会议的监事应当在会议记录上签名。

七、股份的发行与转让

(一)股份有限公司的股份和股票

股份有限公司的资本划分为股份,每一股的金额相等。公司的股份为股东持有,每一股份所表现的价值相同,所代表的权利和利益也相同,公司股东以持有股份的多少在公司中行使权利并取得相应的利益。股东转让其投资的方式是将股票转让出去,而投资者要想成为公司的股东,也只要购入股票,也就是说,成为公司股份的持有者即可。

公司的股份采取股票的形式。股票是公司签发的证明股东所持股份的凭证,是表示股东地位和股东权利的可流通的有价证券。股票采用纸面形式或者国务院证券监督管理机构规定的其他形式。股票应当载明下列主要事项:①公司名称;②公司成立日期;③股票种类、票面金额及代表的股份数;④股票的编号。股票由法定代表人签名,公司盖章。发起人的股票,应当标明发起人股票字样。

公司发行的股票,可以为记名股票,也可以为无记名股票。

记名股,即将股东的姓名记载于股东名册上的股份。这种股份的权利只能由记名股东享有,其他人除非得到记名股东的授权,否则即使持有记名股东的股票，也不能行使权利。公司向发起人、法人发行的股票，应当为记名股票，并应当记载该发起人、法人的名称或者姓名，不得另立户名或者以代表人姓名记名。公司发行记名股票的，应当置备股东名册，记载下列事项：①股东的姓名或者名称及住所；②各股东所持股份数；③各股东所持股票的编号；④各股东取得股份的日期。

无记名股，即不记载股东姓名的股份。凡是持有这种股票的人就是公司的股东，它的转让只需在法律规定的场合由原股东将股票转让给受让人即可。发行无记名股票的，公司应当记载其股票数量、编号及发行日期。

除了记名股与不记名股的分类以外，依据其他的标准，还可以对股票进行其他的分类。例如，依据股份所享有的权利的不同分为普通股和优先股，依据股票票面上是否记载金额分为有面额股和无面额股，等等。对于这些股票种类，我国《公司法》未作规定。但是，《公司法》第132条规定，国务院可以对公司发行该法规定以外的其他种类的股份，另行作出规定。

（二）股份发行

股份的发行可以分设立发行和新股发行两种类型。设立发行是指发起人在公司设立过程中作为公司设立中的机关发行股份、筹集资本的行为。股份有限公司成立后，即向股东正式交付股票。公司成立前不得向股东交付股票。新股发行则是指公司在存续期间为充实和扩大资本而进行的股份的发售行为。由于在前一节中已经较详细地讲述了股份有限公司的设立情况，下面着重讲述新股发行的问题。新股发行，应当依照下列程序进行。

（1）股东大会作出决议。公司发行新股，股东大会应当对下列事项作出决议：①新股种类及数额；②新股发行价格；③新股发行的起止日期；④向原有股东发行新股的种类及数额。

（2）国务院证券监督管理机构核准公开发行新股。

（3）公司经国务院证券监督管理机构核准公开发行新股时，必须公告新股招股说明书和财务会计报告，并制作认股书。新股发行，也应当由依法设立的证券公司承销，签订承销协议，并同银行签订代收股款协议。

（4）公司发行新股募足股款后，必须向公司登记机关办理变更登记，并公告。

（三）股份转让

股份有限公司股东持有的股份可以依法自由转让。股份的转让，必须遵照下列规定进行。

1. 股份转让的场所

股东转让其股份，应当在依法设立的证券交易场所进行或者按照国务院规定的其他方式进行。

2. 股份转让的方式

记名股票，由股东以背书方式或者法律、行政法规规定的其他方式转让；转让后由公司将受让人的姓名或者名称及住所记载于股东名册。

无记名股票的转让，由股东将该股票交付给受让人后即发生转让的效力。

3. 特定人持有的股份转让

发起人持有的本公司股份，自公司成立之日起1年内不得转让。公司公开发行股份前已发行的股份，自公司股票在证券交易所上市交易之日起1年内不得转让。

公司董事、监事、高级管理人员应当向公司申报所持有的本公司的股份及其变动情况，在任职期间每年转让的股份不得超过其所持有本公司股份总数的25%；所持本公司股份自公司股票上市交易之日起1年内不得转让。上述人员离职后半年内，不得转让其所持有的本公司股份。公司章程可以对公司董事、监事、高级管理人员转让其所持有的本公司股份作出其他限制性规定。

4. 公司收购本公司股份

公司不得收购本公司股份。但是，有下列情形之一的除外：①减少公司注册资本；②与持有本公司股份的其他公司合并；③将股份奖励给本公司职工；④股东因对股东大会作出的公司合并、分立决议持异议，要求公司收购其股份的。其中，公司因①、②、③项原因收购本公司股份的，应当经股东大会决议。

公司不得接受本公司的股票作为质押权的标的。

5. 宣告股票失效

记名股票被盗、遗失或者灭失，股东可以依照《中华人民共和国民事诉讼法》规定的公示催告程序，请求人民法院宣告该股票失效。人民法院宣告该股票失效后，股东可以向公司申请补发股票。

八、上市公司

上市公司，是指其股票在证券交易所上市交易的股份有限公司。上市公司的组织机构，除了要遵守一般股份有限公司组织机构的相关规定以外，还必须遵守下列规定：

（1）上市公司在一年内购买、出售重大资产或者担保金额超过公司资产总额30%的，应当由股东大会作出决议，并经出席会议的股东所持表决权的2/3以上通过。

（2）上市公司设立独立董事，具体办法由国务院规定。

（3）上市公司设董事会秘书，负责公司股东大会和董事会会议的筹备、文件保管以及公司股东资料的管理，办理信息披露事务等事宜。

（4）上市公司董事与董事会会议决议事项所涉及的企业有关联关系的，不得对该项决议行使表决权，也不得代理其他董事行使表决权。该董事会会议由过半数的无关联关系董事出席即可举行，董事会会议所作决议须经无关联关系董事过半数通过。出席董事会的无关联关系董事人数不足3人的，应将该事项提交上市公司股东大会审议。

上市公司的股票，依照有关法律、行政法规及证券交易所交易规则上市交易。上市公司必须依照法律、行政法规的规定，公开其财务状况、经营情况及重大诉讼，在每会计年度内半年公布一次财务会计报告。

第四节 公司的合并、分立、清算

一、合并的概念和种类

公司的合并，是指两个以上的公司依照法定程序变为一个公司的行为。

公司合并有吸收合并和新设合并两种形式。一个公司吸收其他公司为吸收合并，被吸收的公司解散。两个以上公司合并设立一个新的公司为新设合并，合并各方解散。

二、分立的概念和种类

公司的分立是指依照法律规定以及协议约定将一个公司变为两个或两个以上公司的法律行为。

三、合并、分立情况下债权债务的处理

公司合并时，合并各方的债权、债务，应当由合并后存续的公司或者新设的公司承继。公司应当自作出合并决议之日起10日内通知债权人，并于30日内在报纸上公告。债权人自接到通知书之日起30日内，未接到通知书的自公告之日起45日内，可以要求公司清偿债务或者提供相应的担保。

公司分立，其财产作相应的分割。公司分立前的债务由分立后的公司承担连带责任。但是，公司在分立前与债权人就债务清偿达成的书面协议另有约定的除外。公司应当自作出分立决议之日起10日内通知债权人，并于30日内在报纸上公告。

四、公司的增资与减资

（一）增资

有限责任公司增加注册资本时，股东认缴新增资本的出资，依照《公司法》设立有限责任公司缴纳出资的有关规定执行。

股份有限公司为增加注册资本发行新股时，股东认购新股，依照《公司法》设立股份有限公司缴纳股款的有关规定执行。

（二）减资

公司需要减少注册资本时，必须编制资产负债表及财产清单。

公司应当自作出减少注册资本决议之日起10日内通知债权人，并于30日内在报纸上公告。债权人自接到通知书之日起30日内，未接到通知书的自公告之日起45日内，有权要求公司清偿债务或者提供相应的担保。

公司减资后的注册资本不得低于法定的最低限额。

（三）变更登记

公司增加或者减少注册资本，应当依法向公司登记机关办理变更登记。

五、公司解散和清算

（一）公司的解散

公司因下列原因解散：①公司章程规定的营业期限届满或者公司章程规定的其他解散事由出现；②股东会或者股东大会决议解散；③因公司合并或者分立需要解散；④依法被吊销营业执照、责令关闭或者被撤销；⑤公司经营管理发生严重困难，继续存续会使股东利益受到重大损失，通过其他途径不能解决的，持有公司全部股东表决权10%以上的股东，可以请求人民法院解散公司。人民法院予以解散。

另外，公司出现上述①的情形的，可以通过修改公司章程而存续。因此而修改公司章程的，有限责任公司须经持有2/3以上表决权的股东通过，股份有限公司须经出席股东大会会议的股东所持表决权的2/3以上通过。

（二）公司的清算

1. 清算组

除因公司合并或者分立需要解散的情形以外，应当在解散事由出现之日起

15日内成立清算组，开始清算。有限责任公司的清算组由股东组成，股份有限公司的清算组由董事或者股东大会确定的人员组成。逾期不成立清算组进行清算的，债权人可以申请人民法院指定有关人员组成清算组进行清算。人民法院应当受理该申请，并及时组织清算组进行清算。

清算组在清算期间行使下列职权：①清理公司财产，分别编制资产负债表和财产清单；②通知、公告债权人；③处理与清算有关的公司未了结的业务；④清缴所欠税款以及清算过程中产生的税款；⑤清理债权、债务；⑥处理公司清偿债务后的剩余财产；⑦代表公司参与民事诉讼活动。

清算组成员应当忠于职守，依法履行清算义务。清算组成员不得利用职权收受贿赂或者其他非法收入，不得侵占公司财产。清算组成员因故意或者重大过失给公司或者债权人造成损失的，应当承担赔偿责任。

2. 清算工作程序

（1）登记债权。清算组应当自成立之日起10日内通知债权人，并于60日内在报纸上公告。债权人应当自接到通知书之日起30日内，未接到通知书的自公告之日起45日内，向清算组申报其债权。

债权人申报债权，应当说明债权的有关事项，并提供证明材料。清算组应当对债权进行登记。

在申报债权期间，清算组不得对债权人进行清偿。

（2）进行财产清算。清算组在清理公司财产、编制资产负债表和财产清单后，应当制定清算方案，并报股东会、股东大会或者人民法院确认。

公司财产在分别支付清算费用、职工的工资、社会保险费用和法定补偿金，缴纳所欠税款，清偿公司债务后的剩余财产，有限责任公司按照股东的出资比例分配，股份有限公司按照股东持有的股份比例分配。

清算期间，公司存续，但不得开展与清算无关的经营活动。公司财产在未依照前款规定清偿前，不得分配给股东。

清算组在清理公司财产、编制资产负债表和财产清单后，发现公司财产不足清偿债务的，应当依法向人民法院申请宣告破产。

公司经人民法院裁定宣告破产后，清算组应当将清算事务移交给人民法院。公司被依法宣告破产的，依照有关企业破产的法律实施破产清算。

（3）公告公司终止。公司清算结束后，清算组应当制作清算报告，报股东会、股东大会或者人民法院确认，并报送公司登记机关，申请注销公司登记，公告公司终止。

第五节 法律责任

一、公司的法律责任

公司在下列情况下，要承担相应的法律责任。

（一）违反公司登记管理规定

（1）违反《公司法》规定，虚报注册资本、提交虚假材料或者采取其他欺诈手段隐瞒重要事实取得公司登记；

（2）未依法登记为有限责任公司或者股份有限公司，而冒用有限责任公司或者股份有限公司名义的，或者未依法登记为有限责任公司或者股份有限公司的分公司，而冒用有限责任公司或者股份有限公司的分公司名义；

（3）公司成立后无正当理由超过6个月未开业的，或者开业后自行停业连续6个月以上；公司登记事项发生变更时，未依照本法规定办理有关变更登记。

（二）公司违反财务会计方面的规定

（1）公司违反《公司法》规定，在法定的会计账簿以外另立会计账簿；

（2）公司在依法向有关主管部门提供的财务会计报告等材料上作虚假记载或者隐瞒重要事实；

（3）公司不依照《公司法》规定提取法定公积金。

（三）公司违反解散清算方面的规定

（1）公司在合并、分立、减少注册资本或者进行清算时，不依照《公司法》规定通知或者公告债权人；公司在进行清算时，隐匿财产，对资产负债表或者财产清单作虚假记载或者在未清偿债务前分配公司财产。

（2）公司在清算期间开展与清算无关的经营活动。

（四）公司违反其他方面的规定

利用公司名义从事危害国家安全、社会公共利益的严重违法行为；

外国公司违反《公司法》规定，擅自在中国境内设立分支机构。

公司承担法律责任的方式有多种，包括行政责任、民事责任和刑事责任。行政责任包括由相关机关责令改正、罚款、警告、撤销公司登记、吊销营业执照、对直接负责的主管人员和其他直接责任人员罚款，等等。

公司违反《公司法》规定，应当承担民事赔偿责任和缴纳罚款、罚金的，其财产不足以支付时，先承担民事赔偿责任。

二、公司的股东、发起人的法律责任

公司的发起人、股东虚假出资，未交付或者未按期交付作为出资的货币或者非货币财产；或者在公司成立后，抽逃其出资的，由有关机关责令改正，并除以一定数额的罚款。

三、公司的清算组、资产评估、验资或者验证机构的法律责任

（一）清算组的法律责任

清算组不依照《公司法》规定向公司登记机关报送清算报告，或者报送清算报告隐瞒重要事实或者有重大遗漏的，由公司登记机关责令改正。

清算组成员利用职权徇私舞弊、谋取非法收入或者侵占公司财产的，由公司登记机关责令退还公司财产，没收违法所得，并可以处以罚款。

（二）资产评估、验资或者验证机构的法律责任

承担资产评估、验资或者验证的机构提供虚假材料，或因过失提供有重大遗漏报告的，要承担罚款、责令停业、吊销直接责任人员的资格证书、吊销营业执照等责任。因其出具的评估结果、验资或者验证证明不实，给公司债权人造成损失的，除能够证明自己没有过错的外，在其评估或者证明不实的金额范围内承担赔偿责任。

四、政府有关主管部门的法律责任

公司登记机关对不符合《公司法》规定条件的登记申请予以登记，或者对符合《公司法》规定条件的登记申请不予登记的，对直接负责的主管人员和其他直接责任人员，依法给予行政处分。

公司登记机关的上级部门强令公司登记机关对不符合《公司法》规定条件的登记申请予以登记，或者对符合《公司法》规定条件的登记申请不予登记的，或者对违法登记进行包庇的，对直接负责的主管人员和其他直接责任人员依法给予行政处分。

思考题

1. 比较有限责任公司和股份有限公司的特征及设立条件。

2. 比较有限责任公司和股份有限公司的组织机构。
3. 一人有限责任公司在经营过程中有何优势和劣势？
4. 简述公司债券与普通债务及公司股票的区别。
5. 上市公司的组织机构有何特别之处？为什么对上市公司进行特别规定？

典型案例

甲公司与龙某签订合同，约定双方各出资200万元，设立乙有限责任公司；甲公司以其土地使用权出资，龙某以现金和专利技术出资；公司亏损按出资比例分担。乙公司经工商登记后，在甲公司用以出资的土地上生产经营，但甲公司未将土地使用权过户到乙公司。2000年3月，乙公司向丙银行借款200万元，甲公司以自己名义用上述土地使用权作抵押担保。同年4月，甲公司提出退出乙公司，龙某书面表示同意。2003年8月，法院判决乙公司偿还丙银行上述贷款本息共240万元，并判决甲公司承担连带清偿责任。另查明，龙某在公司成立后将120万元注册资金转出，替朋友偿还债务。

问题：
(1) 乙公司成立时甲公司投资不到位，乙公司成立是否有效？为什么？
(2) 甲公司是否已经退出乙公司？为什么？
(3) 甲公司可否要求龙某退还其占用的120万元中的60万元？为什么？
(4) 乙公司、甲公司和龙某对丙银行的债务各应如何承担责任？

参考答案：
(1) 有效。公司以登记为成立要件，股东出资不到位不影响公司成立的效力。
(2) 并未退出。股东在公司登记后，不得抽回投资。
(3) 不能。龙某占用的是公司资金，龙某仅对乙公司有返还义务，对甲公司无返还义务。
(4) 乙公司应当以其全部资产对丙银行的债务负责。甲公司应当在200万元的出资范围内对丙银行的债务负责。龙某应当在120万元的范围内对丙银行的债务负责。

第三章 合伙企业法律制度

重点问题
  * 合伙企业法律特征
  * 合伙企业内部、外部关系
  * 入伙与退伙条件

第一节 合伙企业法概述

一、合　　伙

所谓合伙,是指两个以上民事主体在合伙协议基础上形成的一种法律关系,是由合伙人共同出资、共同经营、共负盈亏的一种组织或非组织的经营形态。

目前在学理上对合伙进行的分类主要有以下几种。

（一）商事合伙与民事合伙

商事合伙为营业之目的而形成的组织性特征极为明显,多采固定的合伙形式,并需要依法履行商业登记手续;民事合伙则主要突出其契约性,以临时者居多,也无须进行登记。

（二）普通合伙与有限合伙

普通合伙的全体合伙人均对合伙债务承担无限连带责任;有限合伙则是由一名以上对合伙债务承担无限责任的普通合伙人和一名以上不参与合伙事务管理并且仅以其出资额为限对合伙债务承担责任的有限合伙人组成的合伙组织。

（三）一般合伙与隐名合伙

一般合伙的全体合伙人均为出名合伙人并对合伙债务承担无限连带责任;隐名合伙则是由出名合伙人和对内无表决权、对外无权代表合伙与第三人发生法律关系并且仅以其出资额为限对合伙债务承担责任隐名合伙人组成的一种特殊的合伙形态。

我国 2006 年修订的《中华人民共和国合伙企业法》（以下简称《合伙企业法》）将合伙定义为:"合伙企业,是指自然人、法人和其他组织依照本法在中国境内设立的普通合伙企业和有限合伙企业。"这说明我国的合伙主要有两个类型,即普通合伙企业和有限合伙企业。

二、合伙企业

（一）合伙企业的概念

合伙企业分普通合伙企业和有限合伙企业。普通合伙企业是指由普通合伙人组成,共同出资,共负盈亏,对合伙企业债务承担无限连带责任的合伙。有限合伙企业是指由普通合伙人和有限合伙人组成,普通合伙人对合伙企业债务承担无限连带责任,有限合伙人以其认缴的出资额为限对合伙企业债务承担责任的合伙。

（二）合伙企业的法律特征

1. 以合伙协议为基础

在合伙企业中,合伙人的权利与义务均以合伙协议的方式约定,这与公司等以章程为基础的情况明显不同。

2. 须由全体合伙人共同出资

一方面,出资是合伙企业存在的基础,没有出资就没有合伙企业;另一方面,合伙出资是合伙人的基本义务,同时也是其取得合伙人资格的前提,因此,必须由全体合伙人共同出资。

3. 由自然人、法人和其他组织依合伙企业法设立的非法人企业

合伙企业作为一种企业和经济组织,是由2名以上的民事主体按照《合伙企业法》的规定,经由国家工商行政管理机关登记设立的。但同时合伙不是法人,与法人在税收、组织等方面有着很多的区别,是一种非法人企业。

三、合伙企业法

广义的合伙企业法包括国家用于规范合伙企业组织与行为的全部法律、法规及政府规章,狭义的合伙企业法仅指第八届全国人民代表大会常务委员会第二十四次会议于1997年2月23日通过、自同年8月1日起施行的《中华人民共和国合伙企业法》。这部法律已由中华人民共和国第十届全国人民代表大会常务委员会第二十三次会议于2006年8月27日进行了修订,修订后的《中华人民共和国合伙企业法》自2007年6月1日起施行。

第二节 合伙企业的设立

一、合伙企业的设立条件

按照《合伙企业法》的规定，设立合伙企业要具备如下条件。

（一）书面合伙协议

合伙协议是合伙人享有权利及承担义务与责任的法律依据，是合伙企业最重要的法律文件之一。合伙协议的内容包括合伙企业的名称、经营场所、经营范围、合伙人姓名及住所、合伙人出资方式、数额及交付期限、利润分配及亏损分担办法、企业事务执行、入伙与退伙、企业的解散及清算、违约责任等。

合伙协议必须采用书面形式，经全体合伙人签名、盖章后生效。

（二）合伙企业名称

合伙企业的名称是其作为法律主体以自己的名义参与法律关系、享有权利和承担义务的重要条件。合伙企业对其经国家工商行政管理机关核准登记的名称享有专有使用权，其名称应符合《企业名称登记管理规定》的规范要求，对有限合伙，其名称中应标明"有限合伙"字样，特殊的普通合伙企业名称中应当标明"特殊普通合伙"字样。

（三）合伙人

合伙人在数量上不少于2人，但为防止有人利用有限合伙企业形式进行非法集资活动，体现合伙企业人合性的特性，并为今后的实践留有必要的空间，修改后的《合伙企业法》规定：有限合伙企业由2个以上50个以下合伙人设立，但是法律另有规定的除外。合伙人不仅仅限于自然人，新修订的《合伙企业法》规定法人或其他组织都可以成为合伙人，自然人合伙人还必须是完全民事行为能力人，但国家公务员、法官、检察官和警察等法律、行政法规禁止从事营利性活动的人员除外。《合伙企业法》第3条还明确规定："国有独资公司、国有企业、上市公司以及公益性的事业单位、社会团体不得成为普通合伙人。"按照这一规定，上述组织只能参与设立有限合伙企业成为有限合伙人，而不得成为普通合伙人。

（四）合伙人出资

合伙人出资是设立合伙企业的最基本条件。国家法律对合伙企业的最低注册资本未加限制，但合伙人的出资必须是其合法财产或财产权利，其形式可为货币、实物、知识产权、技术、土地使用权或劳务等,但在有限合伙企业中,有限合伙人的权利是受到一定的限制的,修改后的《合伙企业法》规定有限合伙人不得以劳务对合伙企业出资。以非货币出资的,其作价可由合伙人协商确定,也可由全体合伙人委托法定评估机构进行评估。

对于合伙企业而言,合伙人出资还是合伙人取得合伙资格的必备条件。合伙人应按照合伙协议所约定的方式、数额和期限履行其缴付出资的义务,否则其他合伙人有权追究其违约责任。合伙人的出资份额,从而享有合伙权利和承担合伙义务均以其实际缴付的出资作为根据。

(五)经营场所和必要的经营条件

合伙企业的经营场所是其生产经营活动的所在地,并且具有债务履行、诉讼管辖和法律文书送达等法律意义。

此外,合伙企业还应具备与其生产经营业务性质和规模等相适应的设备、人员和设施等条件。

二、合伙企业的设立程序

合伙企业一般按照以下程序设立:
(1) 全体合伙人订立合伙协议。
(2) 合伙人按照合伙协议缴付出资。
(3) 由全体合伙人指定的代表或共同委托的代理人向国家工商行政管理机关申请设立登记。

提交全体合伙人共同签署的申请书、合伙协议、出资证明、经营场所证明和合伙人身份证明等材料。

(4) 核准登记。

工商行政管理机关自收到申请文件之日起 30 日内作出是否予以核准登记的决定,营业执照的签发日期即为合伙企业的成立之日。

第三节 合伙企业内部、外部关系

一、合伙企业财产

(一)财产组成与性质

合伙企业财产由合伙人出资和合伙所得收益两部分组成。

1. 合伙人出资财产

合伙人以土地、房屋等使用权或专利、商标等专用权作为出资时，其使用权或专用权并未发生转移，合伙企业仅就其享有使用和管理权。

合伙人以货币或以财产所有权出资时，该财产已转为全体合伙人共同所有。

2. 合伙所得收益

该部分财产为全体合伙人共同所有，在遇到有利润分配、退伙结算或企业解散等场合，该共有并还体现为一种按份共有，即按照各合伙人的出资份额和比例作为对其进行分割和对其享有权利的依据。

（二）财产转让

在合伙企业存续期间，财产转移和转让均须依法进行，擅自转移或处分合伙企业财产为法律所明文禁止并且合伙企业不得依此对抗善意第三人。在普通合伙中，合伙人未经其他合伙人一致同意而以其在合伙企业中的财产份额出质的其行为无效或按退伙论。在有限合伙中，除合伙协议另有约定外，有限合伙人可以将在有限合伙企业中的财产份额转让或者出质，而不必经全体合伙人一致同意。

普通合伙人之间就其在合伙企业中的部分或全部财产份额进行转让时，应通知其他合伙人；普通合伙人向合伙人以外的人转让其在合伙企业中的部分或全部财产份额时，必须经由其他合伙人一致同意，其他合伙人并享有同等条件下的优先受让权。

二、合伙企业事务执行

合伙事务的决定一般要经由全体合伙人一致同意，某些情况下也可根据合伙协议的约定。

合伙事务的执行可采取全体合伙人共同执行、各合伙人分别执行或委托一到数名合伙人执行等灵活方式。但是，各种执行方式所产生的收益、亏损或法律责任均归属于全体合伙人。

但有限合伙中，有限合伙人不执行合伙事务，不得对外代表有限合伙企业。同时，《合伙企业法》对有限合伙人的权利也作出了规定，有限合伙人的下列行为，不视为执行合伙事务：

（1）参与决定普通合伙人入伙、退伙；
（2）对企业的经营管理提出建议；
（3）参与选择承办有限合伙企业审计业务的会计师事务所；
（4）获取经审计的有限合伙企业财务会计报告；

（5）对涉及自身利益的情况，查阅有限合伙企业财务会计账簿等财务资料；

（6）在有限合伙企业中的利益受到侵害时，向有责任的合伙人主张权利或者提起诉讼；

（7）执行事务合伙人怠于行使权利时，督促其行使权利或者为了本企业的利益以自己的名义提起诉讼；

（8）依法为本企业提供担保。

三、合伙企业的利润分配

根据法律规定，合伙企业的利润原则上由合伙人按照合伙协议所约定的比例进行分配，只有在合伙协议未加约定的情况下才得实行法定比例的分配，即在各合伙人之间进行平均分配。

此外，法律还明文禁止普通合伙人将全部利润仅分配给部分合伙人；而有限合伙中，可以约定将全部利润分配给部分合伙人。

四、竞业禁止

为了保障合伙企业及全体合伙人的共同利益，法律专门规定有竞业禁止条款，即在普通合伙企业存续期间，普通合伙人不得自营或与他人合作经营与本合伙企业相竞争的业务；除合伙协议另有约定或经全体合伙人同意外，合伙人不得与本合伙企业进行交易。

但考虑到有限合伙的特点，修改后的《合伙企业法》对有限合伙企业作出了一些不同于普通合伙企业的规定："除合伙协议另有约定外，有限合伙人可以同本有限合伙企业进行交易；除合伙协议另有约定外，有限合伙人可以自营或者同他人合作经营与本有限合伙企业相竞争的业务。"

五、入伙与退伙

（一）入伙

所谓入伙，系指合伙企业存续期间，原有合伙人以外的第三人加入合伙企业从而取得合伙人资格的民事法律行为。

新人入伙必须经由其他合伙人一致同意，并与原合伙人订立书面协议，原合伙人则应履行告知此前合伙企业经营与财务状况的法定义务。

新人入伙即取得合伙人资格，除协议另有约定外，与原有合伙人享有同等权利并承担同等责任，包括对入伙前合伙企业的债务承担连带责任，有关该项责任的例外约定仅对内有效但并不具有对抗第三人之效力。

（二）退伙

所谓退伙，系指合伙企业存续期间某合伙人资格的消灭。具体包括以下两种形式。

1. 声明退伙

又称自愿退伙，系合伙人基于自愿而发生的退伙。其中，当合伙协议未曾约定合伙期限时，合伙人可行"通知退伙"，即在不给合伙事务执行造成不利影响的前提下提前30日径行通知其他合伙人；当合伙协议约定了合伙期限时，合伙人只可采"协议退伙"，即仅在协议约定事由出现、经全体合伙人同意、发生令其难于继续参加合伙企业事由或其他合伙人严重违反合伙协议约定义务的情况下才得退伙。

2. 法定退伙

法定退伙系合伙人基于法律规定而发生的退伙。其中，基于合伙人死亡、被依法宣告为无民事行为能力人、丧失偿债能力或其在合伙企业全部财产份额被人民法院强制执行等法定客观情况的称为"当然退伙"；基于未履行出资义务、因故意或重大过失给合伙企业造成损失、执行合伙企业事务时有不正当竞争行为或合伙协议约定的其他事项等法定事由而由其他合伙人决议将其开除的称为"除名退伙"。

其他合伙人应与退伙人按照退伙时合伙企业的财产状况进行结算，退伙人对其退伙前已发生的合伙企业债务与其他合伙人承担连带责任。

六、合伙的外部关系

（一）合伙人对外行为的效力

根据《合伙企业法》第38条之规定，合伙企业对合伙人执行合伙企业事务及对外代表合伙企业权利的限制，不得对抗善意第三人。这里的"善意第三人"，是指在不知情的情况下与合伙企业进行民事行为从而设定法律关系的人。

（二）合伙企业的债务承担

按照《合伙企业法》的规定，在普通合伙中，合伙企业应首先以其全部财产承担其债务的清偿责任，只有当合伙财产不足以清偿合伙债务时才由合伙人承担责任。此时，合伙人须就合伙债务承担不以其出资额为限的无限责任和不以其内部约定比例为限的连带责任。在有限合伙中，普通合伙人还需要承担无限责任，但有限合伙人只需以其出资额承担责任，但第三人有理由相信有限合伙人为普通合伙人并与其交易的,该有限合伙人对该笔交易承担与普通合伙人同样的责任,即对该笔债务承担无限连带责任。

(三)特殊的普通合伙企业对外关系

合伙作为一种传统的组织形式,其基本特点是合伙人共同出资、共同经营、共享收益和共担风险,合伙人对合伙债务负无限连带责任。很多会计师事务所、律师事务所等专业服务机构采用这种组织形式。随着社会对各项专业服务需求的迅速增长,专业服务机构的规模扩大,合伙人数目大增,以至合伙人之间并不熟悉甚至不认识,各自的业务也不重合,与传统普通合伙中合伙人人数较少、共同经营的模式已有不同,因而让合伙人对其并不熟悉的合伙人的债务承担无限连带责任,有失公平。自20世纪60年代以后,针对专业服务机构的诉讼显著增加,其合伙人要求合理规范合伙人责任的呼声也越来越高。20世纪60年代以来,许多国家进行专门立法,规定采用普通合伙形式的专业服务机构的普通合伙人可以对特定的合伙企业债务承担有限责任,以使专业服务机构的合伙人避免承担过度风险。

为了减轻专业服务机构中普通合伙人的风险,促进专业服务机构的发展壮大,新修改的《合伙企业法》,在"普通合伙企业"一章中以专节"特殊的普通合伙企业"对专业服务机构中合伙人的责任作出了特别规定。

(1)特殊的普通合伙企业的适用范围。修改后的《合伙企业法》规定,以专业知识和专门技能为客户提供有偿服务的专业服务机构,可以设立为特殊的普通合伙企业,适用本法关于特殊的普通合伙企业的责任规定。

此外,《合伙企业法》只规范注册为企业的专业服务机构,而很多专业服务机构如律师事务所并未注册为企业,不适用《合伙企业法》的规定,但在责任形式上也可以采用《合伙企业法》规定的特殊的普通合伙的责任形式。因此,修改后的《合伙企业法》在"附则"中专门作出规定,非企业专业服务机构依据有关法律采取合伙制的,其合伙人承担责任的形式可以适用本法关于特殊的普通合伙企业合伙人承担责任的规定。

(2)对特殊的普通合伙企业的公示要求。特殊的普通合伙企业,其合伙人对特定合伙企业债务只承担有限责任,为保护交易相对人的利益,应当对这一情况予以公示。修改后的《合伙企业法》规定,特殊的普通合伙企业名称中应当标明"特殊普通合伙"字样。

(3)特殊的普通合伙企业合伙人的责任形式。这是特殊的普通合伙企业制度的最关键的内容。修改后的《合伙企业法》借鉴国外的立法经验,并结合我国实际,将其规定为:特殊的普通合伙企业,一个合伙人或者数个合伙人在执业活动中因故意或者重大过失造成合伙企业债务的,应当承担无限责任或者无限连带责任,其他合伙人以其在合伙企业中的财产份额为限承担责任。合伙人在执业活动中非因故意或者重大过失造成的合伙企业债务以及合伙企业的其他债务,由全体合伙人承担无限连带责任。

(4) 对特殊的普通合伙企业债权人的保护。特殊的普通合伙企业,其合伙人对特定合伙企业债务只承担有限责任,对合伙企业的债权人的保护相对削弱。为了保护债权人的利益,修改后的《合伙企业法》专门规定了对特殊的普通合伙企业债权人的保护制度,即执业风险基金制度和职业保险制度。规定:特殊的普通合伙企业应当建立执业风险基金,办理职业保险;执业风险基金用于偿付合伙人执业活动造成的债务;执业风险基金应当单独立户管理;执业风险基金的具体管理办法由国务院规定。

(5) 特殊的普通合伙企业实质上仍然是普通合伙企业。因此,修改后的《合伙企业法》规定,特殊的普通合伙企业,该法未作规定的,适用该法关于普通合伙企业的规定。

第四节 合伙企业的解散和清算

一、合伙企业的解散

所谓合伙企业的解散,系指因某种法律事实的出现致使合伙企业主体归于消灭的行为。

根据法律规定,合伙企业在合伙协议约定的解散事由出现、全体合伙人决定、合伙协议约定的经营期限届满且合伙人不愿继续经营、合伙人已不具备法定人数、合伙协议约定的合伙目的已经实现或无法实现、合伙企业营业执照被吊销或出现法律、行政法规规定的其他原因等情况出现时得依法解散。

二、合伙企业的清算

合伙企业解散时应依法进行清算,即了结其债权债务关系及合伙人内部关系。

清算人应由全体合伙人担任,或经由过半数的合伙人同意自解散后 15 日内指定一名或数名合伙人或委托第三人担任。

合伙企业财产在支付清算费用后应按以下顺序清偿:
(1) 支付企业欠职工工资和劳动保险费;
(2) 补缴企业欠税;
(3) 偿还企业债务;

（4）退还合伙人出资。

合伙企业按上述顺序清偿后仍有剩余时，即按约定或法定比例在合伙人之间进行分配；若合伙企业财产不足以清偿其债务时，则由合伙人在法律规定的5年偿债请求权期限内承担无限连带责任予以清偿。

此外，修改后的《合伙企业法》对合伙企业破产问题首次作出了明确规定，即合伙企业不能清偿到期债务的，债权人可以依法向人民法院提出破产申请，也可以要求普通合伙人清偿；合伙企业被依法宣告破产的，普通合伙人对合伙企业债务仍应承担无限连带责任。

思考题

1. 简述合伙与合伙企业的联系与区别。
2. 简述我国《合伙企业法》的调整范围。
3. 法律关于合伙企业设立的条件和程序是如何规定的？
4. 合伙企业的财产是由哪两个部分组成的？其性质如何？
5. 合伙企业事务执行可采用哪些形式？其对外效力如何？
6. 合伙企业财产转让应如何进行？
7. 竞业禁止的含义是什么？
8. 新人入伙应如何进行？新人对入伙时合伙企业的债务是否承担责任？
9. 合伙人退伙的法定事由有哪些？退伙人对此前合伙企业债务是否承担责任？
10. 合伙企业利润如何分配？合伙企业债务如何承担？
11. 合伙企业解散的事由有哪些？
12. 合伙企业清算顺序是如何规定的？

典型案例

1. 谭某、杨某和李某于1997年9月1日分别出资5000元、10 000元和15 000元设立合伙企业万达商社，约定按出资比例分享利润和分担亏损，3人并于当年共分利润约6000元。3年后因发生矛盾，杨某抽走自己的10 000元资金退出合伙企业，谭、李二人经清查账目发现此时已亏损3000元，到2001年4月共亏损5000元。谭、李二人于是宣告合伙企业解散，并分别得到4000元和2000元的商品实物，对债务未加处理。该合伙企业的债权人蓝天公司得知合伙企业已解散的消息便找到杨某索要4800元债款，杨某说自己早已退出合伙企业，对债务不再承担责任。蓝天公司又找到谭某，谭某说："我们是按照比例分摊债务的，我只负责偿还1/6即800元。"蓝天公司又找到李某时，李某认为："债务3人都有份，别人不还我也不还，或者要还我也只能抵押我的货物。"蓝天公司只好向人民法院起诉。

问题：

（1）合伙人退伙应遵守哪些规定？
（2）杨某、谭某和李某的想法对吗？为什么？
（3）万达商社的债务应如何处理？蓝天公司应如何追偿其债务？

参考答案：

(1) 合伙协议约定期限的，须符合法定情形方可退伙；未约定的，在不给企业事务执行造成不利影响的情况下可提前 30 天通知其他合伙人而退伙。

(2) 他们的想法均错误。合伙人对其退伙前已发生的合伙企业债务要承担连带责任，合伙企业财产不足清偿时由合伙人按协议约定比例清偿但对外承担无限连带责任。

(3) 杨某退伙前的债务由 3 人负连带清偿责任。蓝天公司可向 3 人中任何人追偿，但杨某承担的数额以 3000 元为限。任何 1 人承担责任后，3 人再按约定比例内部分摊。

2. 李某于 1985 年 3 月 15 日向工商管理机关申请营业执照拟成立宝岛化工厂，因资金不足，与陈某协议合伙筹建该厂。当年 4 月二人以 350 元购买刘某 40 平方米农村瓦房一间作为厂房，当年 6 月经向银行贷款后即投产。双方约定，李某负责技术，陈某负责生产管理，双方都有采购原料和推销产品的权利义务，谁销售的产品谁负责收回货款。由于双方都未投入资金，故约定经营的盈余或亏损分别按 50% 的比例分配和承担。1988 年该厂更名为天马化工厂，自 1985 年到 1990 年 12 月该厂共向银行贷款 33 万元，初期经营效益较好。1989 年陈某未与李某商量就解聘了一位推销员，双方因此产生矛盾。1997 年 7 月到 9 月，双方因原料货款问题再次发生纠纷，李某即封厂停产并向人民法院起诉，要求散伙并由个人经营该厂。陈某则认为该厂是自己开办的，散伙后应由自己经营。经查，该厂当时资产折价 228 010 元，现金余额 33 599 元，李某应收的货款 51 486 元，陈某应收的货款 67 484 元。

问题：

(1) 合伙共有财产的概念及特征是什么？合伙财产共有的性质、合伙共有财产部分消灭及结算办法如何？

(2) 本案如何处理？

参考答案：

合伙共有财产包括合伙投资财产和共同经营积累两部分，性质为共同共有。双方合伙有效，可按原约定每人分得 50%。

第四章 个人独资企业法律制度

重点问题
* 个人独资企业投资人的概念、权利及责任
* 个人独资企业的事务管理
* 个人独资企业的清算

第一节 个人独资企业概述

一、个人独资企业的概念与特征

个人独资企业系依《中华人民共和国个人独资企业法》(以下简称《个人独资企业法》)设立,由一个自然人投资,全部资产为投资人个人所有,投资人以其个人财产对企业债务承担无限责任的经营实体。

个人独资企业的法律特征包括以下几点。

1. 个人独资企业由一个自然人投资设立

这是个人独资企业与合伙企业和公司在投资主体上的主要区别。我国法律规定,合伙企业投资主体为2个或2个以上的自然人,公司的投资人则可以为多人,投资人还可以是法人和非法人组织。

2. 企业财产属投资人个人所有

投资人是个人独资企业财产的唯一所有人,并对企业的经营与管理事务享有绝对的支配权。

3. 个人独资企业属非法人企业

个人独资企业只是自然人进行商业活动的一种特殊形态。

4. 投资人对企业债务承担无限责任

个人独资企业的债务全部由投资人承担,其责任范围不限于出资,而是包括个人独资企业的全部财产和其他个人财产,并由投资人对企业的债权人直接负责。

以上特征使个人独资企业与个体工商户、一人公司、国有独资公司、合伙企业和外商独资企业等经济组织相区别。具体表现在以下几方面。

与个体工商户的区别:虽然都是自然人出资,但个体工商户还允许家庭出资设立,且不采取企业形态。

与一人公司的区别：一人公司系指有一个股东的有限责任公司，承担有限责任，是企业法人，按公司法规定设立。

与国有独资公司的区别：国有独资公司的投资人为国家授权投资的机构或国家授权的部门，依公司法设立，系独立法人且只承担有限责任。

与合伙企业的区别：合伙企业投资人为 2 名以上，财产由全体合伙人共有，承担无限连带责任。

与外商独资企业的区别：外商独资企业资本来自境外，出资人除自然人外也可为法人，还可采用有限责任公司或其他形式。

二、个人独资企业法

《中华人民共和国个人独资企业法》于 1999 年 8 月 30 日由第九届全国人大常委会第十一次会议通过，该法共 6 章 48 条，自 2000 年 1 月 1 日实施。

第二节　个人独资企业设立

一、个人独资企业的设立条件

（1）个人独资企业名称。个人独资企业就其依法登记的名称享有名称权和商号权，其名称应符合《企业名称登记管理规定》的规范要求，且不得使用"有限"、"有限责任"或"公司"字样。

（2）一名投资的自然人。个人独资企业的投资者只能是一名具有中国国籍的自然人。

（3）投资人出资。个人独资企业必须具有一定的经营资本，但国家法律并未强制规定其最低限额，而且其出资主要是采取由投资者个人申报的方式进行的。

（4）固定的生产经营场所和其他必要的生产经营条件。

（5）必要的从业人员。

二、个人独资企业的设立程序

与公司和合伙企业不同，个人独资企业的设立系采取直接登记制，即无须经由任何机关特许或审批，而由投资人根据有关设立规定径行到国家工商行政管理机关申请登记。其具体程序有以下两点。

1. 申请设立登记

由投资人或其委托的代理人向国家工商行政管理机关提交设立申请书、投资人身份证明和生产经营场所使用证明等材料。

2. 核准登记

国家工商行政管理机关自收到设立申请文件之日起 15 日内决定是否予以登记，营业执照的签发日即为个人独资企业的成立日期。

第三节 个人独资企业的投资人及事务管理

一、个人独资企业的投资人

个人独资企业的投资人不仅要符合法律规定的一名具有中国国籍的自然人的积极条件，还须符合法律和行政法规禁止从事营利性活动的人不得作为投资人申请设立个人独资企业的消极条件，即只能是法官、检察官、警察及国家公务员以外的自然人。

个人独资企业的投资人对其出资财产和企业经营过程中积累的财产均享有所有权，该财产权利可以依法转让或继承。

个人独资企业的投资人对企业债务承担无限责任。需要注意的是，按照现行法律规定，个人独资企业于申请设立登记时如若明确是以其家庭共有财产作为出资的，则应当以其家庭共有财产承担前项责任。

二、个人独资企业的事务管理

个人独资企业可采取投资人本人自行管理、委托或者聘用具有完全民事行为能力的他人管理等形式进行企业事务管理。

当采取委托或聘用他人管理形式时，投资人应与受托人或被聘用人订立书面合同，充分明确双方的权利及义务。有关受托人或被聘用人的义务，国家法律辟有专门规定，要求其应当履行诚信勤勉之责，恪守合同，且不得利用职务便利索取收受贿赂；不得利用职务或工作便利侵占企业财产、挪用企业资金归个人使用或借贷他人、擅自将企业资金以个人或他人名义开户转存、擅自以企业财产提供担保；不得未经投资人同意从事与本企业相竞争的业务、同本企业进行交易或将企业知识产权转让他人使用；不得泄露企业商业秘密；也不得从事法律、行政法规禁止的其他行为。

第四节　个人独资企业的解散和清算

一、个人独资企业的解散

根据《个人独资企业法》的规定，个人独资企业在出现投资人死亡且无人继承、投资人决定、企业被吊销营业执照或法律及行政法规规定的其他情况出现时得以解散。

二、个人独资企业的清算

个人独资企业的清算人原则上由投资人个人担任，在债权人提出申请的例外情况下，也可由人民法院指定他人担任。

当投资人自行清算时，应于清算前15日内书面通知债权人，对无法通知者应予以公告。债权人自接到通知之日起30日（未接到通知者自公告之日起60日）内向投资人申报其债权。

个人独资企业财产按以下顺序进行清偿：
（1）支付职工工资和社会保险费用；
（2）缴付欠税；
（3）偿还债务。

个人独资企业财产不足以清偿其债务时，投资人应以其个人其他财产承担无限责任。按照现行法律规定，债权人行使其偿债请求权的期限为6年。

思考题

1. 个人独资企业具有哪些法律特征？
2. 个人独资企业设立的条件和程序是怎样的？
3. 投资人应具备哪些条件？其权利及责任如何？
4. 个人独资企业如何进行事务管理？当委托或聘用他人进行管理时，受托人或被聘用人存在哪些法定义务？
5. 个人独资企业在什么情况下解散？
6. 个人独资企业的清算应按怎样的程序进行？其财产清偿顺序如何？

典型案例

经济上独立于家庭的某高校研究生潘某2000年8月于国家工商管理机关以1元人民币资本登记成立了一间从事经济咨询的个人独资企业，因前两个月业绩不错被某有限责任公司看好，遂与潘某协商并投资50万元人民币参与该独资企业的投资经营。经营过程中先后雇佣工作人员 5 名，潘某认为自己开办的是私人企业故未给员工办理社会保险。后该企业因经营不善负债 60 万元，潘某决定于 2001 年 5 月自行解散。

问题：

(1) 对该企业负债，债权人可否就潘某的家庭财产求偿？
(2) 潘某登记资本是否合法？为什么？
(3) 潘某允许另一公司投资和共同经营的行为是否合法？为什么？
(4) 该独资企业是否应为其员工办理社会保险？为什么？
(5) 潘某自行解散其独资企业的行为是否有效？为什么？

参考答案：

(1) 不可以。
(2) 合法。因为法律并未要求最低注册资本限额。
(3) 不合法。必须进行变更登记，将企业改为非个人独资性质。
(4) 应该。系法律强制性规定。
(5) 有效。因符合法律规定。

第五章　外商投资企业法律制度

重点问题
* 中外合资经营企业的设立、出资方式和出资期限
* 中外合作经营企业的设立、出资方式和权力机构
* 外商投资企业的设立、出资方式和出资期限

第一节　外商投资企业法概述

一、外商投资企业的概念和种类

（一）外商投资企业的概念

外商投资企业，是指外国投资者依照中华人民共和国法律的规定，经中国政府批准并且在中国境内设立的，由中国投资者和外国投资者共同投资或者仅由外国企业投资者投资的企业。根据《中华人民共和国宪法》和有关法律的规定，中国投资者包括中国的企业或其他经济组织，外国投资者包括外国的企业和其他经济组织或个人。

（二）外商投资企业的种类

外商投资企业因投资构成和经营管理方式等方面的不同，主要分为中外合资经营企业（以下简称合营企业）、中外合作经营企业（以下简称合作企业）和外资企业三种形式，俗称"三资企业"。此外，还有外商投资股份有限公司、中外合作勘探开发自然资源以及建造-营运-转移（build-operate-transfer，BOT）投资方式等。本章主要介绍合营企业、合作企业和外资企业。

二、外商投资企业法的概念和种类

外商投资企业法，是国家为确认外商投资企业的法律地位，调整外商投资企业的设立、变更、终止以及组织管理和经营活动中发生的各种经济关系的法律规范的总称。

外商投资企业法的种类有关于外商投资企业的宪法性规范、关于外商投资企业的专项法律、关于外商投资企业的配套法律以及相关国际条约和国际习惯等。

三、我国外商投资企业立法

自改革开放以来，我国有关外商投资企业的立法经历了一系列历史性变更，国家陆续制定和颁布了有关外商投资的法律法规，逐步形成了一个粗具规模、具有中国特色的外商投资法律体系。

(1) 关于外商投资企业的宪法性规范。在整个外商投资企业法立法体系中，居于最高层次的是宪法性规范。1982年《宪法》在其序言中明确宣示了开展对外经济交流活动的合法地位。同时《宪法》第18条规定："中华人民共和国允许外国的企业和其他经济组织或者个人依照中华人民共和国法律的规定在中国投资，同中国的企业或者其他经济组织进行各种形式的经济合作。在中国境内的外国企业和其他经济组织以及中外合资经营的企业，都必须遵守中华人民共和国的法律。它们的合法的权利和利益，受中华人民共和国法律的保护。"上述宪法性规定在外商投资法律体系中具有最高的法律效力，也是制定其他外商投资法的依据。

(2) 关于外商投资企业的专项法律。根据投资方式及其企业形式制定的专项法律主要有：《中华人民共和国中外合资经营企业法》（以下简称《中外合资经营企业法》），1979年7月1日第五届全国人大第三次会议通过，1990年4月4日第七届全国人大第三次会议修正；《中华人民共和国外资企业法》（以下简称《外资企业法》），1986年4月12日第六届全国人大第四次会议通过；《中华人民共和国中外合作经营企业法》（以下简称《中外合作经营企业法》），1988年4月13日第七届全国人大第一次会议通过；《中华人民共和国中外合资经营企业法实施条例》（以下简称《合资经营企业法实施条例》），1983年9月20日国务院发布；《中华人民共和国外资企业法实施细则》（以下简称《外资企业法实施细则》），1990年12月12日国务院发布；《中华人民共和国中外合作经营企业法实施细则》（以下简称《中外合作经营企业法实施细则》），1995年9月4日国务院发布。

综合性的专项立法有《指导外商投资方向暂行规定》和《外商投资产业指导目录》(1995年)、《国务院关于鼓励外商投资的规定》(1986年)等。

这些法律法规在利用和保护外资方面有着举足轻重的作用，吸引了一大批外商来投资，为我国的改革开放和经济建设提供了大量的资金和技术支持。为了适应加入世界贸易组织（WTO）的要求，避免我国外商投资法与世界贸易组织中的有关规则冲突，实现外商投资立法与国际接轨，2000年10月31日第九届全国人大常委会第十八次会议分别对《外资企业法》和《中外合作经营法》进行了修正，2001年3月15日第九届全国人大第四会议对《中外合资经营企业法》进行了第二次修正。

（3）关于外商投资企业的配套法律。关于外商投资企业立法，包括涉外税收、工商行政管理、外汇管理、劳动管理、进出口管理、海关等法律、法规、条例等。此外，还包括其他法律、法规中涉及外资的专门规范，如《中华人民共和国民事诉讼法》等中的相关规定。此外，外商投资企业的主要组织形式，包括有限责任公司和股份有限公司，采取的是公司形式，除非相关外商投资法律另有规定，否则，应当适用《公司法》。

（4）另外，我国还在维护国家主权和平等互利原则的基础上，按照尊重国际惯例的原则，与有关国家签订了许多与外商投资有关的国际条约和协定，从1982年开始，中国已对外签订了70多个投资保护协定。我国于1990年2月9日签署《解决国家与他国国民间投资争端公约》（简称《华盛顿公约》），并于1992年11月1日正式批准适用；我国于1988年4月签署并批准了《多边投资担保机构条约》（简称《汉城条约》），是该公约的创始会员国之一。根据《华盛顿条约》和《汉城条约》，建立了两个国际经济组织，即"解决国家与他国国民间投资争端中心"（ICSID）和"多边投资担保机构"（MIGA）。目前，中国政府同意将有关国有化补偿方面的争端提交ICSID仲裁。为了适应进一步扩大改革开放的需要，以及加强对外国投资的法律保护，我国正在考虑放宽对该中心受案范围的限制。

我国加入WTO后，WTO中的"TRIMs协议"（"与贸易有关的投资措施协议"，agreement on trade—related investment measures）、"服务贸易总协议"和"补贴与反补贴措施协议"等，也成为中国外商投资企业立法的重要国际法渊源之一，并对我国现有的外商投资立法产生了重大影响。

第二节　中外合资经营企业法

一、中外合资经营企业的概念与特征

（一）中外合资经营企业的概念

中外合资经营企业，是指外国的公司、企业和其他经济组织或者个人同中国的公司、企业或者其他经济组织，依照中华人民共和国法律的规定，按照平等互利的原则，经中国政府批准，设在中国境内的，由双方共同投资、共同经营，并按照投资比例分享利润、分担风险及亏损的企业。

（二）中外合资经营企业的特征

从合营企业的概念可以看出，合营企业属于股权式合营企业，相对于其他形

式的外商投资企业，它具有以下主要特征：

（1）合营企业由中外合营各方共同投资，共同经营，共享利润，共担风险。这一特征使之区别于单纯的中国企业和单纯的外资企业。

（2）合营企业是股份制企业，其组织形式是有限责任公司，中外合资各方作为企业的股东，各自按一定的比例享有权利；企业章程是合营企业共同经营的基本行为准则，董事会是合营企业共同经营的最高权力机构。

（3）合营企业应当依照中国法律关于法人条件而设立，并依法取得中国法人资格，受中国法律的管辖和保护。

二、中外合资经营企业的设立

（一）设立中外合资经营企业的条件

申请设立合营企业，必须符合下列一项或数项要求：①采用先进的技术设备和科学的管理方法，能增加产品的品种，提高产品质量和产量，节约能源和原材料；②有利于技术改造，能做到投资少，见效快，收益大；③能扩大产品出口，增加外汇收入；④能培训技术人员和经营管理人员。对于有损于中国主权的、违反中国法律的、不符合中国国民经济发展要求的、造成环境污染的、签订的协议合同明显属不公平损害另一方的权益的，不予批准。

（二）设立中外合资经营企业的程序

根据《中外合资经营企业法》和《合资经营企业法实施条例》的有关规定，设立合营企业要经过下列程序。

1. 申请

在中国境内设立合营企业，首先由中国的合营者向企业的主管部门呈报拟与外国投资者设立合营企业的项目建议书和初步可行性研究报告，即初步申请。该建议书和初步可行性研究报告经企业主管部门审查同意并转报审批机关批准后，合营各方才能正式进行谈判，开始以可行性研究为中心的各项工作，并在此基础上编制可行性研究报告并协商签订合营企业协议、合同和章程。

正式申请设立合营企业，由中国合营者向审批机关报送相关正式文件。文件包括：①设立合营企业的申请书；②合营双方共同编制的可行性研究报告；③由合营各方授权代表签署的合营企业协议、合同和章程；④由合营各方委派的合营企业董事人选名单，以及由合营各方协调确定或由董事会选举产生的董事长、副董事长人选名单；⑤中国合营者的企业主管部门和合营所在的省、自治区、直辖市人民政府对设立该合营企业签署的意见。

2. 审批

设立合营企业必须经国务院对外经济贸易部主管部门（下称审批机关）审查批准。合营企业批准后，由审批机关颁发批准证书。但并不是所有的合营企业都要经过审批机关的审批，如果具备下列两个条件，则可以由审批机关委托有关的省、自治区、直辖市的人民政府有关行政机关（下称受托机关）审批，这两个条件是：①投资总额在国务院规定的金额内，中国合营者的资金已经落实的；②不需要国家增拨原材料，不影响燃料、动力、交通运输、外贸出口配额等的全国平衡的。受托机关批准后，应报审批机关备案，并由审批机关颁发批准证书。

审批机关自接到中国合营者按规定报送的全部文件之日起，要在3个月内决定批准或者不批准。审批机关如发现上述文件有不当之处，应要求限期修改，否则不予批准。

3. 登记

合营企业一般应当在收到批准证书之日起30日内，由合营企业的组建负责人向合营企业所在地的工商行政管理机关办理合营企业的登记手续，领取营业执照。合营企业申请办理设立登记，应当提交下列文件、证件：①组建负责人签署的登记申请书；②国家对外贸易经济合作主管部门签发的批准证书；③合营各方签订的合营企业章程；④资金信用证明、验资证明或资金担保；⑤企业主要负责人的身份证明；⑥住所和经营场所适用证明；⑦其他有关文件、证件。

合营企业登记注册的主要事项包括企业法人名称、住所、经营场所、法定代表人、经济性质、经营范围、经营方式、注册资本、从业人数、经营期限、分支机构。合营企业领取企业法人营业执照后，即告成立，合营企业的营业执照的签发之日，即为合营企业的成立之日。合营企业根据企业法人营业执照，可以刻制公章、开立银行账户、签订合同并进行经营活动，其合法权益受国家法律保护。

三、中外合资经营企业的出资方式与出资期限

（一）合营企业各方的出资方式

出资方式是指合营各方出资标的种类。合营各方可以以下列方式出资：一是货币出资，即用现金出资；二是实物出资，即用建筑物、厂房、机器设备或其他物料作价出资；三是工业产权、专有技术作价出资；四是中国合营者可以用土地使用权作价出资。其中，以实物、工业产权、专有技术作价出资的，其价值应当经过评估确定。合营各方所认缴的出资，必须是其自己拥有所有权的财产，并且没有设立任何担保物权。

1. 货币出资

以货币出资的，外方合营者一般应用可自由兑换的外币，中方合营者一般应

用人民币。外国合营者出资的外币，应按缴款当日中国人民银行公布的挂牌率（中间价）折算成人民币或者套算成约定的外币；中国合营者出资的人民币如需折合为约定的外币，也应按缴款当日中国人民银行公布的挂牌率（中间价）折算。任何一方不得用以合营企业名义取得的贷款作为出资，也不得以合营企业或合营他方的财产和权益为其出资担保。

2. 实物出资

合营者作为出资的实物，应为其自己所有且未设立任何担保物权的、能出具拥有所有权何处职权的有效证明的建筑物、厂房、机器设备或其他物料，任何一方均不得以租赁的设备或者其他不属于自己的财产出资。作为外国的投资者出资的机器设备或者其物料，必须符合下列条件：①为合营企业生产所必不可少的；②中国不能生产，虽能生产但价格过高或技术性能和供应时间上不能保证需要的；③作价不得高于同类机器设备和其他物料当时的国际市场价格。

3. 工业产权和专有技术出资

合营者作为出资的工业产权、专有技术，也应为其自己所有且未设立任何担保物权，并应出具拥有所有权的有效证明；合营者仅通过许可协议方式取得的商标、专利技术或专有技术的使用权，不得作为出资。作为外国合营者出资的工业产权或专有技术，必须符合下列要求：①能生产中国急需的新产品或出口适销的产品；②能显著改进现有产品的性能、质量，提高生产效率的；③能够显著节约原材料、燃料、动力的。

合营各方以实物、工业产权、专有技术出资的，其作价由合营各方按照公平合理的原则协商确定，或者聘请合营各方同意的第三者评定。外国合营者的上述出资应经过中方合营者的上级主管部门审查同意，报经批准机关批准。

4. 场（土）地使用权出资

中方合营者可以用已经取得的、拟提供给合营企业经营期间适用的场（土）地使用权作价出资；需以合营企业名义重新申请用地，或者因某种原因使合营企业的场地使用权未作为中国合营者出资的，合营企业成立后应向中国政府土地管理部门缴纳土地使用费。以场地使用权出资作价的金额应与取得同类场地使用权应缴纳的费用相同。

（二）合营企业合营各方的出资期限

出资期限是指合营各方向企业缴付各自认缴资本的期限。合营各方应当在合营合同中订明出资期限，并且应当按照合营合同规定的期限缴付各自的出资，逾期未缴或少缴的，应按合同中的约定支付延迟利息或赔偿损失。国家工商行政管理总局和对外经济贸易合作部于1988年11月1日发布并经国务院批准的《中外合资经营企业合营各方出资的若干规定》中规定：合营合同中规定一次性缴清出资的，合营各方应当从合营企业营业执照签发之日起6个月内缴清；合营合同中规定分期缴付出资的，合营各方第一期出资，不得低于各自认缴的出资额的15%，并且应当在营业执照签发之日起的3个月内缴清。合营各方未能在合营合同规定的上述期限内缴付出资的，视合营企业自动解散，合营企业批准证书自动失效。合营企业应当向登记机关办理注销登记手续，缴销营业执照；不办理注销登记手续和缴销营业执照的，由登记机关吊销其营业执照，并予以公布。

合资各方缴付第一期出资后，超过合营合同规定的其他任何一期出资期限3个月，仍未出资或者出资不足时，工商行政管理机关应当会同原审批机关发出通知，要求各方在1个月内缴清出资。未按该期限缴清出资的，相关机关有权撤销批准或登记的决定。

合营一方未按照合营合同的规定如期缴付或者缴清其出资的，即构成违约。守约方应当催告对方在1个月内缴付或者缴清出资。逾期仍未缴付或者缴清的，视同违约方放弃在合营合同中的一切权利，自动退出合营企业。守约方可以依法要求违约方赔偿因未缴付或者未缴清出资造成的经济损失。

合营各方缴付出资额后，应由中国注册的会计师验证，出具验资报告。然后，由合营企业根据验资报告发给合营各方一种证明其出资数额的出资证明书。

四、中外合资经营企业的解散

根据《中外合资经营企业实施条例》规定，合营企业有下列情形之一的，应予以解散：①合营期限届满；②企业发生严重的亏损，无力继续经营；③合营一方不履行合营协议、合同、章程规定的义务，致使合营企业无法继续经营；④因自然灾害、战争等不可抗力遭受到严重损失，无法继续经营的；⑤合营企业未达到其经营目的，同时又无发展前途；⑥合营企业合同、章程所规定的其他解散原因已经出现。

除合营企业经营期限届满之外，其他情形解散的，均由合营企业的董事会提出解散申请，并报审批机关批准。在上述第③种情况下，不履行合营企业协议、合同、章程规定的义务一方，应对合营企业由此造成的损失负赔偿责任。

第三节 中外合作经营企业法

一、中外合作经营企业的概念和特征

（一）概念

中外合作经营企业是指外国企业和其他经济组织或个人同中国的企业或者其

他经济组织,依照中华人民共和国的法律规定,按照平等互利的原则,经中国政府批准,设在中国境内的,按合作企业合同的约定分配收益或者产品、分担风险和亏损的企业。通称"合作企业"。

(二)特征

(1)从企业的性质来看,中外合作经营企业属于契约式的合营企业,与中外合资经营企业这种股权式的合营企业有着明显的区别:中外合作者的投资或者提供的合作条件,并不折算成股份。收益或产品的分配、风险和亏损的分担、经营管理方式、企业终止时财产的归属等,不依据投资比例确定,由双方通过协商,用书面合同加以规定。

(2)中外合作经营企业可以共同举办具有中国法人资格的合作企业,也可以共同举办不具备法人资格的合作企业,合作双方可以协商确定。而依法在中国设立的中外合资经营企业都是法人企业。

(3)在权力机构的设置和管理方式上比中外合资经营企业灵活。中外合作经营企业的管理可以是董事会制,也可以是联合管理委员会制或者委托管理制,这种合作形式便于合作各方扬长避短、因地制宜地约定合作条件和自主经营。而中外合资企业的管理体制是单一的董事会领导下的总经理负责制。

(4)在投资回收方式上,中外合作经营企业在合同中约定,合作期满时合作企业的全部固定资产归中国合作者拥有的前提下,外国合作者在合作期限内可以依合同的约定在合作期限内现行收回投资;而中外合资经营企业的中外双方只有依法解散时才能收回自己的资本,清算后的剩余财产按原来各方的投资比例进行分配。

二、中外合作经营企业的设立

(一)设立合作企业的条件

在中国境内设立合作企业,应当符合国家的产业政策和发展政策,遵守国家关于指导外商投资方向的规定。

根据《中外合作经营企业法》第 4 条规定:"国家鼓励举办产品出口的或者技术先进的生产型合作企业。产品出口企业是指产品主要用于出口,年度外汇总收入额减除年度生产经营外汇支出额和外国投资者汇出分得利润所需外汇额以后,外汇有结余的生产性企业;先进技术企业,是指外国投资者提供先进技术,从事新产品开发,实现产品升级换代,以增加出口创汇或者替代进口的生产型企业。"

另外,根据《中外合作企业法实施细则》第 9 条规定,申请设立合作企业,有下列情形之一的，不予批准：①损害国家主权或社会公共利益的；②危害国家安全的；③对环境造成污染损害的；④有违反法律与行政法规或国家产业政策的其他情形的。

（二）设立合作企业的程序

根据《中外合作企业法》和《中外合作企业法实施细则》的有关规定，设立合作企业一般要经过下列程序。

1. 申请

申请设立合作企业，应当由中国合作者向审批机关报送有关文件：①设立合作企业的项目建议书，并附送主管部门审查同意的文件；②合作各方共同编制的可行性研究报告，并附送主管部门审查同意的文件；③由合作各方的法定代表人或者授权的代表签署的合作企业协议、合同、章程；④合作各方的营业执照或者注册登记证明、资信证明及法定代表人的有效证明文件，外国合作者是自然人的，应提供有关其身份、履历和资信情况的有效证明；⑤合作各方商定的合作企业董事人、副董事长、董事或者联合管理委员会主任、副主任、委员的人选名单；⑥审查批准机关要求报送的其他文件。

2. 审批

合作企业的设立由国务院对外经济贸易部门或国务院授权的部门和地方人民政府批准（下称审批机关）。属于下列情形的由审批机关批准：①投资总额在国务院规定由国务院授权的部门和地方人民政府审批的投资限额以内的；②自筹资金，并不需要国家平衡建设、生产条件的；③产品出口不需要国家有关主管部门发放的出口配额、许可证，或者需要领取，但在报送项目建议书前已征得国家有关主管部门同意的；④有法律、行政法规规定由国务院授权的部门和地方人民政府批审查批准的其他情形的。

审批机关应当自接到申请文件之日起 45 日内决定批准与不批准；国务院对外经济贸易主管部门和国务院授权部门批准设立的合作企业，由国务院对外经济贸易主管部门颁发证书。国务院授权的地方政府批准设立的合作企业，由有关地方政府颁发证书，并自批准之日起 30 日内将有关批准文件报送国务院对外经济贸易主管部门备案。

3. 登记

经过批准的合作企业应当自接到批准证书之日起的 30 日内向工商登记管理部门申请登记，领取营业执照。营业执照签发日期为合作企业的成立日期。合作企业自成立之日起 30 日内向税务机关办理税务登记。

三、中外合作经营企业的组织形式

《中外合作经营企业法》第 2 条第 2 款规定："合作企业符合中国法律关于法人条件的规定的，依法取得中国法人资格。"根据这一规定，合作企业可以申请为具有法人资格的合作企业，也可以申请为不具有法人资格的合作企业。

具有法人资格的合作企业，其组织形式是有限责任公司。合作各方对合作企业的责任以各自认缴的出资额或者提供的合作条件为限。合作企业以其全部资产对其债务承担责任。合作企业的注册资本应为合作各方认缴的出资额之和，其中外国投资部分不低于企业注册资本的 25％。

不具有法人资格的合作企业，合作各方的关系是一种合伙关系，合作各方依照中国民事法律有关规定，承担民事责任。合作企业中，外国合作者的出资不低于合作各方出资额之和的 25％。

四、中外合作经营企业的出资方式

合作各方的出资方式基本上与合营企业的出资方式相同。《中外合作经营企业法》第 8 条规定："中外合作者的投资或者提供的合作条件可以是现金、实物、土地使用权、工业产权、非专利技术和其他财产权利。"实践中，中方合作者较多以厂房、设备、土地使用权作为或提供的条件；而外方合作者多以货币、工业产权、非专利技术或机器设备作为投资或提供合作条件。合作各方以自有的财产或财产权作为投资或合作条件的，对该投资或合作条件不得设定抵押或其他形式的担保。其中，中国的合作者提供的合作条件是国有资产的，还应当依法进行评估。

合作各方应当依照法律、法规的规定和合作企业合同的约定，按期履行缴足投资、提供合作条件的义务。逾期不履行的，由工商行政管理机关限期履行；期限届满后仍未履行的，审批机关应当撤销批准证书，工商行政管理机关应当吊销营业执照，并予以公告。同时，违约一方还必须向已缴纳投资或提供合作条件的他方承担违约责任。合作各方的投资或提供的合作条件由中国注册会计师或有关机构验证并出具证明。

五、中外合作经营企业的权力机构和管理机构

（一）合作企业的权力机构

合作企业在权力机构的设置上具有较大的灵活性，与合营企业有着很大的不

同。根据《中外合作经营企业法》第 12 条规定:"合作企业应当设立董事会或联合管理机构";第 12 条还规定,合作企业成立后可以改为"委托中外合作者以外的他人经营管理"。可见,合作企业的权力机构主要有董事会制、联合管理制和委托管理制三种形式。

1. 董事会制和联合管理制

根据《中外合作经营企业法实施细则》的有关规定,合作企业设董事会或者联合管理委员会。董事会或者联合管理委员会是合作企业的权力机构,按照合作企业合同、章程的规定,决定合作企业的重大问题。具有法人资格的合作企业,一般设立董事会;不具备法人资格的合作企业,一般设立联合管理委员会。

董事会或者联合管理委员会的成员不少于 3 人,其名额分配的比例由中外合作者参照其投资或者提供的合作条件协商确定。董事会或者联合管理委员会委员由合作各方自行委派或者撤换。董事长、副董事长或者联合管理委员会主任、副主任的产生办法由合作企业章程规定;中外合作者一方担任董事长或者联合管理委员会主任,其副主任或者副董事长由他方担任。董事或者委员的任期由合作企业章程规定,但每届任期不得超过 3 年。董事或者委员任期届满,委派方继续委任的,可以连选连任。

董事长或主任是合作企业的法定代表人。董事长或者主任因特殊原因不能履行职务时,应当授权副董事长、副主任或者其他董事、委员对外代表合作企业。

董事会会议或者联合管理委员会会议每年至少召开一次,由董事长或者主任负责召集并主持。董事长或者主任因特殊情况不能履行职务时,由董事长或主任指定副董事长、副主任或者其他董事、委员召集并主持。1/3 以上的董事或者委员可以提议召开董事会会议或者联合管理委员会会议,2/3 以上董事或者委员出席方能举行,不能出席会议的董事或者委员,应当书面委托他人代表其出席和表决。董事会会议或者联合管理委员会会议作出决议,须经全体董事或者委员的过半数通过。董事或者委员无正当理由不参加又不委托他人代表其出席会议的,视为出席会议并在表决中放弃。会议的召开应当提前 10 天通知全体董事或者委员。董事会或者联合管理委员会也可以用通信的方式作出决议。

下列事项由出席会议的董事会会议或联合管理委员会会议的董事或委员一致通过,方可作出决议:①合作企业章程的修改;②合作企业注册资本的增加或减少;③合作企业资产抵押;④合作企业的解散;⑤合作企业的合并、分立和变更组织形式;⑥合作各方约定由董事会会议或联合管理委员会一致通过方能作出决议的其他事项。

2. 委托管理制

合作企业委托管理有两种情况:一是合作企业委托合作一方全权进行管理,他方不参与经营管理活动,但有业务监督、财务审核的权利;二是合作企业委托合作各方以外的第三方经营管理，即企业与第三者订立委托管理合同，由第三者独立行使企业经营管理权，合作各方不参与经营管理，只参与产品分配与利润分配。第二种情况必须经董事会或者联合管理委员会一致同意，并应当与被委托人签订委托经营管理合同。

合作企业应当将董事会或者联合管理委员会的决议、签订的委托经营管理合同，连同被委托人的资信证明等文件，一并报送审查批准机关批准。审查批准机关应当自收到有关文件之日起30日内决定批准或不批准。合作企业的委托经营管理事项批准后应向工商行政管理机关办理变更登记手续。

（二）合作企业的管理机构

合作企业应设立管理机构，负责企业的经营管理工作。

根据《中外合作经营企业法实施条例》第32条规定："合作企业设立总经理一人，负责合作企业的日常经营管理工作，对董事会或者联合管理委员会负责。合作企业的总经理由董事会或者联合管理委员会聘任解聘"第33条规定："总经理及其他高级管理人员可以由中国公民担任，也可以由外国公民担任。经董事会或者联合管理委员会聘任，董事或者委员可以兼任合作企业的总经理或者其他高级管理职务。"第34条规定："总经理及其他管理人员不胜任工作任务的，或者有营私舞弊或者严重失职行为的，经董事会或者联合管理委员会决议，可以解聘；给合作企业造成损失的，应当依法承担责任。"

第四节 外商独资企业法

一、外商独资企业的概念和特征

外资企业，是指依照中华人民共和国的法律规定，在中国境内设立的，全部资本由外国投资者投资的企业，不包括外国的企业和其他经济组织在中国境内的分支机构。

外资企业不同与中外合资经营企业、中外合作经营企业的主要特征包括以下几点。

1. 它的全部资本是外国投资者投资的

这是外资企业的一个重要特征，它主要有两个方面的含义：一是投资主体是外国投资者，外国投资者可以是外国的企业和其他经济组织，也可以是外国的个人；可以是一人，也可以是数人。二是企业的全部注册资本，都是由外国投资者投资的。

2. 它是依据中国法律规定在中国境内设立的企业

凡符合中国法律规定的法人条件的外商投资企业，依法可以取得中国法人资格，其组织形式为有限责任公司；外商投资企业也可以不具备法人资格，其企业性质属于合伙性质企业。外商投资企业无论是否具备中国法人资格，均具有中国国籍，受中国法律的管辖和保护。

3. 它是在中国境内设立的企业

外资企业是一个独立的经营实体，不包括外国企业和其他经济组织在中国境内的分支机构，这是因为这些分支机构属于外国公司的分公司，其本身在法律和经济上不具备独立性，不具备外商投资企业的必备条件。

二、外商独资企业的设立

（一）设立外资企业的条件

根据《外资企业法》第3条规定："设立外资企业，必须有利于中国国民经济的发展。国家鼓励举办产品出口或者技术先进的外资企业。国家禁止或者限制设立外资企业的行业由国务院规定。"

申请设立外资企业应当至少符合下列一项条件：

（1）采用先进技术和设备，从事新产品开发，节约能源和原材料，实现产品的升级换代，可以代替进口的。

（2）年出口产品的产值达到当年全部产品产值50%以上，实现外汇收支平衡或者有余的。

禁止设立外资企业的行业包括：新闻、出版、广播、电视、电影；国内商业、对外贸易、保险；邮电通信；中国政府规定的禁止设立外资企业的其他行业。

限制设立外资企业的行业包括公用事业、交通运输、房地产、信托投资、租赁。

申请设立外资企业，有下列情况之一的，不予批准：①有损中国主权或者社会公共利益的；②危害中国国家安全的；③违反中国法律、法规的；④不符合中国国民经济发展要求的；⑤可能造成环境污染的。

（二）设立外资企业的程序

1. 申请

外国投资者在提出设立外资企业申请前，应当就下列事项向拟设立外资企业所在地的县级或者县级以上的地方人民政府提交报告。申请报告的内容包括：申请设立外资企业的投资者的概况，其中包括公司名称、法定地址、公司成立地

(国家或地区)、公司成立日期、法定代表人姓名及国籍、经营范围、生产规模、资本总额、注册资本、开户银行、公司近 3 年资产负债表；设立外资企业的宗旨；经营范围、规模；生产产品；使用的技术设备；产品在中国或外国市场的销售比例；用地面积及要求；需要用水、电、煤、煤气或者其他能源的条件及数量；对公共设施的要求等。县级或县级以上地方人民政府，应当在收到外国投资者提交的报告之日起 30 日内以书面形式答复外国投资者。

外国投资者设立外资企业，应当通过拟设立外资企业所在地的县级或者县级以上人民政府向审批机关提出申请，并报送下列文件：①设立外资企业的申请书；②可行性研究报告；③外资企业章程；④外资企业法定代表人（或者董事会人选）名单；⑤外国投资者的法律证明文件和资信证明文件；⑥拟设立外资企业所在地的县级或者县级以上地方人民政府的书面答复；⑦需要进口的物资条件；⑧其他需要报送的文件。

两个或两个以上的外国投资者共同申请设立外资企业时，应当将其签订的合同副本报送审批机构备案。

2. 审批

《外资企业法》第 6 条规定："设立外资企业的申请，由国务院对外经济贸易主管部门或者国务院授权的机关审查批准。审查批准机关应当在接到申请之日起 90 天内决定批准或者不批准。"审查批准机构如果发现外国投资者上述文件不齐备或者有不当之处，可以要求限期补报或者修改。设立外资企业的申请，由国务院对外贸易经济合作主管部门审查批准后，发给批准证书。

设立外资企业的申请属于下列情形的，由国务院授权省、自治区、直辖市和计划单列市、经济特区人民政府审查批准后，发给批准证书：一是投资总额在国务院规定的投资审批权限以内的；二是不需要国家调拨原材料，不影响能源、交通运输、外贸出口配额等全国综合平衡的。被授权机构在国务院授权范围内批准设立外资企业，应当在批准后 15 日内报国务院对外贸易经济合作主管部门备案。

申请在国家规定限制设立外资企业的行业中设立外资企业，除法律、法规另有规定外，须经国务院对外经济贸易或主管部门批准。申请设立的外资企业，其产品设计出口许可证、出口配额、进口许可证或者国家限制进口的，应当依照有关管理权限，事先征得国家对外经济贸易主管部门的同意。

3. 登记

设立外资企业的申请经批准后，外国投资者应在接到批准证书之日起 30 日内，向国家工商行政管理总局授权的地方工商行政管理局申请开业登记。登记主管机关应当在受理申请后 30 日内，作出核准登记或者不予核准登记的决定。申请开业登记的外国投资者，经登记主管机关核准登记注册，领取营业执照后，企业即告成立。外资企业的营业执照签发日期为该企业成立日期。外资企业应当在企业成立之日起30日内在税务机关办理其税务登记。

三、外商独资企业的组织形式

《外资企业法实施细则》第18条规定:"外资企业的组织形式为有限责任公司。经批准也可以为其他责任形式。"这里所讲的"有限责任"是指外国投资者对企业的责任以其认缴的出资额为限承担有限责任,外资企业以其全部资产对其债务承担责任。外资企业如适用其他责任形式的,外国投资者对企业的其他责任形式适用有关中国法律、法规的规定。

外资企业的法定代表人是依照外资企业章程规定,代表外资企业行使职权的负责人。法定代表人无法履行其职权时,应当以书面形式委托代理人,代为行使其职权。

四、独资企业的出资方式和出资期限

(一)外国投资者的出资方式

《外资企业法实施细则》第25条规定:"外国投资者可以用可自由兑换的外币出资,也可用机器设备、工业产权、专有技术等作价出资。经过审批机关批准,外国投资者也可以用其从中国境内兴办的其他外商投资企业获得的人民币利润出资。"

外国投资者以机器设备作价出资的,该机器设备应当符合下列条件:①外资企业生产所必需的;②中国不能生产,或虽能生产,但在技术性能上或时间上不能保证需要的。

外国投资者以工业产权、专有技术作价出资的,必须符合下列条件:①外国投资者自己所拥有的;②能生产中国急需的产品或者出口适销的产品的。在作价时,应当与国际市场价格相一致,并不得超过其注册资本的20%。

(二)外国投资者的出资期限

外国投资者缴付出资的期限应当在设立外资企业的申请书和章程中载明。外国投资者可以分期缴付出资,但最后一期出资应当在营业执照签发之日起3年内缴清。其中,第一期出资不得少于外国投资者认缴的出资额的15%,并应当在外资企业营业执照签发之日起90天内缴清。

外资企业如果未能在营业执照签发之日起90天内缴付第一期出资的,或者无正当理由逾期30天拒不缴付其他各期出资的,外资企业批准证书即自动失效。外资企业应当向工商行政管理部门办理注销登记手续,缴销营业执照;不办理缴销营业执照的，由工商行政管理机关吊销营业执照，并予以公告。如果外国投资者有正当理由要求延期出资的，应当经审批机构同意，并报工商行政管理机构备案。

外资企业缴付出资后，应当聘请中国的注册会计师验证，并出具验资报告，报审批机关和工商行政管理机关备案。

思考题

1. 简述我国外商投资立法情况。
2. "三资企业"的出资方式有哪些？
3. 试比较"三资企业"的法律特征。
4. 试比较中外合资经营企业和中外合作经营企业的异同。

典型案例

甲方为我国一家旅游公司，乙方是美国一家饭店管理公司。双方拟成立一家中外合资的酒店，下面是一份待签的中外合资经营企业合同的部分条款：

……

第二条 甲乙双方根据《中华人民共和国中外合资经营企业法》和中国的其他有关法规，同意在中国境内设立中外合资经营酒店，其组织形式为合伙企业。

……

第二十五条 董事会由7名董事组成，其中，甲方委派4名，乙方委派3名，董事长和副董事长由董事会选举产生，不拘于任何一方。

……

第三十六条 合营公司按照有关法律和条例规定缴纳各项税金。

……

第四十三条 对本合同的修改，经董事会一致通过决议后即生效。

第四十四条 本合同的订立、效力、解释、执行及争议的解决，可以适用中国法律，也可以适用外国法律。

第四十五条 合营公司的期限不作约定，由双方根据经营状况另行协议。

……

问题：

(1) 上述合同条款中的哪些约定不符合法律规定？

(2) 应如何修改？

参考答案：

(1) 所列条款中，第三十六条无错，不需要修改。

(2) 其余各条中均有不妥，应改正。

1) 中外合营企业的组织形式为有限责任公司，合伙企业不是合营企业的法定形式。我国法律规定，只有中外合作经营企业才可以采取合伙企业的形式。因此，第二条中"合伙企业"

应改为"有限责任公司"。

2）第二十五条部分内容改为董事长由合营一方担任的，副董事长应由他方担任。《合营企业法》规定，董事长和副董事长由合营各方协商确定或由董事会选举产生。中外合营者的乙方担任董事长的，由他方担任副董事长。

3）第四十三条改为对合资经营合同的修改，必须经合营双方签署协议并报审批机关批准后方能生效。

4）第四十四条中外合资经营企业合同应适用于中国法律。我国《合同法》规定：在中华人民共和国境内履行的中外合资经营企业合同、中外合作经营企业合同、中外合作勘探开发自然资源合同，适用于中华人民共和国法律。

5）第四十五条合营企业属于服务行业的，按照国务院批准的《中外合资经营企业合营期限暂行规定》第3条的规定，合营各方举办服务性行业，应当按照有关法律、法规规定，在合营合同中约定合营期限。

第六章 企业破产法律制度

重点问题
* 破产界限
* 破产程序
* 破产财产的构成和分配

第一节 破产法概述

一、破 产

(一) 破产

破产作为一种法律制度,系指在债务人无力偿债的情况下以其财产对债权人进行公平清偿的法律程序。

需要注意的是,现代破产法概念中的破产,并不意味着债务企业的必然倒闭清算,因为进入破产程序后,债务人和债权人实际上都还存在着多种不同的选择。

(二) 破产界限

综观各国立法例,有关破产的界限规定各异,我国破产法所规定的企业破产界限是"企业法人不能清偿到期债务,并且资产不足以清偿全部债务或者明显缺乏清偿能力"。

二、破 产 法

1986年12月2日第六届全国人大常委会第十八次会议通过《中华人民共和国企业破产法(试行)》。第十届全国人民代表大会常务委员会第二十三次会议于2006年8月27日通过《中华人民共和国企业破产法》(以下简称《企业破产法》),自2007年6月1日起施行,《中华人民共和国企业破产法(试行)》同时废止。

另外,对于破产案件审理程序,《企业破产法》没有规定的,适用民事诉讼法的有关规定。具体来说,是1991年4月9日第七届全国人大常委会第四次会议通过的《中华人民共和国民事诉讼法》第19章"企业法人破产还债程序"。但是，2007年10月28日第十届全国人民代表大会常务委员会第三十次会议对《中华人民共和国民事诉讼法》进行了修改，删去了第19章"企业法人破产还债程序"，该修改决定自2008年4月1日起施行。

第二节 破产程序

一、破产程序

(一) 破产申请

所谓破产申请，是破产申请人请求人民法院受理破产案件的意思表示。在我国，破产程序需依当事人之申请才得启动，破产申请是破产程序开始的条件。

按照我国法律规定，破产申请的提出有如下三种情形：①债务人在企业出现符合破产条件的情形时，可以向人民法院提出重整、和解或者破产清算申请；②债务人不能清偿到期债务，债权人可以向人民法院提出对债务人进行重整或者破产清算的申请；③企业法人已解散但未清算或者未清算完毕，资产不足以清偿债务的，依法负有清算责任的人应当向人民法院申请破产清算。

破产案件由债务人住所地人民法院管辖。

破产申请应当采取书面形式。向人民法院提出破产申请，应当提交破产申请书和有关证据。破产申请书应当载明下列事项：申请人、被申请人的基本情况；申请目的；申请的事实和理由；人民法院认为应当载明的其他事项。债务人提出申请的，还应当向人民法院提交财产状况说明、债务清册、债权清册、有关财务会计报告、职工安置预案以及职工工资的支付和社会保险费用的缴纳情况。

人民法院受理破产申请前，申请人可以请求撤回申请。

(二) 人民法院受理

破产案件的受理，是指人民法院收到破产申请后，经形式审查（包括申请人及债务人是否适格、申请材料的适法性和本院管辖权等）和表面事实（即仅依据申请人提交的材料）的实质审查后，对认为符合法定条件者予以接受，并由此开始破产程序的司法行为。

人民法院裁定受理破产申请的，应当同时指定管理人。并应当自裁定受理破产申请之日起25日内通知已知债权人，并予以公告。

人民法院受理破产案件将产生一系列法律后果，具体表现在以下几方面。

对债务企业而言，发生以下义务：

(1) 自人民法院受理破产申请的裁定送达债务人之日起至破产程序终结之日，债务人的有关人员承担下列义务：妥善保管其占有和管理的财产、印章和账簿、文书等资料；根据人民法院、管理人的要求进行工作，并如实回答询问；列席债权人会议并如实回答债权人的询问；未经人民法院许可，不得离开住所地；不得新任其他企业的董事、监事、高级管理人员。

(2) 人民法院受理破产申请后，债务人对个别债权人的债务清偿无效。

对债权人而言，发生以下义务：

(1) 只能借助破产程序追索其债权。

(2) 有担保债权人在破产宣告以前不得行使其优先权。

对人民法院而言，则发生以下程序性影响：

(1) 人民法院受理破产申请后，有关债务人财产的保全措施应当解除，执行程序应当中止。

(2) 人民法院受理破产申请后，已经开始而尚未终结的有关债务人的民事诉讼或者仲裁应当中止；在管理人接管债务人的财产后，该诉讼或者仲裁继续进行。

(3) 人民法院受理破产申请后，有关债务人的民事诉讼，只能向受理破产申请的人民法院提起。

(三) 债权申报

1. 可申报债权范围

(1) 破产案件受理前已经成立的债权，包括有担保的债权和无担保的债权。其中，未到期的债权，在破产申请受理时视为到期；附利息的债权自破产申请受理时起停止计息；附条件、附期限的债权和诉讼、仲裁未决的债权，债权人可以申报；连带债权人可以由其中一人代表全体连带债权人申报债权，也可以共同申报债权。

(2) 债务人的保证人或者其他连带债务人已经代替债务人清偿债务的，以其对债务人的求偿权申报债权。债务人的保证人或者其他连带债务人尚未代替债务人清偿债务的，以其对债务人的将来求偿权申报债权。但是，债权人已经向管理人申报全部债权的除外。

(3) 管理人或者债务人依照破产法规定解除合同的，对方当事人以因合同解除所产生的损害赔偿请求权申报债权。

(4) 债务人是委托合同的委托人，被裁定适用破产法规定的程序，受托人不知该事实，继续处理委托事务的，受托人以由此产生的请求权申报债权。

(5) 债务人是票据的出票人，被裁定适用破产法规定的程序，该票据的付款人继续付款或者承兑的，付款人以由此产生的请求权申报债权。

2. 申报期限

人民法院受理破产申请后，应当确定债权人申报债权的期限。债权申报期限自人民法院发布受理破产申请公告之日起计算，最短不得少于 30 日，最长不得超过 3 个月。债权人应当在人民法院确定的债权申报期限内向管理人申报债权。

在人民法院确定的债权申报期限内，债权人未申报债权的，可以在破产财产最后分配前补充申报；但是，此前已进行的分配，不再对其补充分配。为审查和确认补充申报债权的费用，由补充申报人承担。

债权人未依法申报债权的，不得依照破产法规定的程序行使权利。

（四）破产宣告

破产宣告是人民法院经过审理，对债务企业具备破产原因的事实所作出的具有法律效力的认定。

1. 破产宣告的条件

（1）该债务企业已达到法定破产界限。

（2）该债务企业不具有免于破产的法定事由。按照破产法规定，破产宣告前，有下列情形之一的，人民法院应当裁定终结破产程序，并予以公告：第三人为债务人提供足额担保或者为债务人清偿全部到期债务的；债务人已清偿全部到期债务的。

2. 破产宣告的法律后果

破产宣告作为一种司法行为，使破产案件不可逆转地进入清算程序，并产生以下法律效果：

（1）债务人被宣告破产后，债务人称为破产人，债务人财产称为破产财产，人民法院受理破产申请时对债务人享有的债权称为破产债权。

（2）对破产人的特定财产享有担保权的权利人，对该特定财产享有优先受偿的权利。其行使优先受偿权利未能完全受偿的，其未受偿的债权作为普通债权；放弃优先受偿权利的，其债权作为普通债权。

（五）破产财产的变价和分配

1. 破产财产变价方案

破产宣告以后，管理人应当及时拟订破产财产变价方案，提交债权人会议讨论。管理人应当按照债权人会议通过的或者人民法院裁定的破产财产变价方案，适时变价出售破产财产。

2. 破产财产分配方案

管理人应当及时拟订破产财产分配方案，提交债权人会议讨论。破产财产分配方案应当载明下列事项：参加破产财产分配的债权人名称或者姓名、住所；参加破产财产分配的债权额；可供分配的破产财产数额；破产财产分配的顺序、比例及数额；实施破产财产分配的方法。债权人会议通过破产财产分配方案后，由管理人将该方案提请人民法院裁定认可。破产财产分配方案经人民法院裁定认可后，由管理人执行。

（六）破产终结

破产终结即破产程序的结束。破产程序在以下几种情形出现时终结：
(1) 债务企业具有法定的不予宣告破产之事由；
(2) 人民法院受理破产申请后，债务人与全体债权人就债权债务的处理自行达成协议的，可以请求人民法院裁定认可，并终结破产程序；
(3) 债务人财产不足以清偿破产费用的；
(4) 破产人无财产可供分配的；
(5) 管理人在最后分配完结后，向人民法院提交破产财产分配报告，并提请人民法院裁定终结破产程序。

二、管 理 人

（一）管理人的指定

人民法院裁定受理破产申请的，应当同时指定管理人。债权人会议认为管理人不能依法、公正执行职务或者有其他不能胜任职务情形的，可以申请人民法院予以更换。

管理人可以由有关部门、机构的人员组成的清算组或者依法设立的律师事务所、会计师事务所、破产清算事务所等社会中介机构担任。人民法院根据债务人的实际情况，可以在征询有关社会中介机构的意见后，指定该机构具备相关专业知识并取得执业资格的人员担任管理人。

（二）管理人的职权

管理人依法执行职务，向人民法院报告工作，并接受债权人会议和债权人委员会的监督。具体来说，管理人履行下列职责：
(1) 接管债务人的财产、印章和账簿、文书等资料；
(2) 调查债务人财产状况，制作财产状况报告；
(3) 决定债务人的内部管理事务；
(4) 决定债务人的日常开支和其他必要开支；
(5) 在第一次债权人会议召开之前，决定继续或者停止债务人的营业；
(6) 管理和处分债务人的财产；
(7) 代表债务人参加诉讼、仲裁或者其他法律程序；
(8) 提议召开债权人会议；

(9) 人民法院认为管理人应当履行的其他职责；
(10) 法律规定的其他职责。

三、债权人会议

债权人会议系由全体债权人组成的集体行使破产程序权力的临时机构。

（一）债权人会议的组成

依法申报债权的债权人为债权人会议的成员，有权参加债权人会议，享有表决权。债权尚未确定的债权人，除人民法院能够为其行使表决权而临时确定债权额的外，不得行使表决权。对债务人的特定财产享有担保权的债权人，未放弃优先受偿权利的，对于下列事项不享有表决权：①通过和解协议；②通过破产财产的分配方案。

债权人会议设主席1人，由人民法院从有表决权的债权人中指定。

（二）债权人会议的职权

债权人会议行使下列职权：
(1) 核查债权；
(2) 申请人民法院更换管理人，审查管理人的费用和报酬；
(3) 监督管理人；
(4) 选任和更换债权人委员会成员；
(5) 决定继续或者停止债务人的营业；
(6) 通过重整计划；
(7) 通过和解协议；
(8) 通过债务人财产的管理方案；
(9) 通过破产财产的变价方案；
(10) 通过破产财产的分配方案；
(11) 人民法院认为应当由债权人会议行使的其他职权。

（三）债权人会议的议事规则

第一次债权人会议由人民法院召集，自债权申报期限届满之日起15日内召开。以后的债权人会议，在人民法院认为必要时，或者管理人、债权人委员会、占债权总额1/4以上的债权人向债权人会议主席提议时召开。

债权人会议的决议，由出席会议的有表决权的债权人过半数通过，并且其所代表的债权额占无财产担保债权总额的1/2以上。但是，破产法另有规定的除外。债权人会议的决议,对于全体债权人均有约束力。

债权人认为债权人会议的决议违反法律规定,损害其利益的,可以自债权人会议作出决议之日起 15 日内,请求人民法院裁定撤销该决议,责令债权人会议依法重新作出决议。

（四）债权人委员会

债权人会议可以决定设立债权人委员会。债权人委员会由债权人会议选任的债权人代表和一名债务人的职工代表或者工会代表组成。债权人委员会成员不得超过 9 人。债权人委员会成员应当经人民法院书面决定认可。

债权人委员会行使下列职权：
(1) 监督债务人财产的管理和处分；
(2) 监督破产财产分配；
(3) 提议召开债权人会议；
(4) 债权人会议委托的其他职权。

四、破产财产的构成和分配

（一）债务人财产

破产申请受理时属于债务人的全部财产,以及破产申请受理后至破产程序终结前债务人取得的财产,为债务人财产。

涉及债务人财产的下列行为无效：为逃避债务而隐匿、转移财产的；虚构债务或者承认不真实的债务的。

（二）破产费用和共益债务

1. *破产费用*

人民法院受理破产申请后发生的下列费用,为破产费用：破产案件的诉讼费用；管理、变价和分配债务人财产的费用；管理人执行职务的费用、报酬和聘用工作人员的费用。

2. *共益债务*

人民法院受理破产申请后发生的下列债务,为共益债务：
(1) 因管理人或者债务人请求对方当事人履行双方均未履行完毕的合同所产生的债务；
(2) 债务人财产受无因管理所产生的债务；
(3) 因债务人不当得利所产生的债务；
(4) 为债务人继续营业而应支付的劳动报酬和社会保险费用以及由此产生的

其他债务；

　　(5) 管理人或者相关人员执行职务致人损害所产生的债务；

　　(6) 债务人财产致人损害所产生的债务。

　3. 破产费用和共益债务的清偿

　　破产费用和共益债务由债务人财产随时清偿。债务人财产不足以清偿所有破产费用和共益债务的，先行清偿破产费用。债务人财产不足以清偿所有破产费用或者共益债务的，按照比例清偿。

（三）破产财产的分配

　　债务人被宣告破产后，债务人财产称为破产财产。

　　破产财产在优先清偿破产费用和共益债务后，依照下列顺序清偿：

　　(1) 破产人所欠职工的工资和医疗、伤残补助、抚恤费用，所欠的应当划入职工个人账户的基本养老保险、基本医疗保险费用，以及法律、行政法规规定应当支付给职工的补偿金；破产企业的董事、监事和高级管理人员的工资按照该企业职工的平均工资计算。

　　(2) 破产人欠缴的除前项规定以外的社会保险费用和破产人所欠税款。

　　(3) 普通破产债权。

　　破产财产不足以清偿同一顺序的清偿要求的，按照比例分配。

五、重　整

（一）重整申请和重整期间

　　债务人或者债权人可以依照破产法规定，直接向人民法院申请对债务人进行重整。债权人申请对债务人进行破产清算的，在人民法院受理破产申请后、宣告债务人破产前，债务人或者出资额占债务人注册资本1/10以上的出资人，可以向人民法院申请重整。

　　人民法院经审查认为重整申请符合本法规定的，应当裁定债务人重整，并予以公告。自人民法院裁定债务人重整之日起至重整程序终止，为重整期间。

　　在重整期间，有下列情形之一的，经管理人或者利害关系人请求，人民法院应当裁定终止重整程序，并宣告债务人破产：债务人的经营状况和财产状况继续恶化，缺乏挽救的可能性；债务人有欺诈、恶意减少债务人财产或者其他显著不利于债权人的行为；由于债务人的行为致使管理人无法执行职务。

（二）重整计划

　　债务人或者管理人应当自人民法院裁定债务人重整之日起6个月内，同时向人民法院和债权人会议提交重整计划草案。重整计划草案应当包括下列内容：债务人的经营方案；债权分类；债权调整方案；债权受偿方案；重整计划的执行期限；重整计划执行的监督期限；有利于债务人重整的其他方案。

人民法院应当自收到重整计划草案之日起 30 日内召开债权人会议，对重整计划草案进行表决。各表决组均通过重整计划草案时，重整计划即为通过。

（三）重整计划的执行

重整计划由债务人负责执行。债务人不能执行或者不执行重整计划的，人民法院经管理人或者利害关系人请求，应当裁定终止重整计划的执行，并宣告债务人破产。

六、和　　解

（一）和解的提出

和解系指具备破产原因的债务企业为避免破产清算而与债权人会议达成让步并经人民法院认可后生效的法律程序。

债务人可以依照破产法规定，直接向人民法院申请和解；也可以在人民法院受理破产申请后、宣告债务人破产前，向人民法院申请和解。

人民法院受理破产申请后，债务人与全体债权人就债权债务的处理自行达成协议的，可以请求人民法院裁定认可，并终结破产程序。

（二）和解协议

债务人申请和解，应当提出和解协议草案。人民法院经审查认为和解申请符合本法规定的，应当裁定和解，予以公告，并召集债权人会议讨论和解协议草案。债权人会议通过和解协议的决议，由出席会议的有表决权的债权人过半数同意，并且其所代表的债权额占无财产担保债权总额的 2/3 以上。

因债务人的欺诈或者其他违法行为而成立的和解协议，人民法院应当裁定无效，并宣告债务人破产。

经人民法院裁定认可的和解协议，对债务人和全体和解债权人均有约束力。债务人应当按照和解协议规定的条件清偿债务。

（三）和解的终止

和解在以下情况下终止：

（1）债权人会议通过和解协议的，由人民法院裁定认可，终止和解程序，并予以公告。管理人应当向债务人移交财产和营业事务，并向人民法院提交执行职务的报告。

（2）和解协议草案经债权人会议表决未获得通过，或者已经债权人会议通过的和解协议未获得人民法院认可的，人民法院应当裁定终止和解程序，并宣告债务人破产。

（3）债务人不能执行或者不执行和解协议的，人民法院经和解债权人请求，应当裁定终止和解协议的执行，并宣告债务人破产。

思考题

1. 何谓破产？如何启动破产程序？
2. 我国法律对企业破产界限是如何规定的？
3. 人民法院受理破产案件和进行破产宣告后将产生怎样的法律效果？
4. 破产财产和破产债权的范围是怎样的？
5. 破产财产如何分配？
6. 我国法律关于债权人会议的性质、组成、职责和议事规则是如何规定的？
7. 如何理解和解整顿的概念与特征？
8. 破产程序的终结存在哪些法定情形？

典型案例

1998年，光华商贸公司（以下简称光华公司）与海峰销售公司（以下简称海峰公司）合建一家饭店，光华公司以技术和劳力出资，海峰公司以现款400万元出资，年利率为20%，两年后该饭店归光华公司，约定由光华公司给付海峰公司560万元补偿。

2000年12月，光华公司与天福器材厂（以下简称天福厂）订立购销合同，由天福厂20天内发货提供价值150万元的机器零部件，光华公司以一辆轿车担保。12月20日天福厂如期发货，在光华公司尚未收到该货物时，即有新鑫公司申请光华公司破产。人民法院于12月25日立案，并通知债权人申报债权。天福厂因在异地，3个月内未到法院申报其债权。法院经审理宣告破产后，清算组清理估价后情况如下。

现有财产：现金5万元，公司办公场地作价160万元，卡车7辆（4.5万元/辆），轿车2辆（35万元/辆）。

借长达公司中型客车一辆（价值9万元），3月份向希望工程捐款15万元，账面呆账5万元尚未返还。

债权申报情况：海峰公司要求偿还560万元，长虹公司要求偿还130万元（约定以轿车一辆作为抵押），长达公司要求偿还5万元，新鑫公司要求偿还25万元（以一辆卡车作为抵押）。清算费用1万元，欠发工人工资21万元，欠缴国家税收19万元。

问题：

（1）人民法院应适用什么法律规定的何种程序处理该案件？
（2）有人说，天福厂逾期未申报债权应视为放弃债权，得不到偿还，对吗？
（3）应如何分配其破产财产，海峰公司可分得多少？

第六章　企业破产法律制度

参考答案：

(1) 适用破产法程序。

(2) 不对。因天福厂所拥有的是取回权，并非属于破产债权。

(3) 应按法定顺序分配；本案可分配财产数额为{5＋160＋4.5×(7－1)＋35×(2－1)}－(1＋21＋19)＝196万元，破产债权总和为560＋(130－35)＋5＋(25－4.5)＝680.5万元，海峰公司可分得196×560/680.5＝161.29万元。

第七章 税收法律制度

重点问题
* 税收的分类及税法的体系
* 各个实体税法的主要构成要素
* 我国现行税收征管体制

第一节 税法概述

一、税收的概念和分类

（一）税收的概念

税收，又称租税、赋税、捐税等，简称税，是国家为实现其公共职能而凭借其政治权力，依法强制、无偿取得财政收入的活动或称手段[1]。税收是国家实现宏观调控的重要手段，税收收入是政府取得财政收入的基本来源，因此，税收在国家经济活动中具有重要地位。

一般来说，人们认为，税收具有强制性、无偿性和固定性三个特征，即"税收三性"。[2] 所谓强制性，是指税收并不取决于纳税主体的主观意愿或征纳双方的意思表示，征税主体必须依法行使职权，纳税主体在法定义务范围内必须履行纳税义务。所谓无偿性，是指税收是无偿征收的。也就是说，国家征税既不需要事先支付代价，也不需要事后向各个纳税人作直接、具体的偿还。所谓固定性，是指税收的征收标准是相对明确、稳定的，并体现在税法的规定之中。有的学者认为，除了"税收三性"以外，税收还具有国家主体性、公共目的性、政权依托性等特点[3]。

（二）税收的分类

税收的分类，即对税收体系中各种税按照一定的标准进行归类。依据不同的标准，可以将税收划分为不同的类别[4]。

---

[1] 张富强：《经济法学》，法律出版社，2005年，第433~435页。
[2] 徐孟洲：《税法》，中国人民大学出版社，1999年，第4页。
[3] 例如，杨紫烜：《经济法》，北京大学出版社、高等教育出版社，1999年，第397~398页。
[4] 张守文：《税法原理》，北京大学出版社，2004年，第13~15页。

(1) 依据征税对象的不同，可以将税收划分为流转税、所得税、财产税、资源税、行为税、特定目的税等。对于这一分类，本章第二节中会进行详细讲述。

(2) 依据税负能否转嫁，可以将税收划分为直接税和间接税。税负不能转嫁，而要由纳税人直接承担税负的税种，是直接税，如个人所得税就是直接税；税负可以转嫁他人，纳税人只是间接承担税负的，是间接税，如消费税就是间接税。

(3) 依据计税标准的不同，可以将税收划分为从量税和从价税。从量税以征税对象特定的计量单位为标准征收，如消费税中的成品油税目就属于从量税；从价税以征税对象的价格为计税标准征收，如增值税就是从价税。

(4) 依据税收管理权和税收收益权的不同，可以将税收划分为中央税和地方税。中央税是指由中央政府管理和支配的税种，如消费税和关税；地方税是指由地方政府管理和支配的税种，如城市维护建设税、城镇土地使用税；还有一些税种是由中央政府和地方政府按照分成比例共同享有的，可以称为中央和地方共享税，如增值税。

(5) 依据计税价格中是否包含税款，可以将税收分为价内税和价外税。计税价格中包含税款的，是价内税，如消费税；计税价格中不包含税款的，是价外税，如关税和增值税。

(6) 依据课税标准是否具有独立性，可以将税收分为独立税和附加税。不需要依附其他税种而仅依自己的课税标准独立征收的税，是独立税，如增值税、消费税、营业税等；凡需附加于其他税种之上征收的税，是附加税，如城市维护建设税。

除了上述分类以外，税收还可以有其他的一些分类方法，如累进税与累退税、比例税和定额税、实物税与货币税等。

二、税法的概念和体系

（一）税法的概念

税法是调整在税收活动中发生的社会关系的法律规范的总称[①]，它在我国社会主义市场经济发展过程中具有重要作用。税法是国家财政收入的法律保障，是国家对经济进行宏观调控的法律手段，是维护经济秩序的法律工具，是维护国家税收主权的法律依据，也是调整税收关系，保护各方主体合法权益，维护正常税收秩序的法律准则。

---

① 张富强：《经济法学》，法律出版社，2005年，第437页。

（二）税法的体系

税法的体系是各类税法规范所构成的协调、统一的整体[1]。根据不同的标准，税法的体系也可以有不同的构成方式。例如，按照税收立法权限或者法律效力的不同，可以将税法划分为宪法性规范、税收法律、税收行政法规、地方性税收法规和国际税收协定等；依照税法是否具有涉外因素，可以将税法划分为涉外税法和非涉外税法；按照税法的调整对象的不同，可以将税法划分为税收实体法和税收程序法[2]。其中，税收实体法主要规定国家征税和纳税主体纳税的实体权利和义务。按照其所涉及的税种的不同，又可以进一步分为流转税法、所得税法、财产税法、行为税与特定目的税法、资源税法，等等。税收程序法，是指主要规定国家税务机关税收征管和纳税程序方面的法律规范的总称，其内容包括税务登记、纳税申报、账簿和凭证管理、税款征收、税务检查等。

三、税法的构成要素

（一）概念

税法的构成要素，是构成税法的必要因素，是税法必不可少的内容。一般来说，人们认为，税法的构成要素包括纳税人、征税对象、税目与计税依据、税率、纳税期限、纳税地点、纳税环节、税收特别措施、税务争议处理和税收法律责任等[3]。

税法的构成要素，依据不同的标准，可以进行不同的分类。例如，依据各类要素是否具有普遍意义，可以将税法的构成要素分为一般要素和特别要素；依据涉及内容的不同，可以将税法的构成要素分为人的要素、物的要素以及关系要素；依据税法实体法和程序法的分类，可以将税法的构成要素分为实体法要素和

---

[1] 张富强：《经济法学》，法律出版社，2005年，第437页。

[2] 有人认为，税法的体系可以分为税收体制法和税收征纳法两个部分，其中，税收征纳法包括实体法和程序法两个部分，参见杨紫烜：《经济法》，北京大学出版社、高等教育出版社，1999年，第401页；还有人认为，根据税法的调整对象的不同，可以将税法划分为税收实体法、税收程序法和税收权限法，参见刘剑文：《财政税收法》，法律出版社，1997年，第164～165页；也有人认为，税法可以分为税收实体法和税收程序法两个部分，例如，王保树主编：《经济法原理》（第二版），社会科学文献出版社，2004年，第19页。本书认为最后一种分类更为简洁明了，而且税收体制法或者说税收权限法也属于税收实体法的范畴。

[3] 主要参见刘剑文：《财政税收法》，法律出版社，1997年，第179～189页。此外，有人认为税法的构成要素仅包括上述九项中的其中几项，例如，李昌麒：《经济法学》（修订版），中国政法大学出版社，2002年，第555～556页；也有人认为，除了上述几项内容以外，税法的总则和附则也是构成税法的必不可少的内容，因此也是税法的构成要素。中国注册会计师协会：《2005年度注册会计师全国统一考试辅导教材》，中国财政经济出版社，2005年，第3～4页。

程序法要素。

（二）具体构成要素

1. 纳税人

纳税人又称纳税义务人，是依照税法规定负有纳税义务的自然人、法人和其他组织。

2. 征税对象

征税对象，也称征税客体、课税客体或课税对象，是指征税的直接对象或称标的。它是引起税法权利义务产生的根据。例如，个人所得税的征税对象是个人所得。

3. 税目与计税依据

税目与计税依据是对征税对象在质与量上的具体化。税目是税法规定的征税的具体项目。例如，我国的个人所得税包括工资、薪金所得，个体工商户的生产、经营所得等11个税目。计税依据，是指根据税法规定所取得的用以计算应纳税额的依据。例如，个人所得税的计税依据是应纳税所得额。

4. 税率

税率是应纳税额与计税依据之间的数量关系或比率。它是衡量税负高低的重要指标，是税法的核心因素。

税率可以分为比例税率、累进税率和定额税率。比例税率，即对同一征税对象，不论其数额大小，都按照同一比例计算应纳税额。例如，我国企业所得税的税率即为比例税率，是33％。累进税率是一种随征税对象数额增大而提高的税率，可以分为超额累进税率和超率累进税率。例如，我国个人所得税中的"工资、薪金所得"税目即采用超额累进税率，税率从5％到45％不等。定额税率是指按征税对象的一定计量单位直接规定的固定的数额，一般用于从量计征。

5. 税收特别措施

税收特别措施包括税收优惠措施和税收重课措施。前者以减轻纳税人的税负为目标，是国家为了体现鼓励和扶持政策，而在税收方面采取的激励和照顾措施，如税收减免、退税、亏损结转等措施。后者以加重纳税人的税负为目标，如税款的加成、加倍征收等。

6. 纳税期限

纳税期限是指纳税人依法缴纳税款的期限。纳税人按纳税期限缴纳税款，是税法规定的纳税人必须履行的义务，纳税人如不按期缴纳税款，将受到加收滞纳金等处罚。

纳税期限可以分为纳税计算期和税款缴库期。前者是指纳税人应多长时间计缴一次税款，后者是指在多长期限内将税款缴入国库。

7. 纳税地点

纳税地点是指纳税人申报缴纳税款的场所。它说明纳税人应向哪里的征税机关申报纳税以及哪里的征税机关有权进行税收管辖的问题。

8. 纳税环节

纳税环节即征税对象应当缴纳税款的环节。例如，个人所得税是在分配环节缴纳税款。

9. 税务争议处理和税收法律责任

税务争议是指征税机关与相对人（包括纳税主体和非纳税主体）之间因确定或实施税收法律关系而产生的纠纷。税收法律责任是指税收法律关系的主体因违反税收法律规范所应承担的法律后果。

四、我国的税收管理体制

税收管理体制是在各级国家机构之间划分税权的制度。税权主要包括税收立法权和税收执法权。其中，税收立法权是制定、修改、解释或废止税收法律、法规、规章和规范性文件的权力；税收执法权主要是指税款的征收管理权限。税权的划分可以从横向和纵向两个方面进行。横向划分是指税权在同级立法、司法、行政等国家机构之间的划分；纵向划分是指税权在中央和地方国家机构之间的划分。[1] 税权的划分是否合理，是判断一国税收体制是否合理的主要标志。

中华人民共和国成立以来，我国的税收管理体制也经历了多次变革。尤其是改革开放以来，国家进行了数次税制改革，尤以1984年和1994年的两次税制改革规模最大。这些改革涉及多个方面，并逐渐形成了我国现有的税收管理体制。例如，在税收征管权方面，将税种统一划分为中央税、地方税和中央与地方共享税，明确了税收征管权以及相应的税收收益权在中央与地方国家机构之间的纵向划分。而在税收立法权方面，中央税、中央与地方共享税以及全国统一实行的地方税的立法权集中在中央，同时依法赋予地方适当的地方税收立法权，这是税收立法权在中央与地方国家机构之间的纵向划分。在税权的横向划分方面，不同的税种由不同的机关来征收管理。例如，关税由海关进行征收，个人所得税则由税务机关征收。

第二节　中国现行实体税法结构体系

本节着重讲述我国的税收征纳实体法律制度，具体讲述流转税、所得税以及

---

[1] 中国注册会计师协会：《2005年度注册会计师全国统一考试辅导教材》，中国财政经济出版社，2005年，第19~22页。

其他税种三个方面的法律制度。

一、流转税法律制度

流转税在国际上通称为"商品和劳务税",是以纳税人的商品流转额和非商品流转额为征税对象的一类税收[1]。它主要包括增值税、消费税、营业税和关税[2]。流转税是我国税收收入的主要来源,在整个税法体系中占有重要地位。

(一) 值税法律制度

1. 增值税的概念

增值税是以应税货物或劳务的增值额为计税依据而征收的一种流转税。我国现行的增值税制度主要体现在 1993 年的《增值税暂行条例》以及配套的法规、规章的相关规定中。

2. 增值税的纳税主体

在中华人民共和国境内销售货物或者提供加工、修理修配劳务以及进口货物的单位和个人,为增值税的纳税义务人,简称纳税人,应当缴纳增值税,这是增值税的纳税主体。

从税法地位和税款计算的角度,可以将增值税的纳税主体分为一般纳税人和小规模纳税人。其中,小规模纳税人是指年销售额在规定标准以下,会计核算不健全,不能按规定报送有关税务资料的纳税人,一般纳税人则指小规模纳税人以外的纳税人。小规模纳税人销售货物或者应税劳务,实行简易办法计算应纳税额,一般纳税人则可以使用增值税专用发票,用"扣税法"进行税款抵扣。此外,两者适用的税率也有所不同。

3. 增值税的征税范围

增值税的征税范围包括三个方面,即销售货物、提供应税劳务和进口货物。销售货物包括下列情况。

(1) 一般销售。即销售有形动产,包括电力、热力、气体在内。

---

[1] 刘剑文:《财政税收法》,法律出版社,1997 年,第 199 页。此外,流转税也被称为商品税,例如,杨紫烜:《经济法》,北京大学出版社、高等教育出版社,1999 年,第 405 页。

[2] 关于流转税包含的税种,不同的学者也有不同的观点。例如,杨紫烜认为应当包括增值税、消费税、营业税和关税,参见杨紫烜:《经济法》,北京大学出版社、高等教育出版社,1999 年,第 405 页;李昌麒认为流转税除包括上述四个税种以外,还应包括土地增值税,参见李昌麒:《经济法学》(修订版),中国政法大学出版社,2002 年,第 557 页;刘剑文认为除了上述四个税种以外,流转税还应包括城乡维护建设税、土地增值税和证券交易税,参见刘剑文:《财政税收法》,法律出版社,1997 年,第 199 页;还有人认为应当将关税独立出来,例如,中国注册会计师协会:《2005 年度注册会计师全国统一考试辅导教材》,中国财政经济出版社,2005 年,第 14 页。

(2) 视同销售。包括：①将货物交付他人代销；②销售代销货物；③设有两个以上机构并实行统一核算的纳税人，将货物从一个机构移送其他机构用于销售，但相关机构设在同一县（市）的除外；④将自产或委托加工的货物用于非应税项目；⑤将自产、委托加工或购买的货物作为投资，提供给其他单位或个体经营者；⑥将自产、委托加工或购买的货物分配给股东或投资者；⑦将自产、委托加工的货物用于集体福利或个人消费；⑧将自产、委托加工或购买的货物无偿赠送他人。

(3) 混合销售。一项销售行为如果既涉及货物又涉及非应税劳务，为混合销售行为。从事货物的生产、批发或零售的企业、企业性单位及个体经营者的混合销售行为，视为销售货物，应当征收增值税。

提供应税劳务，包括提供加工和修理修配劳务。纳税人兼营非应税劳务的，应分别核算货物或应税劳务和非应税劳务的销售额。不分别核算或者不能准确核算的，其非应税劳务应与货物或应税劳务一并征收增值税。

进口货物，是指货物从国外进入中华人民共和国关境内。进口货物，无论是否转移货物的所有权，也无论是否有偿，均应在报关进口时征收进口环节增值税。

4. 增值税的税率

我国增值税税率分为三档，即基本税率、低税率和零税率。

基本税率是17%，纳税人大部分销售和进口货物的行为，以及提供应税劳务的行为都适用这一税率。

低税率是13%，适用于以下货物的销售和进口：①粮食、食用植物油；②自来水、暖气、冷气、热水、煤气、石油液化气、天然气、沼气、居民用煤炭制品；③图书、报纸、杂志；④饲料、化肥、农药、农机、农膜；⑤国务院规定的其他货物。

零税率即税率为零，适用于法律规定的出口货物，以及输往海关管理的保税区等特殊区域的货物。零税率与出口退税制度直接相关。

另外，由于增值税税率不同，当纳税人在兼营不同税率的货物或者应税劳务时，应分别核算两者的销售额，若未分别核算，则从高适用税率。

5. 增值税的计税方法

(1) 一般纳税人应纳税额的计算。一般纳税人销售货物或者提供应税劳务，其应纳税额要运用"扣税法"来计算，其公式为

$$应纳增值税税额＝当期销项税额－当期进项税额$$

其中

$$当期销项税额＝当期销售额\times 税率$$

(2) 小规模纳税人应纳税额的计算。小规模纳税人销售货物或者提供应税劳

务，实行简易方法计算应纳税额，其公式为

$$应纳税额＝销售额\times 征收率$$

其中，征收率通常为6%，但小规模商业企业的征收率为4%。

（3）进口货物应纳税额的计算。进口货物，按照组成计税价格和规定的税率计算应纳税额，不得抵扣任何税额，其公式为

$$应纳税额＝组成计税价格\times 税率$$

其中

$$组成计税价格＝关税完税价格＋关税＋消费税$$

6. 增值税税收减免

下列项目免征增值税：①农业生产者销售的自产农业产品；②避孕药品和用具；③古旧图书；④直接用于科学研究、科学试验和教学的进口仪器、设备；⑤外国政府、国际组织无偿援助的进口物资和设备；⑥来料加工、来件装配和补偿贸易所需进口的设备；⑦由残疾人组织直接进口供残疾人专用的物品；⑧销售自己使用过的物品。

纳税人兼营免税、减税项目的，应当单独核算免税、减税项目的销售额；未单独核算销售额的，不得免税、减税。

此外，纳税人销售额未达到财政部规定的增值税起征点的，免征增值税。

（二）消费税法律制度

1. 消费税的概念

消费税是以特定的消费品的流转额为计税依据而征收的一种流转税。我国的消费税制度主要表现为《中华人民共和国消费税暂行条例》及相关法规、规章。另外，2006年3月，经国务院批准，财政部、国家税务总局联合下发《关于调整和完善消费税政策的通知》，规定自2006年4月1日起，对我国现行消费税的税目、税率及相关政策进行调整。此次政策调整是1994年税制改革以来消费税最大规模的一次调整，除了通过新增应税品目适当扩大消费税的征税范围以外，还对原税制中的很多税目、税率进行了调整。

2. 消费税的纳税主体

在中华人民共和国境内生产、委托加工和进口应税消费品的单位和个人，为消费税的纳税义务人，简称纳税人，应当依法缴纳消费税。

3. 消费税的征收范围

消费税的征税范围包括14个税目，可以概括为以下几个方面：

（1）过度消费会对人类健康、社会秩序和生态环境等造成危害的消费品，包括烟、酒及酒精、鞭炮和焰火、木制一次性筷子、实木地板5个税目。

（2）奢侈品、非生活必需品，包括贵重首饰及珠宝玉石、化妆品、高尔夫球

及球具、高档手表、游艇5个税目。

(3) 高能耗的高档消费品，包括小汽车、摩托车2个税目。

(4) 石油类消费品，即成品油税目。

(5) 具有特定的财政意义的消费品，即汽车轮胎税目。

其中，2006年消费税新增的税目包括：高尔夫球及球具、高档手表、游艇、木制一次性筷子、实木地板税目；调整的税目包括：取消汽油、柴油税目，增列成品油税目；取消护肤、护发品税目，将原属于护肤护发品征税范围的高档护肤类化妆品列入化妆品税目。

4. 消费税的税率

消费税的税率包括比例税率和定额税率两类。大多数消费税税目都适用比例税率，其税率从3%到50%不等；定额税率适用于成品油税目以及酒及酒精税目下的啤酒、黄酒两个子目。此外，酒及酒精税目下的粮食白酒、薯类白酒两个子目可以分别适用两种税率，比例税率统一为20%，定额税率为0.5元/斤（500克）或0.5元/500毫升。

5. 消费税的计税方法

适用比例税率的消费品的应纳税额，其计算公式为

$$应纳税额 = 消费品的销售额 \times 税率$$

适用定额税率的消费品的应纳税额，其计算公式为

$$应纳税额 = 消费品销售数量 \times 单位税额$$

6. 消费税的减免

消费税的减免，主要包括以下几项：

(1) 纳税人出口应税消费品，除国家限制出口的以外，免征消费税；

(2) 石脑油、溶剂油、润滑油、燃料油暂按应纳税额的30%征收消费税；航空煤油暂缓征收消费税；

(3) 子午线轮胎免征消费税；

(4) 纳税人自产自用的应税消费品，用于连续生产应税消费品的，不纳税。

(三) 营业税法律制度

1. 营业税的概念

营业税是以应税商品或劳务的销售收入额（或称营业收入额）为计税依据而征收的一种流转税。我国的营业税制度主要表现为《中华人民共和国营业税暂行条例》及相关的法规、规章的规定。

2. 营业税的纳税主体

在中华人民共和国国境内提供应税劳务、转让无形资产或者销售不动产的单位和个人，为营业税的纳税义务人，应当依法缴纳营业税。

3. 营业税的征税范围

营业税的征税范围包括9个税目，可以分为三个方面：

（1）提供应税劳务，包括交通运输业、建筑安装业、金融保险业、邮电通信业、文化体育业、娱乐业、服务业，共7个税目。

（2）转让无形资产，包括转让土地使用权、知识产权等。

（3）销售不动产，包括销售建筑物及其他土地附着物等。其中，自2005年6月1日起，对个人购买住房不足2年转手交易的，销售时按其取得的售房收入全额征收营业税；个人购买普通住房超过2年（含2年）转手交易的，销售时免征营业税；对个人购买非普通住房超过2年（含2年）转手交易的，销售时按其售房收入减去购买房屋价款后的差额征收营业税。

4. 营业税的税率

交通运输业、建筑安装业、邮电通信业、文化体育业适用的税率为3％；服务业、转让无形资产、销售不动产适用的税率为5％；金融保险业适用的税率为8％；娱乐业适用5％～20％的幅度比例税率。

5. 营业税的计税方法

营业税的计税依据是营业额，其应纳税额的计算公式为

$$应纳税额＝营业额×税率$$

6. 营业税的减免

下列项目免征营业税：

（1）托儿所、幼儿园、养老院、残疾人福利机构提供的育养服务，婚姻介绍，殡葬服务；

（2）残疾人员个人提供的劳务；

（3）医院、诊所和其他医疗机构提供的医疗服务；

（4）学校和其他教育机构提供的教育劳务，学生勤工俭学提供的劳务；

（5）农业机耕、排灌、病虫害防治、植保、农牧保险以及相关技术培训业务，家禽、牧畜、水生动物的配种和疫病防治；

（6）纪念馆、博物馆、文化馆、美术馆、展览馆、书画院、图书馆、文物保护单位举办文化活动的门票收入，宗教场所举办文化、宗教活动的门票收入。

除上述规定外，营业税的免税、减税项目由国务院规定。任何地区、部门均不得规定免税、减税项目。

（四）关税法律制度

关税是以进出关境的货物或物品的流转额为征税对象而征收的一种流转税。我国的关税法律制度主要表现为《中华人民共和国海关法》，《中华人民共和国进出口关税条例》等相关的法律法规的规定。

准许进出口的货物、进出境物品,由海关依法征收关税。进口货物的收货人、出口货物的发货人、进出境物品的所有人,是关税的纳税义务人。

在税率方面,我国关税实行差别比例税率,并且,同一税目的货物适用的税率可以分为进口税率和出口税率两类。进口关税设置最惠国税率、协定税率、特惠税率、关税配额税率等税率。对进口货物在一定期限内可以实行暂定税率。出口关税设置出口税率。对出口货物在一定期限内可以实行暂定税率。

进出口货物关税,以从价计征、从量计征或者国家规定的其他方式征收。从价计征的计算公式为

$$应纳税额=完税价格\times 关税税率$$

从量计征的计算公式为

$$应纳税额=货物数量\times 单位税额$$

其中,进出口货物的完税价格,由海关以该货物的成交价格为基础审查确定。成交价格不能确定时,完税价格由海关依法估定。进出境物品的完税价格,由海关依法确定。

关税的税收减免项目较多,可分为法定减免、特定减免以及临时减免或暂时免纳关税三种情况。

二、所得税法律制度

(一)企业所得税法律制度

企业所得税,是以企业为纳税人,以企业一定期间的应税所得额为计税依据而征收的一类税。1991年4月9日,第七届全国人民代表大会第四次会议通过了《中华人民共和国外商投资企业和外国企业所得税法》,1993年国务院将适用内资企业的《中华人民共和国国营企业所得税暂行条例》《中华人民共和国集体企业所得税暂行条例》和《中华人民共和国私营企业所得税暂行条例》统一合并为《中华人民共和国企业所得税暂行条例》,至此,我国形成了分别适用于内资、外资企业的两套所得税制度。2007年3月16日,第十届全国人民代表大会第五次会议通过《中华人民共和国企业所得税法》(以下简称《企业所得税法》),该法自2008年1月1日起施行。我国原有的企业所得税、外商投资企业和外国企业所得税统一合并为企业所得税。

企业所得税的纳税人,是在中华人民共和国境内的企业和其他取得收入的组织(以下统称企业),但个人独资企业、合伙企业不适用该法。其中,企业又可分为居民企业和非居民企业。

企业所得税的税率为25%。非居民企业在中国境内未设立机构、场所的,或者虽设立机构、场所但取得的所得与其所设机构、场所没有实际联系的,应当

就其来源于中国境内的所得缴纳企业所得税,此时适用税率为20%。

企业所得税的计税依据是应纳税所得额。企业每一纳税年度的收入总额,减除不征税收入、免税收入、各项扣除以及允许弥补的以前年度亏损后的余额,为应纳税所得额。

企业所得税的应纳税额,是企业的应纳税所得额乘以适用税率,减除依照《企业所得税法》关于税收优惠的规定减免和抵免的税额后的余额。

企业所得税的税收优惠和减免项目较多。除了规定免税收入和免征、减征企业所得税的所得外,《企业所得税法》还规定,国家对重点扶持和鼓励发展的产业和项目,给予企业所得税优惠。此外,某些企业可以获得税收减免,例如,符合条件的小型微利企业,减按20%的税率征收企业所得税。国家需要重点扶持的高新技术企业,减按15%的税率征收企业所得税。

(二) 个人所得税法律制度

个人所得税是以个人所得为征税对象,并由获取所得的个人缴纳的一种税。我国的个人所得税制度表现为《中华人民共和国个人所得税法》及配套法规、规章的规定。

个人所得税的纳税主体是个人,可以分为两类:①在中国境内有住所,或者无住所而在境内居住满1年的个人,即居民纳税人;②在中国境内无住所又不居住或者无住所而在境内居住不满1年的个人,即非居民纳税人。

我国的个人所得税实行分类所得税制,包括11个税目:①工资、薪金所得;②个体工商户的生产、经营所得;③对企事业单位的承包经营、承租经营所得;④劳务报酬所得;⑤稿酬所得;⑥特许权使用费所得;⑦利息、股息、红利所得;⑧财产租赁所得;⑨财产转让所得;⑩偶然所得;⑪经国务院财政部门确定征税的其他所得。

个人所得税的税率有两种,即超额累进税率和比例税率。上述税目中的前三个税目实行超额累进税率,其他税目实行比例税率。税目不同,适用的税率也有所不同。

个人所得税的计税依据是应纳税所得额,不同的税目,应纳税所得额的计算方法不同。其中,工资、薪金所得,以每月收入额减除费用2000元后的余额,为应纳税所得额,这是2007年《中华人民共和国个人所得税法》修改的重要内容之一。根据应纳税所得额,可以计算应纳税额,其计算公式为

$$应纳税额=应纳税所得额\times 税率$$

个人所得税的减免项目较多,包括免征和减征的项目。前者包括国债利息、福利费、抚恤金、救济金、保险赔款、军人的转业费、复员费等;后者包括:残疾、孤老人员和烈属的所得,因严重自然灾害造成重大损失的,其他经国务院财

政部门批准减税的。

三、财产税、资源税及其他税种

（一）财产税法律制度

财产税是以财产为征税对象，并由对财产进行占有、使用或收益的主体缴纳的税。财产税包括房产税、契税等税种①。

房产税是以房产为征税对象，按房产的计税余值或房产租金收入为计税依据，向房产所有人或使用人征收的一种财产税。我国现有《中华人民共和国房产税暂行条例》。

契税是以财产所有权发生转移变动的不动产为征税对象，向产权承受人征收的一种财产税。我国现有《中华人民共和国契税暂行条例》。

（二）资源与土地税法律制度

资源税是国家对我国境内从事资源开发、利用的单位和个人，就其资源生产和开发条件的差异而形成的级差收入征收的一种税。其征税范围包括矿产品和盐，实行从量定额征收。我国现有《中华人民共和国资源税暂行条例》。

土地增值税是对我国境内转让国有土地使用权、地上建筑物及其附着物取得增值型收入的单位和个人征收的一种税。我国现有《中华人民共和国土地增值税暂行条例》。

耕地占用税是对我国境内占用耕地建房或者从事其他非农业建设的单位和个人，按其实际占用的耕地面积征收的一种税。我国现有《中华人民共和国耕地占用税暂行条例》。

城镇土地使用税是对在我国城市、县城、建制镇和工矿区使用土地的单位和个人，以其实际使用的土地面积为征税对象征收的一种税。我国现有《中华人民共和国城镇土地使用税暂行条例》。

（三）行为税法律制度

行为税是以某些特定行为为征税对象的一类税，如车船使用税、车辆购置税、印花税、固定资产投资方向调节税、筵席税、烟叶税、城市维护建设税等。其中，固定资产投资方向调节税已经暂停征收；筵席税由地方政府自主决定征收

---

① 关于财产税和行为税的分类，学者们有不同的看法。例如，车船使用税一般被归入到行为税当中，参见李昌麒：《经济法学》（修订版），中国政法大学出版社，2002年，第563页；但也有人认为，车船使用税应归入到财产税中，参见张富强：《经济法学》，法律出版社，2005年，第447页。

与否，目前全国各地均已停征；烟叶税则是 2006 年开征的新税种。

车船使用税是指国家对行驶于我国境内公共道路的车辆和航行于境内河流、湖泊或者领海的船舶依法征收的一种税。我国现有《中华人民共和国车船使用税暂行条例》。

车辆购置税是对在我国境内购置应税车辆征收的一种税。我国现有《中华人民共和国车辆购置税暂行条例》。

印花税是指对经济活动和经济交往中书立、领受具有法律约束力的凭证的行为征收的一种税。我国现有《中华人民共和国印花税暂行条例》。

烟叶税是以在中华人民共和国境内收购烟叶的单位为纳税人，以纳税人收购烟叶的收购金额为计税依据而征收的一种税。我国现有《中华人民共和国烟叶税暂行条例》。

城市维护建设税是以缴纳消费税、增值税、营业税的单位和个人为纳税人，以其实际缴纳的增值税、消费税、营业税税额为计税依据，分别与这三税同时征收的一种税。它没有独立的征税对象，是一种附加税。它的税款专门用于城市的公用事业和公共设施的维护和建设，又是一种特定目的税。我国现有《中华人民共和国城市维护建设税暂行条例》。

第三节 税收征收管理法律制度

良好的税收征收管理制度对于加强税收征收管理，规范税收征收和缴纳行为，保障国家税收收入，保护纳税人的合法权益，促进经济和社会发展，具有重要意义。现有的《中华人民共和国税收征收管理法》(以下简称《税收征收管理法》)于 1992 年通过，2001 年进行修订，是我国税收征纳程序法中的核心法律，规定了税务管理制度、税款征收制度、税务检查制度等，这也是本节所要讲述的主要内容。

一、税务管理制度

（一）税务登记制度

税务登记，即税务机关对纳税人的生产、经营活动的基本状况进行登记、管理的一项基本制度。税务登记可以分为开业登记、变更登记和注销登记。纳税人必须在法定期限内办理税务登记，税务登记是整个税收征管的首要环节。

（二）账簿、凭证管理制度

账簿、凭证所反映的信息直接影响到应纳税额的计算，因此，对账簿、凭证的管理非常重要，必须确保其信息真实、准确、可靠。我国《税收征收管理法》对此作了如下规定。

(1) 纳税人、扣缴义务人按照有关法律、行政法规和国务院财政、税务主管部门的规定设置账簿，根据合法、有效凭证记账，进行核算。从事生产、经营的纳税人的财务、会计制度或者财务、会计处理办法和会计核算软件，应当报送税务机关备案。

(2) 税务机关是发票的主管机关，负责发票印制、领购、开具、取得、保管、缴销的管理和监督。单位、个人在购销商品、提供或者接受经营服务以及从事其他经营活动中，应当按照规定开具、使用、取得发票。纳税人应当按照规定安装、使用税控装置，不得损毁或者擅自改动税控装置。

(3) 纳税人、扣缴义务人必须按照国务院财政、税务主管部门规定的保管期限保管账簿、记账凭证、完税凭证及其他有关资料。账簿、记账凭证、完税凭证及其他有关资料不得伪造、变造或者擅自损毁。

(三) 纳税申报制度

纳税人必须依照法律、行政法规规定或者税务机关依照法律、行政法规的规定确定的申报期限、申报内容如实办理纳税申报，报送纳税申报表、财务会计报表以及税务机关根据实际需要要求纳税人报送的其他纳税资料。扣缴义务人则必须如实报送代扣代缴、代收代缴税款报告表以及税务机关根据实际需要要求扣缴义务人报送的其他有关资料。纳税申报可以直接到税务机关办理，也可以按照规定采取邮寄、数据电文或者其他方式办理。

纳税人、扣缴义务人不能按期办理纳税申报或者报送代扣代缴、代收代缴税款报告表的，经税务机关核准，可以延期申报。

二、税款征收制度

所谓税款征收，是税务机关依法将纳税人的应纳税款征收入库的一系列活动的总称。税款征收是整个税收征管活动的中心环节。税务机关应依法征收税款，不得违反法律、行政法规的规定开征、停征、多征、少征、提前征收、延缓征收或者摊派税款。

(一) 税款征纳主体

除税务机关、税务人员以及经税务机关依照法律、行政法规委托的单位和人员外，任何单位和个人不得进行税款征收活动。

扣缴义务人依照法律、行政法规的规定履行代扣、代收税款的义务。对法律、行政法规没有规定负有代扣、代收税款义务的单位和个人，税务机关不得要求其履行代扣、代收税款义务。扣缴义务人依法履行代扣、代收税款义务时，纳税人不得拒绝。纳税人拒绝的，扣缴义务人应当及时报告税务机关处理。税务机关按照规定付给扣缴义务人代扣、代收手续费。

（二）税款征纳期限

纳税人、扣缴义务人按照法律、行政法规规定或者税务机关依照法律、行政法规的规定确定的期限，缴纳或者解缴税款。

纳税人因有特殊困难，不能按期缴纳税款的，经省、自治区、直辖市国家税务局、地方税务局批准，可以延期缴纳税款，但是最长不得超过3个月。

纳税人未按照规定期限缴纳税款的，扣缴义务人未按照规定期限解缴税款的，税务机关除责令限期缴纳外，从滞纳税款之日起，按日加收滞纳税款5‰的滞纳金。

（三）税款征收方式

税务机关可以采取多种方式进行税款征收。其中，核定征收、对关联企业的税款征收、对未按照规定办理税务登记的从事生产、经营的纳税人以及临时从事经营的纳税人税款的征收，《税收征收管理法》作出了具体的规定。

(1) 纳税人有下列情形之一的，税务机关有权依法核定其应纳税额：①依照法律、行政法规的规定可以不设置账簿的；②依照法律、行政法规的规定应当设置账簿但未设置的；③擅自销毁账簿或者拒不提供纳税资料的；④虽设置账簿，但账目混乱或者成本资料、收入凭证、费用凭证残缺不全，难以查账的；⑤发生纳税义务，未按照规定的期限办理纳税申报，经税务机关责令限期申报，逾期仍不申报的；⑥纳税人申报的计税依据明显偏低，又无正当理由的。

(2) 企业或者外国企业在中国境内设立的从事生产、经营的机构、场所与其关联企业之间的业务往来，应当按照独立企业之间的业务往来收取或者支付价款、费用；不按照独立企业之间的业务往来收取或者支付价款、费用，而减少其应纳税的收入或者所得额的，税务机关有权进行合理调整。

(3) 对未按照规定办理税务登记的从事生产、经营的纳税人以及临时从事经营的纳税人，由税务机关核定其应纳税额，责令缴纳；不缴纳的，税务机关可以扣押其价值相当于应纳税款的商品、货物。扣押后缴纳应纳税款的，税务机关必须立即解除扣押，并归还所扣押的商品、货物；扣押后仍不缴纳应纳税款的，经县以上税务局（分局）局长批准，依法拍卖或者变卖所扣押的商品、货物，以拍卖或者变卖所得抵缴税款。

(四) 税收保全措施和强制执行措施

1. 税收保全措施

税务机关有根据认为从事生产、经营的纳税人有逃避纳税义务行为的，可以在规定的纳税期之前，责令限期缴纳应纳税款；在限期内发现纳税人有明显的转移、隐匿其应纳税的商品、货物以及其他财产或者应纳税收入的迹象的，税务机关可以责成纳税人提供纳税担保。如果纳税人不能提供纳税担保，经县以上税务局（分局）局长批准，税务机关可以采取下列税收保全措施：①书面通知纳税人开户银行或者其他金融机构冻结纳税人的金额相当于应纳税款的存款；②扣押、查封纳税人的价值相当于应纳税款的商品、货物或者其他财产。

2. 强制执行措施

从事生产、经营的纳税人、扣缴义务人未按照规定的期限缴纳或者解缴税款，纳税担保人未按照规定的期限缴纳所担保的税款，由税务机关责令限期缴纳，逾期仍未缴纳的，经县以上税务局（分局）局长批准，税务机关可以采取下列强制执行措施：①书面通知其开户银行或者其他金融机构从其存款中扣缴税款；②扣押、查封、依法拍卖或者变卖其价值相当于应纳税款的商品、货物或者其他财产，以拍卖或者变卖所得抵缴税款。

当然，税务机关采取税收保全措施和强制执行措施必须依照法定权限和法定程序，不得查封、扣押纳税人个人及其所扶养家属维持生活必需的住房和用品。

(五) 税收减免

纳税人可以依照法律、行政法规的规定书面申请减税、免税。减税、免税的申请须经法律、行政法规规定的减税、免税审查批准机关审批。

(六) 税款的退补

纳税人超过应纳税额缴纳的税款，税务机关发现后应当立即退还；纳税人自结算缴纳税款之日起 3 年内发现的，可以向税务机关要求退还多缴的税款并加算银行同期存款利息，税务机关及时查实后应当立即退还。

因税务机关的责任，致使纳税人、扣缴义务人未缴或者少缴税款的，税务机关在 3 年内可以要求纳税人、扣缴义务人补缴税款，但是不得加收滞纳金。

因纳税人、扣缴义务人计算错误等失误，未缴或者少缴税款的，税务机关在 3 年内可以追征税款、滞纳金；有特殊情况的，追征期可以延长到 5 年。

对偷税、抗税、骗税的，税务机关追征其未缴或者少缴的税款、滞纳金或者所骗取的税款，不受上述期限的限制。

三、税务检查制度

税务检查,是税务机关依照国家有关税法规定,对纳税人、扣缴义务人履行纳税义务和履行代收、代扣义务的情况进行检查监督的一种手段。

(一) 税务检查的内容

税务机关有权进行下列税务检查:

(1) 检查纳税人的账簿、记账凭证、报表和有关资料,检查扣缴义务人代扣代缴、代收代缴税款账簿、记账凭证和有关资料;

(2) 到纳税人的生产、经营场所和货物存放地检查纳税人应纳税的商品、货物或者其他财产,检查扣缴义务人与代扣代缴、代收代缴税款有关的经营情况;

(3) 责成纳税人、扣缴义务人提供与纳税或者代扣代缴、代收代缴税款有关的文件、证明材料和有关资料;

(4) 询问纳税人、扣缴义务人与纳税或者代扣代缴、代收代缴税款有关的问题和情况;

(5) 到车站、码头、机场、邮政企业及其分支机构检查纳税人托运、邮寄应纳税商品、货物或者其他财产的有关单据、凭证和有关资料;

(6) 经县以上税务局(分局)局长批准,凭全国统一格式的检查存款账户许可证明,查询从事生产、经营的纳税人、扣缴义务人在银行或者其他金融机构的存款账户。税务机关在调查税收违法案件时,经设区的市、自治州以上税务局(分局)局长批准,可以查询案件涉嫌人员的储蓄存款。税务机关查询所获得的资料,不得用于税收以外的用途。

(二) 税务机关在税务检查过程中的权力和义务

税务机关对从事生产、经营的纳税人以前纳税期的纳税情况依法进行税务检查时,发现纳税人有逃避纳税义务行为,并有明显的转移、隐匿其应纳税的商品、货物以及其他财产或者应纳税收入迹象的,可以按照法律规定的批准权限采取税收保全措施或者强制执行措施。

税务机关依法进行税务检查时,有权向有关单位和个人调查纳税人、扣缴义务人和其他当事人与纳税或者代扣代缴、代收代缴税款有关的情况,有关单位和个人有义务向税务机关如实提供有关资料及证明材料。

税务机关调查税务违法案件时,对与案件有关的情况和资料,可以记录、录音、录像、照相和复制。

税务机关派出的人员进行税务检查时,应当出示税务检查证和税务检查通知书,并有责任为被检查人保守秘密;未出示税务检查证和税务检查通知书的,被检查人有权拒绝检查。

(三) 纳税人和扣缴义务人的义务

纳税人、扣缴义务人必须接受税务机关依法进行的税务检查,如实反映情况,提供有关资料,不得拒绝、隐瞒。

第四节 税务代理制度

一、税务代理概述

税务代理是指税务代理人在法定的代理范围内,受纳税人、扣缴义务人的委托,代为办理税务事宜的各项行为的总称。我国《税收征收管理法》规定,"纳税人、扣缴义务人可以委托税务代理人代为办理税务事宜",这是我国建立和推行税务代理制度的法律依据。1994年国家税务总局发布了《税务代理试行办法》,对税务代理的原则、业务范围、代理人资格、工作机构、法律责任等作了具体的规定。1996年人事部、国家税务总局发布了《注册税务师资格制度暂行规定》,对注册税务师的考试和注册、注册税务师的权利和义务以及相关法律责任进行了规定。2005年国家税务总局发布了《注册税务师管理暂行办法》,对注册税务师的考试、备案、权利义务、业务范围、业务规则以及税务师事务所和注册税务师协会的相关内容作出了具体的规定。

税务代理是民事代理的一种,是一国经济发展和税收法制发展到一定程度时,从市场中介行业中独立出来专门从事税务中介服务的行业,对一国的经济繁荣和税制建设起着重要作用[1]。税务代理制度可以为纳税人、扣缴义务人提供专业的税务代理服务,有利于维护纳税人的合法权益。另外,税务代理制度是联系征纳双方的中介和纽带,它的存在有利于形成纳税人、代理人、税务机关三方互相制约的机制,从而协调税收征纳关系,降低税收成本。推行税务代理制度,是社会主义市场经济发展的必然要求,也是强化税收征收管理的必然要求。

税务代理应当遵循依法代理、自愿有偿、客观公正的原则。具体来说,税务代理人实施税务代理行为,应当以纳税人、扣缴义务人自愿委托和自愿选择为前提,以国家税收法律、行政法规为依据,独立、公正执行业务,维护国家利益,保护委托人的合法权益。税务代理实行有偿服务。

---

[1] 刘剑文:《税收征管法》(第二版),武汉大学出版社,2003年,第294页。

二、注册税务师

我国专门从事税务代理业务的人是注册税务师。为了加强对税务代理专业技术人员的执业准入控制，规范税务代理行为，发挥税务代理在税收活动中的作用，保证国家税收法律、行政法规的贯彻执行，维护纳税人、扣缴义务人的合法权益，国家对从事税务代理活动的专业技术人员实行注册登记制度。依法取得《中华人民共和国注册税务师执业资格证书》并注册的人员，方可从事税务代理活动。

（一）注册税务师资格

注册税务师执业资格考试实行全国统一大纲、统一命题、统一组织的考试制度。全国统一考试原则上每年举行一次。具体考试办法由人事部与国家税务总局共同制定。凡经考试合格取得《中华人民共和国注册税务师执业资格证书》的人员，应当持资格证书到所在地的省局管理中心办理备案手续。但有下列情形之一的，税务机关不予执业备案：①无民事行为能力或者限制民事行为能力的；②受刑事处罚，自处罚执行完毕之日起未满3年的；③被开除公职，自开除之日起未满2年的；④在从事涉税服务和鉴证业务中有违法行为，自处罚决定之日起未满2年的；⑤在从事涉税服务和鉴证业务中有违规行为，自处理决定之日起未满1年的；⑥国家税务总局规定的其他情形。

另外，执业备案的注册税务师有下列情形之一的，注销备案：①死亡或者失踪的；②同时在2个以上税务师事务所执业的；③在从事涉税服务和鉴证业务中有违法行为的；④年检不合格或者拒绝在规定期限内进行年检的；⑤违反行业管理规范，连续2年有不良从业记录的；⑥国家税务总局规定的其他情形。

（二）注册税务师的权利和义务

1. 注册税务师的权利
（1）可以向税务机关查询税收法律、法规、规章和其他规范性文件；
（2）可以要求委托人提供相关会计、经营等涉税资料（包括电子数据），以及其他必要的协助；
（3）可以对税收政策存在的问题向税务机关提出意见和修改建议；可以对税务机关和税务人员的违法、违纪行为提出批评或者向上级主管部门反映。

2. 注册税务师的义务
（1）注册税务师执业由税务师事务所委派，个人不得擅自承接业务；
（2）注册税务师应当在对外出具的涉税文书上签字盖章，并对其真实性、合

法性负责;

（3）注册税务师执业中发现委托人有违规行为并可能影响审核报告的公正、诚信时，应当予以劝阻；劝阻无效的，应当中止执业；

（4）注册税务师对执业中知悉的委托人商业秘密，负有保密义务；

（5）注册税务师应当对业务助理人员的工作进行指导与审核，并对其工作结果负责；

（6）注册税务师与委托人有利害关系的，应当回避；委托人有权要求其回避；

（7）注册税务师应当不断更新执业所需的专业知识，提高执业技能，并按规定接受后续教育培训。

三、税务代理的业务范围

根据《注册税务师管理暂行办法》的规定，我国注册税务师可以提供代办税务登记、纳税和退税、减免税申报、建账记账，增值税一般纳税人资格认定申请，利用主机共享服务系统为增值税一般纳税人代开增值税专用发票，代为制作涉税文书，以及开展税务咨询（顾问）、税收筹划、涉税培训等涉税服务业务。

第五节 税法责任制度

一、纳税人违反税法的法律责任

（一）纳税人违反税务管理规定的法律责任

违反税务管理规定，包括违反税务登记、账簿凭证管理以及纳税申报的规定。违反这一类规定，税务机关有权责令其限期改正，并处以一定数额的罚款。

（二）纳税人违反税款征收规定的法律责任

纳税人违反税款征收规定，主要有四种情形，即偷税、欠税、骗税和抗税。

1. 偷税

纳税人伪造、变造、隐匿、擅自销毁账簿、记账凭证，或者在账簿上多列支出或者不列、少列收入，或者经税务机关通知申报而拒不申报或者进行虚假的纳税申报，不缴或者少缴应纳税款的，是偷税。对纳税人偷税的，由税务机关追缴其不缴或者少缴的税款、滞纳金，并处不缴或者少缴的税款50%以上5倍以下的罚款；构成犯罪的，依法追究刑事责任。

2. 欠税

纳税人不进行纳税申报，不缴或者少缴应纳税款的，由税务机关追缴其不缴或者少缴的税款、滞纳金，并处不缴或者少缴的税款50％以上5倍以下的罚款。纳税人欠缴应纳税款，采取转移或者隐匿财产的手段，妨碍税务机关追缴欠缴的税款的，由税务机关追缴欠缴的税款、滞纳金，并处欠缴税款50％以上5倍以下的罚款；构成犯罪的，依法追究刑事责任。

3. 骗税

以假报出口或者其他欺骗手段，骗取国家出口退税款的，由税务机关追缴其骗取的退税款，并处骗取税款1倍以上5倍以下的罚款；构成犯罪的，依法追究刑事责任。对骗取国家出口退税款的，税务机关可以在规定期间内停止为其办理出口退税。

4. 抗税

以暴力、威胁方法拒不缴纳税款的，是抗税，除由税务机关追缴其拒缴的税款、滞纳金外，依法追究刑事责任。情节轻微，未构成犯罪的，由税务机关追缴其拒缴的税款、滞纳金，并处拒缴税款1倍以上5倍以下的罚款。

二、扣缴义务人违反税法的法律责任

扣缴义务人违反其法定义务，要承担相应的法律责任，主要有以下几种情形。

（一）违反税务管理规定的法律责任

扣缴义务人未按照规定设置、保管代扣代缴、代收代缴税款账簿或者保管代扣代缴、代收代缴税款记账凭证及有关资料的，以及未按照规定的期限向税务机关报送代扣代缴、代收代缴税款报告表和有关资料的，由税务机关责令限期改正，并可处以一定数额的罚款。

（二）违反税款征收规定的法律责任

扣缴义务人偷税的，由税务机关追缴其不缴或者少缴的税款、滞纳金，并处不缴或者少缴的税款50％以上5倍以下的罚款；构成犯罪的，依法追究刑事责任。

扣缴义务人应扣未扣、应收而不收税款的，由税务机关向纳税人追缴税款，对扣缴义务人处应扣未扣、应收未收税款50％以上3倍以下的罚款。

三、税务机关和人员违反税法的法律责任

税务机关和税务人员违反税法的行为主要包括下列情形。

（一）违反税收征收管理规定

（1）税务机关违反规定，擅自改变税收征收管理范围和税款入库预算级次；
（2）税务机关、税务人员查封、扣押纳税人个人及其所扶养家属维持生活必需的住房和用品的；
（3）税务人员滥用职权，故意刁难纳税人、扣缴义务人；
（4）违反法律、行政法规的规定提前征收、延缓征收或者摊派税款的；
（5）违反法律、行政法规的规定，擅自作出税收的开征、停征或者减税、免税、退税、补税以及其他同税收法律、行政法规相抵触的决定；
（6）税务人员在征收税款或者查处税收违法案件时，未依法进行回避。

（二）徇私舞弊

（1）税务人员徇私舞弊，对依法应当移交司法机关追究刑事责任的不移交；
（2）税务人员与纳税人、扣缴义务人勾结，唆使或者协助纳税人、扣缴义务人有偷税、骗税等行为；
（3）税务人员利用职务上的便利，收受或者索取纳税人、扣缴义务人财物或者谋取其他不正当利益；
（4）税务人员徇私舞弊或者玩忽职守，不征或者少征应征税款，致使国家税收遭受重大损失；
（5）税务人员对控告、检举税收违法违纪行为的纳税人、扣缴义务人以及其他检举人进行打击报复。

税务机关和人员有上述违法行为的，除了对违法者和直接责任人员进行行政处分以外，构成犯罪的，还要依法追究刑事责任。

第六节 涉外税法

一、我国涉外税收法律制度概述

涉外税法，是指涉及主权国家对不具有本国国籍的纳税人和具有本国国籍，但其纳税行为不发生在本国领域内的纳税人进行征税的税法。涉外税法包括国内

立法和国家签订的国际税收协定。[1]

具体来说，有关涉外税法的国内立法，也有两种情况：①内外不一致的税种。例如，2008年1月1日《企业所得税法》生效之前，内资企业缴纳企业所得税，外商投资企业和外国企业则缴纳外商投资企业和外国企业所得税；外资企业还可以得到涉外税收优惠。②内外一致的税种。例如，我国的个人所得税和各种流转税就实行内外一统的税制。

我国涉外税法的发展，经过了一个比较复杂的演变过程。自中华人民共和国成立到1978年，我国对中外商人和个人实行内外一致的统一税制。自1979年起，实行对外开放政策，为了适应对外经济合作和技术交流的要求，更好地鼓励外商进行投资，发展社会主义市场经济，涉外税收立法成为我国改革开放初期税收立法的重点之一。经过多年的努力，我国的涉外税法体系逐渐完善起来。

二、我国国内涉外税法体系

（一）流转税：实现了内外税制的统一

1. 增值税、消费税和营业税

全国人大常委会1993年12月29日发布《关于外商投资企业和外国企业适用增值税、消费税、营业税等税收暂行条例的决定》，废止了原对涉外企业征收的工商统一税税法。

2. 关税

我国相继制定了《中华人民共和国海关法》和《中华人民共和国进出口关税条例》等一系列涉外法律法规，这也是涉外税法的重要组成部分。

（二）所得税

个人所得税实现了内外统一；企业所得税法也自2008年1月1日起施行，实现企业所得税的内外统一。

1. 在涉外个人所得税立法方面

1980年我国颁布了《中华人民共和国个人所得税法》，1986年开征个体工商业户所得税，1987年又开始对境内有住所的中国公民征收个人收入调节税，个人所得税只对取得高额收入的外国人和港、澳、台同胞征收。到1993年，《中华人民共和国个人所得税法》进行了修订，开始实行个人所得税的内外统一。

---

[1] 刘剑文：《财政税收法》，法律出版社，1997年，第165页。

2. 在涉外企业所得税方面

对外商投资企业、外国企业所得税，最初分别按1980年国家颁布的《中华人民共和国中外合资经营企业所得税法》和1981年的《中华人民共和国外国企业所得税法》办理。1991年7月1日起，两个涉外企业所得税法合并，统一改按《中华人民共和国外商投资企业和外国企业所得税法》的规定实施。2007年3月16日，第十届全国人民代表大会第五次会议通过《中华人民共和国企业所得税法》，该法自2008年1月1日起施行。《中华人民共和国外商投资企业和外国企业所得税法》和《中华人民共和国企业所得税暂行条例》同时废止。届时，我国原有的企业所得税、外商投资企业和外国企业所得税统一合并为企业所得税。

（三）其他税种

如印花税、土地增值税等，除国家另有规定的以外，都实行内外统一的税收政策。

三、国际税收协定

（一）国际税收协定的概念

所谓国际税收协定，也称国际税收条约，是指两个或两个以上的主权国家，为了协调相互间的税收分配关系和处理跨国纳税人征税事务等方面的问题，本着平等的原则，通过协商、谈判等一定程序签订的一种对缔约国各方有法律效力的书面税收协议。它具有以下几方面的作用：①划分征税权，协调国家之间的税收利益；②避免国际双重征税，消除跨国纳税人的不合理税收负担；③加强国家之间的税务合作，防止国际逃避税；④避免税收的国际歧视，保护纳税人的税收利益；⑤促进国际贸易和投资，推动世界经济的发展。[①]

（二）中国对外税收协定的地位及原则

《中华人民共和国外商投资企业和外国企业所得税法》第28条规定："中华人民共和国政府与外国政府订立的有关税收的协定同本法有不同规定的，依照协定的规定办理。"这充分表明，在处理对外协定与本国税法关系上，我国坚持对外税收协定优先的原则。

---

① 刘雁鸿，王亮：《国际税收协定及我国对外税收协定的实践》，经济法网，http://www.wtolaw.gov.cn 2003-12-08 15:45:59。

另外，中国对外税收协定始终坚持以下几个原则：[①]
(1) 坚持所得来源国与居住国共享征税权的原则；
(2) 坚持税收待遇对等的原则；
(3) 重视税收饶让的原则；
(4) 充分考虑国际上通行的做法和对方的合理要求的原则。

思考题

1. 税收的分类有哪些？
2. 我国现行实体税法的体系如何？
3. 怎样理解税法的构成要素在税法上的意义？
4. 简述我国现行税收管理体制。

典型案例

王某是一个从事零售业务的个体户，他拖欠营业税款5000元，税务机关对他下发了限期缴纳通知书。但不久以后，税务机关就发现王某有转移财产的倾向，于是对其实施税收保全措施，查封和扣押了王某的如下财产：王某仅有的一套住房；王某的金银首饰；王某自用的私人汽车；王某所有的单价在5000元以下的生活用品。

问题：
(1) 税收保全措施适用于什么样的纳税人？王某属于这种纳税人吗？
(2) 税务机关决定对王某实施税收保全措施，是否符合法律的规定？
(3) 如果税务机关对王某实施税收保全措施是合法的，那么其具体采取的措施有无不当之处？

参考答案：
(1) 税收保全措施适用于从事生产、经营的纳税人，王某是从事零售业务的个体户，符合这一条件。
(2) 税务机关作出对王某实施税收保全措施的决定，其条件是不完全的。按照《税收征管法》的规定，必须是在王某不能提供担保，且经县以上税务局（分局）局长批准的情况下，税务机关才可以采取税收保全措施。
(3) 税务机关具体的措施有不当之处。首先，税收保全措施中扣押、查封的纳税人的财产价值应相当于应纳税款，而本案中查封的物品包括住房和汽车等，其价值超过了应纳税款5000元；其次，在税收保全措施中，不得查封、扣押纳税人个人及其所扶养家属维持生活必需的住房和用品，因此，王某仅有的住房及生活用品不应被查封。

[①] 刘剑文：《国际所得税法研究》，中国政法大学出版社，2000年，第249~253页。

第八章 票 据 法

重点问题
* 票据关系的特征与构成
* 掌握几种主要的票据行为之含义及其效力
* 票据权利的内容

第一节 票据法概述

一、票据的概念和法律性质

票据的含义有广义和狭义之分。广义的票据,指各种代表财产权的凭证,包括发票、提单、仓单、车票、船票、股票、债券、汇票、本票、支票等。狭义的票据,只限于以无条件支付一定金额为内容且由票据法规范的有价证券。《中华人民共和国票据法》(以下简称《票据法》)第2条第2款规定:"本法所称票据,是指汇票、本票和支票。"本章所称票据,仅为狭义票据。

票据是出票人签发的,约定由自己或者自己指定的人无条件支付确定金额给持票人的有价证券。

票据具有以下法律性质:

(1) 票据是金钱债权证券。票据上的权利标的物,只能是金钱,不能是其他财产。票据权利人所享有的票据权利是金钱给付请求权,是一种债权。

(2) 票据是设权证券。票据的权利义务因票据的设立而产生。出票人签发票据,为自己或自己指定的人设定了一个"无条件支付确定金额"的义务,持票人则有请求票据上载明的债务人"无条件支付确定金额"的权利。

(3) 票据是文义证券。票据的权利和义务,完全根据票据上所记载的文字意义所决定,不得以票据记载以外的任何理由改变票据的效力。

(4) 票据是要式证券。票据的必要记载事项、票据用纸、书写方法、书写用具及墨水颜色等必须符合票据法上的规定。除票据法另有规定外,上述事项不符法定要求的,票据无效。

(5) 票据是流通证券。票据到期前,持票人可以通过票据法规定的方式自由转让票据,票据上记载有"不可转让"字样者除外。

(6) 票据是无因证券。只要具备票据法规定的条件,票据权利即告成立,票据义务随之产生，权利的行使和义务的履行与做成票据的原因无关，二者完全分离。

（7）票据是提示证券。票据权利人主张票据权利、行使票据权利，必须向票据债务人提示票据，将票据交债务人验看；否则，票据债务人有权拒绝。

二、票据的作用

票据制度和公司制度是现代经济制度中两个基本的支柱，票据在经济生活中发挥着极其重要的作用。

1. 支付作用

票据可以用来结算因商品交易、劳务供应等产生的债权债务，如买主可以签发支票给卖主，用来支付货物价款。票据还可以作异地支付之用，其中以汇票最为明显。举例说明，甲、乙两方不在一起，现在甲要付一定金钱给乙，现金携带不方便，而且容易丢失，有了票据制度，甲就可以签发汇票，以乙方为收款人，以甲方的开户银行为付款人。这样，乙方接到汇票后，甲的支付义务已履行，乙方可从付款人那里提取现金或转入自己的账户。

2. 结算作用

1988年12月中国人民银行颁布的《银行结算办法》规定，各种托收、代付的票据，按照一定的时间通过票据交换所进行交换并清算资金。国际上的经济往来，除按规定可以使用现金外，都必须办理转账结算，而票据则是一种主要的结算工具。

3. 信用作用

票据是建立在信用基础上的书面支付凭证，是一种信用工具。参加商品交易的人通过使用票据互相提供信用，从而促进资金的融通，推动经济的发展。

4. 融资作用

票据的融资作用是通过票据贴现实现的。票据贴现是持有未到期票据的持票人以转让一定利息的代价将票据卖给贴现银行以取得现款。票据市场和证券市场一样，是市场经济中最为重要的组成部分，使资金周转灵活、便利。

5. 流通作用

票据允许背书转让，因此在市场上可广泛流通，成为一种流通工具，节约了现金的使用。

三、票据法的概念

票据法是调整票据关系的法律规范的总称。我国票据法主要指 1995 年 5 月

10日第八届全国人大常委会第十三次会议通过并于1996年1月1日起施行的《中华人民共和国票据法》以及其他法律中对票据的规定。

四、票据上的法律关系

涉及票据的法律关系较为复杂，一般可以分为两种：一种是由票据行为而直接发生的票据上的债权债务关系，称之为票据关系；另一种是与票据关系有密切联系，但又不是由票据行为而产生的权利义务关系，称之为非票据关系。

（一）票据关系

1. 票据关系的概念及特征

票据关系是指票据当事人基于票据行为所直接发生的票据上的债权债务关系。作为一种特殊的民事法律关系，除具备一般民事法律关系的特点以外，还具有以下几方面的特征：

（1）票据关系只能基于票据行为而产生。票据法规定的出票、背书、保证、承兑等票据行为是能够引起票据关系产生的法律行为。

（2）在一系列票据行为引起的票据关系中，票据关系主体具有相对性。例如，在因背书引起的票据关系中，背书人相对于被背书人是债务人，被背书人是债权人；在下一次背书中，原来的被背书人则成为背书人，是新的被背书人的债务人，所以，在背书关系中，背书人相对于前手是债权人，相对于后手则是债务人。

（3）票据关系客体具有唯一性。票据是一种金钱证券，所以，票据关系权利义务所指向的对象只能是票据上记载的确定数额的货币。

（4）票据关系具有多重性。票据具有较强的流通性，多个票据行为会在同一张票据上产生多个票据关系。

（5）票据关系具有无因性和独立性。所谓无因性是指票据关系的效力不受票据基础关系效力的影响，以保障票据效力的确定性和票据的流通性；所谓独立性是指在同一票据上存在多个票据关系的情况下，各个票据行为及其所引起的票据关系互不影响，各自独立。

2. 票据关系的构成

（1）票据关系的主体。①基本当事人，是指因票据出票行为而产生的当事人，如汇票的基本当事人包括出票人、收款人、付款人。基本当事人是构成票据关系的基本要素，若其不存在或者不完全，票据关系就不能成立。②非基本当事人，即是指在票据出票完成后，因各种票据行为而加入票据关系的当事人。如被背书人、保证人、参加付款人等。

(2) 票据关系的客体。票据关系的客体就是指票据金额。

(3) 票据关系的内容。票据关系是因当事人的票据行为而发生的债权债务关系，主要内容是票据权利和票据义务，包括票据债权人的付款请求权与债务人的付款义务、债权人的追索权与债务人的偿付义务。

(二) 非票据关系

1. 非票据关系的概念

所谓的非票据关系是指与票据关系有密切联系，但不是由票据行为直接产生的当事人之间的权利义务关系。其中，由票据法直接规定所产生的叫票据法上的非票据关系；由民法直接规定所产生的叫票据基础关系或民法上的非票据关系。

2. 票据法上的非票据关系

票据法上的非票据关系是指由票据法直接规定，与票据行为密切联系，但又不是基于票据行为产生的法律关系，主要有以下几种：

(1) 票据返还的非票据关系。票据是完全有价证券，持有票据就享有票据权利，但对于恶意或重大过失取得票据者，若允许其享有票据权利，则违背法律的基本原则。根据我国《票据法》规定，因恶意或重大过失而取得票据者，不得享有票据权利。所以，票据的真正权利人与因恶意或重大过失而取得票据者之间就可能发生票据返还关系。

(2) 利益返还的非票据关系。票据是债权证券，票据债权的取得一般都应支付相应对价，所以，持票人因法定原因不能实现票据债权时，对出票人通过票据交换而应得到的利益可以请求返还。《票据法》第18条规定："持票人因超过票据权利时效或者因票据记载事项欠缺而丧失票据权利的，仍享有民事权利，可以请求出票人或者承兑人返还其与未支付的票据金额相当的利益。"

3. 票据基础关系

票据当事人之间从事票据行为，发生票据关系，有一定的原因或前提存在，这些在票据关系成立之前就已经存在的原因或前提，是产生票据关系的基础，称之为票据基础关系。票据基础关系实质上属于民法上的法律关系，而不属于票据关系，所以又称为民法上的非票据关系。

(1) 票据原因关系。票据当事人之间签发、转让票据的原因所涉及的法律关系是票据原因关系。不同的当事人从事同一种票据行为，产生相同的票据关系，但其原因关系可能是各种各样的，如买卖、借贷等。票据具有可流转性，为保护善意第三人的利益，票据法采取票据关系与原因关系相分离的原则，即当事人之间基于一定原因授受票据过程中，票据权利一旦成立或转移就与其原因相分离，以后无论该原因关系是否存在或有效都不会影响票据权利效力。

(2) 票据资金关系。属于委托票据的汇票或支票的出票人，之所以委托付款人付款,付款人之所以同意付款,是因为他们之间存在代为付款的约定,这种存在于汇票或支票出票人与付款人之间的基础关系就是票据资金关系。

(3) 票据预约关系。票据当事人在授受票据之前,就票据的种类、金额、期限等事项达成合意,并以此合意作为授受票据的依据而产生的法律关系就是票据预约关系。票据预约是票据当事人就票据权利的给予与取得的民事合同,规定的是民法上的权利义务,而不是票据法上的权利义务,它是票据原因和票据行为之间的媒介。

五、票据行为

票据行为是指以发生票据权利义务关系为目的而依照票据法所实施的要式法律行为。行为人的签章为行为的有效要件。换言之,凡在票据上签章者均应对票据所载文义负全部责任。不同的票据,其票据行为有所不同,以汇票的票据行为最为复杂,包括出票、背书、承兑、保证、付款五种;本票无承兑行为;支票无承兑、保证行为。

(一) 出票

出票是指出票人签发票据并将其交付给收款人的票据行为。出票由做成票据和向收款人交付票据两种行为构成。做成票据是指在银行统一印刷的空白票据凭证上记载票据法规定的出票的必要记载事项,使票据产生。交付是将已经做成的票据交给收款人。票据交付收款人,收款人即成为持票人,取得票据权利。

票据上的一切权利义务均因出票而产生,因而各国票据法都规定票据的做成必须具备法定的必要条件,记载必要的事项。记载如有欠缺,票据即属无效。票据记载事项一般包括表明无条件支付一定金额的命令或承诺的文字,付款人的姓名,收款人的姓名,付款时间、地点,出票时间、地点及出票人签章等。另外,还须在票据上注明"汇票"、"本票"或"支票"的字样。

(二) 背书

背书是指在票据背面或者黏单上记载有关事项并签章的票据行为。背书有广、狭二义。广义的背书包括转让背书、设质背书、委托取款背书。狭义的背书仅指转让背书,该种背书以发生票据权利转让为法律后果,票据的流通转让,主要以这种背书进行。通常,如不特别说明为其他背书的,就是指转让背书。票据法理论上,根据背书是否记载接受人(即被背书人)姓名或名称,将背书分为记名背书和无记名背书。我国《票据法》只认可记名背书,不容许无记名背书。

背书必须记载下列事项:①背书人签章;②被背书人的名称。除了以上两个必要记载事项外,背书还可以记载以下任意记载事项:①禁止转让的记载事项,即背书人可以在票据上记载禁止转让的事项;②住所,即背书人可以记载自己的住所;③背书日期。但是,背书不得记载下列事项:①部分背书之记载事项,即将票据金额的一部分转让的背书或将票据金额分别转让给2人以上的背书,部分背书无效。②附条件背书之记载事项,即给持票人行使票据权利附加不利条件的背书。背书中所附条件,不具有票据上的效力,视为无记载。此外,背书必须连续,即在票据转让中,转让票据的背书人与受让票据的被背书人在票据上的签名依次前后衔接。

经过背书,一般会产生以下效力:①权利转让的效力。即背书使票据权利从背书人全部移转到被背书人。②责任担保的效力。即背书发生背书人对被背书人和后手担保票据承兑或付款的效果。③权利证明的效力。即票据上背书连续,有证明持票人为票据权利人的法律后果。

(三) 承兑

承兑是指汇票付款人承诺在汇票到期日支付汇票金额的票据行为。承兑只针对汇票而言,本票、支票无须承兑。

承兑由三个要件构成:①在汇票正面进行。②记载承兑字样,凡是表示承兑的文字均可,如承兑、兑付、照兑等。③付款人签章。付款人在承兑时不得对付款附加条件。

承兑之前,汇票上的付款人不是持票人的票据债务人,而是处于一种"期待债务人"的地位。付款人承兑之后,进入票据关系,被称为承兑人,成为持票人的"现实债务人"。并且,相对于出票人、背书人、保证人等票据债务人来说,承兑人是持票人付款请求权的第一请求对象,处于第一债务人的顺位。承兑人负担了无条件支付汇票金额的票据义务。

汇票承兑,分为两个步骤:第一步,持票人按票据法规定的期限向付款人提示承兑;第二步,付款人按照票据法规定的时间、方式进行承兑,并将承兑的汇票交还持票人。付款人决定拒绝承兑的,应当在票据法规定的时间内,向持票人作出拒绝承兑的意思表示,出具拒绝证书,退还汇票。

(四) 保证

保证是票据债务人以外的第三人担保票据债务履行的行为。保证人对合法取得票据的持票人所享有的票据权利承担保证责任,但被保证人的债务因票据记载事项欠缺而无效的除外。

保证必须针对票据金额的全部而作,并且不得附有条件,附有条件的,不影响对票据的保证责任。保证人为1人的,称为单独保证,保证人独自承担保证责任；2人以上的保证人同为1个票据债务人保证的，称为共同保证，保证人之间承担连带责任。

保证必须记载表明"保证"的字样、保证人的名称和住所、保证人签章。如以上三项有欠缺，保证无效。保证还应当记载被保证人的名称和保证日期。没有记载被保证人名称的，已承兑的汇票，推定承兑人为被保证人；本票及未承兑的汇票，推定出票人为被保证人。保证人未记载保证日期的，推定出票日期为保证日期。

保证使保证人负担票据义务，保证人清偿票据债务后，持有票据，有向被保证人或其前手追索的权利。

(五) 付款

付款是票据的付款人向持票人支付票据金额，使票据关系消灭的行为。

六、票据权利

(一) 概念

票据权利，是指持票人向票据债务人请求支付票据金额的权利，包括付款请求权和追索权。票据权利是体现在票据上的权利，由票据行为所产生，以持有票据为前提。

(二) 内容

1. 付款请求权

付款请求权是指持票人可以对票据主债务人行使的权利，是票据权利的第一次请求权。票据主债务人，就汇票而言是指汇票的付款人或承兑人，就本票而言是本票的出票人，就支票而言是指支票的付款人。

2. 追索权

追索权亦称第二次请求权，是指票据持票人行使付款请求权（提示承兑或提示付款）遭到拒绝或有其他法定原因时，持票人在获得拒绝证明或其他证明后，可以向其他票据债务人（出票人、背书人、保证人）请求偿还票据金额及其他费用的权利。被追索人清偿后，可向其他票据债务人行使再追索权。

(1) 行使追索权的原因即行使第一次付款请求遭拒绝或不能。①票据到付款期持票人向主债务人提示付款被拒绝付款；②汇票到期前持票人提示承兑被拒绝承兑；③无法提示承兑、付款，如承兑人或者付款人死亡、逃匿，承兑人或者付款人被依法宣告破产或者因违法被责令终止业务活动。

(2) 追索权的主体。追索权主体是指具有追索权的人，主要指票据持票人和因清偿票据债务取得票据权利的人。被追索人是指在票据上签章的负有清偿票据债务的人，主要指出票人、背书人、保证人，持票人只能向其前手行使追索权。

(3) 追索权的客体。持票人行使追索权，可以请求被追索人支付：被拒绝付款的票据金额、自到期日或者提示付款日起至清偿日的利息和取得有关拒绝证明和发出通知书的费用。再追索的金额为已清偿的全部金额、自清偿日起至再追索清偿日的利息、发出通知书的费用。

(4) 追索权的行使。①持票人行使追索权时，应当提供被拒绝承兑或者被拒绝付款的有关证明。如付款人或承兑人出具的拒绝证明或者退票理由书，法院作出的破产判决、宣告失踪的判决，及有关部门出具的死亡证明。只有在第一次付款请求权遭拒绝时，持票人才可行使追索权。②持票人可以不按照票据债务人的先后顺序，对其中任何一人、数人或者全体行使追索权。③持票人对票据债务人中的一人或者数人已经进行追索的，对其他票据债务人仍可以行使追索权。被追索人清偿债务后，与持票人享有同一权利。④持票人为出票人的，对其前手无追索权。持票人为背书人的，对其后手无追索权。

(三) 票据权利的取得

合法取得票据者即取得票据权利。按照各国票据法通行之规则，票据权利的取得有原始取得和继受取得两种方式。

原始取得包括因出票行为取得票据和因具备善意之要件而从无票据处分权人取得票据两种。

继受取得，指受让人从票据权利人手中以法定方式取得票据，从而取得票据权利。继受取得包括因票据权利人背书转让、无记名票据的交付、票据赠与、继承、公司合并等取得票据而享有票据权利等多种具体方式。

(四) 票据权利的行使和保全

票据权利的行使，指票据权利人向票据债务人提示票据请求履行票据债务的行为。

票据权利的保全，指票据权利人为防止票据权利消灭所采取的行为。保全行为有提示票据、做成拒绝证明、起诉、中断时效等。提示票据，是持票人为防止票据权利消灭而向票据债务人出示票据、主张权利。做成拒绝证明，是持票人向票据上记载的承兑人或付款人提示票据请求承兑或请求付款，遭拒绝时，请求拒绝之人出具拒绝承兑或拒绝付款的书面证明。诉讼，是持票人为防止票据权利消灭而请求法律保护。

（五）票据权利的消灭

票据权利的消灭，指票据上的付款请求权人的追索权因法定事由的出现而消灭。票据权利消灭的法定事由如下。

(1) 付款。票据债务人付款之时，持票人将票据交付付款人，票据关系终止，票据权利自然消灭。

(2) 被追索人清偿票据债务及追索费用。持票人遇有不承兑，不获付款时，得向背书前手或者出票人及其他有被追索义务的人行使追索权，请求偿还票面金额、利息及为追索所支付的费用。被追索人清偿后取得票据，原有票据权利消灭。如果被追索人为出票人，票据关系完全消灭，票据权利也完全消灭。如果被追索而为清偿之人是尚有前手的背书人或者保证人，为清偿行为而取得票据的背书人、保证人得行使再追索权，此时，票据权利仍未彻底消灭。

(3) 票据时效期间届满，持票人怠于行使票据权利。

(4) 保全手续欠缺。我国《票据法》第65条规定，持票人不能出示拒绝证明，退票理由书或者未按规定期限提供其他合法证明的，丧失对其前手的追索权。

除以上事由外，票据毁灭也使票据权利消灭。

七、票 据 抗 辩

票据抗辩，是指票据债务人根据票据法的规定，对票据债权人拒绝履行义务的行为。依据票据抗辩的事由，票据抗辩可分为以下几种。

（一）物的抗辩

物的抗辩即票据债务人可以对抗一切持票人的抗辩。如票据应记载事项欠缺，到期日尚未到来，票据因法院的除权判决而宣告无效等。在我国根据最高人民法院《关于审理票据纠纷案件若干问题的规定》中，票据债务人对持票人提出下列抗辩的，人民法院应予支持：

(1) 欠缺法定必要记载事项或者不符合法定格式的；

(2) 超过票据权利时效的；

(3) 人民法院作出的除权判决已经发生法律效力的；

(4) 以背书方式取得但背书不连续的；

(5) 其他依法不得享有票据权利的。

(二) 人的抗辩

人的抗辩即票据债务人只能对抗特定持票人的抗辩。票据债务人可以对不履行约定义务的与自己有直接债权债务关系的持票人进行抗辩。票据债务人不得以自己与出票人或者与持票人的前手之间的抗辩事由对抗持票人，但是，持票人明知存在抗辩事由而取得票据的除外。根据最高人民法院《关于审理票据纠纷案件若干问题的规定》，票据债务人对持票人提出下列抗辩的，人民法院应予支持：

(1) 与票据债务人有直接债权债务关系并且不履行约定义务的；
(2) 以欺诈、偷盗或者胁迫等非法手段取得票据，或者明知有前项情形，出于恶意取得票据的；
(3) 明知票据债务人与出票人或者与持票人的前手之间存在抗辩事由而取得票据的；
(4) 因重大过失取得票据的；
(5) 其他依法不得享有票据权利的。

第二节 汇 票

一、汇票的概念

汇票是出票人签发的，委托付款人在见票时或者在指定日期无条件支付确定的金额给收款人或者持票人的票据。

汇票是一种法定票据，与本票、支票同为金钱证券，在一定程度上替代货币，进行支付结算。因此，票据的各种性质，在汇票上都有体现。汇票是委托证券，即出票人委托他人向收款人或持票人付款的票据。因此，汇票关系的基本当事人有三方，即出票人、付款人和收款人。汇票的付款日可由出票人依法选择，通常汇票的付款期限较长，信用时间自然也较长。因此，汇票属于信用证券。

二、汇票的种类

我国《票据法》上规定的汇票有两种，即银行汇票和商业汇票。

(一) 银行汇票

根据中国人民银行颁发的《支付结算办法》第 53 条的规定，所谓银行汇票，是指出票银行签发的,由其在见票时按照实际结算金额无条件支付给收款人或者持票人的票据。单位和个人均可使用银行汇票。

银行汇票根据其用途,还可以分为现金银行汇票和转账银行汇票。现金银行汇票必须在出票金额前填明"现金"字样,只有在申请人和收款人均为个人时才能使用;而转账银行汇票没有这种限制。

(二)商业汇票

商业汇票,是指出票人签发的,委托付款人在指定日期无条件支付确定的金额给收款人或者持票人的票据。在银行开立存款账户的法人以及其他组织之间,在具有真实的交易关系或债权债务关系时,可以使用商业汇票。

商业汇票根据承兑人的不同,又可以分为银行承兑汇票和商业承兑汇票。前者由银行承兑,后者由银行以外的付款人承兑。

从理论上来说,商业汇票的出票人既可以是自然人,也可以是法人、其他组织或团体。但是,目前我国对商业汇票的使用限制得比较严格。根据《支付结算办法》第74条的规定,只有在银行开立存款账户的法人以及其他组织之间,才能使用商业汇票。而且,这些法人以及其他组织之间还必须具有真实的交易关系或债权债务关系。个体工商户、农村承包经营户、个人等均被排除在外。

三、汇票的票据行为

(一)汇票的出票

汇票有下列绝对必要记载事项:
(1)表明"汇票"的字样;
(2)无条件支付的委托;
(3)确定的金额;
(4)付款人名称;
(5)收款人名称;
(6)出票日期;
(7)出票人签章。

以上必备事项,不能缺一;否则,汇票无效。

汇票还应该记载付款日期、付款地和出票地。未记载付款日期的,为见票即付;未记载付款地的,以付款人的营业场所、住所或者经常居住地为付款地;未记载出票地的,以出票人的营业场所、住所或者经常居住地为出票地。

(二) 汇票的背书

关于汇票背书的规定，请参见本章第一节中"票据行为"的"背书"部分。

(三) 汇票的承兑

汇票如果是定日付款或者是出票后定期付款的，持票人应当在汇票到期日前向付款人提示承兑。见票后定期付款的汇票，持票人必须自出票日起一个月内向付款人提示承兑。见票即付的汇票无须提示承兑。以上需要承兑的汇票未按照规定期限提示承兑的，持票人丧失对其前手的追索权。

付款人对向其提示承兑的汇票，应当在自收到提示承兑的汇票之日起3日内承兑或者拒绝承兑。

(四) 汇票质押

汇票可以设定质押，质押时应当以背书记载"质押"字样。被背书人依法实现其质权时，可以行使汇票权利。

(五) 汇票的贴现

贴现是指持票人在需要资金时，将其持有的未到期的商业汇票，经过背书转让给银行，并贴付利息，银行从票面金额中扣除贴现利息后，将余款支付给汇票持有人的票据行为。贴现既是一种票据转让行为，也是一种银行授信行为，可以视做银行通过接受汇票给持票人短期贷款。如果汇票付款期满，银行能收回汇票资金的，该贷款就自动冲销；如果银行不能得到汇票付款，则可以向汇票付款人和所有的债务人追索。

(六) 汇票的保证

关于汇票保证的规定，请参见本章第一节中"票据行为"的"保证"部分。

(七) 汇票的付款

在付款之前，持票人应当按照下列期限向付款人或者承兑人提示付款：
(1) 见票即付的汇票，自出票之日起一个月内向付款人提示付款。
(2) 定日付款、出票后定期付款或者见票后定期付款的汇票，自到期日起10日内向承兑人提示付款。

付款人付款时，在审查汇票背书连续无误、提示付款人合法身份证明和有效证件无误后，必须在提示付款日足额付款。付款人因恶意或者有重大过失发生错付的，应当自行承担责任，即对真正的票据权利人仍负付款责任。

付款人依法足额付款后，全体汇票债务人的汇票责任均告解除。

四、汇票追索权

发生以下情况，汇票持票人可以行使追索权：
(1) 汇票到期被拒绝付款；
(2) 汇票被拒绝承兑；
(3) 承兑人、付款人死亡或者逃匿；
(4) 承兑人、付款人被依法宣告破产或者因违法被责令终止业务活动。

持票人行使追索权时，应当提供承兑人、付款人出具的拒绝证明或者退票理由书。如果承兑人、付款人死亡、逃匿或者出现其他情况，持票人无法取得拒绝证明的，可以依法取得其他证明文件。承兑人、付款人被人民法院依法宣告破产的，人民法院的有关司法文书具有拒绝证明的效力。承兑人、付款人因违法被责令停止营业活动的，有关行政主管部门的处罚决定具有拒绝证明的效力。持票人不能出示拒绝证明、退票理由书，或者未按照规定期限提供其他合法证明的，丧失对其前手的追索权。

追索权人的通知义务。持票人应当自收到被拒绝承兑或者拒绝付款的有关证明之日起3日内，将被拒绝事由书面通知其前手。其前手应当自收到通知之日起3日内书面通知其再前手。持票人也可以同时向各票据债务人发出书面通知，没有按照规定期限通知的，持票人仍可行使追索权，但是，由于未按期通知而使票据债务人受到损失的，债务人对追索权人应当以票据金额为限进行赔偿。

汇票的出票人、背书人、承兑人和保证人都要对被拒绝承兑或者拒绝付款的汇票的持票人承担连带责任。持票人可以按照也可以不按照汇票债务人的先后顺序，对其中一人、数人或者全体行使追索权。被追索的债务人清偿债务后，与持票人享有同一权利。持票人为出票人的，对其前手无追索权；持票人为背书人的，对其后手无追索权。

追索权的权利范围。追索权人可以请求被追索人支付以下金额和费用：
(1) 被拒绝付款的汇票金额；
(2) 汇票金额自到期日或者提示付款日起至清偿日止，按照中国人民银行规定的利率计算的利息；
(3) 取得有关拒绝证明和发出通知书的费用。

被追索人依照上述规定清偿后，可以向汇票其他票据债务人行使再追索权，请求其他汇票债务人支付下列金额和费用：
(1) 已清偿的全部金额；
(2) 前项金额自清偿日起至再追索日止，按照中国人民银行规定的利率计算的利息；

（3）发出通知书的费用。

行使追索权或者再追索权获得清偿时，应当向被追索人交付汇票和有关拒绝证明，并出具所收到的利息和费用的收据。

被追索人按照规定清偿后，其责任即告解除。

第三节 本 票

一、本票的概念

本票是出票人签发的，承诺自己在见票时无条件支付确定金额给收款人或者持票人的票据。

本票与汇票、支票的根本区别在于本票是出票人直接向持票人支付票面金额的票据。本票关系的基础当事人只有出票人和收款人两个，而无独立的付款人，出票人即为付款人。因此，本票无须承兑，出票人签发本票之后，负有到期无条件付款的责任。

我国《票据法》所称的本票，是指银行本票，而非商业本票。同时，《票据法》还规定，本票必须记载收款人名称，未记载的，本票无效。可见，我国只承认记名式本票而否定无记名式本票。因此，我国票据制度中的本票，必须是"记名式银行本票"。银行本票是银行签发的，承诺自己在见票时无条件支付确定金额给收款人或者持票人的票据。

二、本票的出票

本票的出票，是指出票人依照票据法的规定，做成本票并将其交付给收款人的票据行为。通过出票行为，持票人取得本票权利，对出票人有付款请求权和追索权。同时，出票人负有直接无条件付款的责任。

出票时，本票必须记载下列事项：①表明"本票"的字样；②无条件支付的承诺；③确定的金额；④收款人的名称；⑤出票日期；⑥出票人签章。

缺少任何一项者，本票无效。

本票还应记载付款地和出票地。如果未记载这两个事项，《票据法》推定出票人的营业场所为付款地或出票地。

出票人不得在本票上记载任何限制票据权利或有害票据权利的事项，如有记载，该记载无效，视为未记载。

本票的持票人自出票日起，在出票日后 2 个月的期限内，随时可以向出票人提示见票，请求付款，而出票人则须于见票时予以付款。持票人未按照规定提示见票的，丧失对出票人以外的前手的追索权。

第四节 支 票

一、支票的概念和特点

支票是出票人签发的，委托办理支票存款业务的银行或者其他金融机构在见票时无条件支付确定金额给收款人或者持票人的票据。

支票有下列特点：
（1）支票的付款人资格有限制，仅限于出票人开立存款账户的银行或其他金融机构；
（2）支票的出票人与付款人之间须有资金关系；
（3）支票的出票人与付款人之间须先有支付委托合同；
（4）支票为见票即付的票据；
（5）支票无须承兑或见票，提示票据就是请求付款；
（6）支票无须保证；
（7）支票可为空白授权出票。

二、支票的出票

支票的出票，是指在银行或者其他金融机构开立支票付款账户的人，依照《票据法》的规定做成支票并交付收款人的票据行为。

出票时，支票必须记载下列事项：①表明了"支票"的字样；②无条件支付的委托；③确定的金额；④付款人名称；⑤出票日期；⑥出票人签章。

缺少任何一项者，支票无效。

支票还应记载付款地、出票地和收款人名称。如支票上未记载付款地的，以付款人的营业场所为付款地；未记载出票地的，以出票人的营业场所、住所或者经常居住地为出票地；我国《票据法》允许出票时不记载收款人名称，签发无记名支票，该种支票推定持票人为收款人；禁止签发空头支票。所谓空头支票，是指出票人签发的支票金额超过其付款时在付款人处实有的金额。

三、支票账户

开立支票存款账户，申请人必须使用其本名，并提交合法的身份证明，预留签名和印鉴。开立账户和领用空白支票，还应有可靠的资信，并存入一定资金。

支票可支取现金，也可以转账。用于转账时，应当在支票正面注明。专门用于支取现金或者转账的，可以另行制作现金支票或者转账支票。

四、支票责任

出票人必须按照签发的支票金额承担保证向持票人付款的责任。支票是见票即付的票据，不另行记载付款日期。持票人应当在出票日起10日内提示付款；异地使用的支票，由中国人民银行另行规定提示付款的日期。超过提示付款期限者，付款人可以不予付款，但出票人仍应对持票人承担票据责任。

思考题

1. 简述票据的概念和性质。
2. 试述票据行为的种类。
3. 持票人行使票据追索权时应注意哪些问题？
4. 试述汇票、本票和支票的联系和区别。
5. 试述票据抗辩。

典型案例

原告：乙银行。

被告：甲银行。

第三人：某百货市场。

第三人：某建筑公司。

甲市一个建筑公司因为基建工程资金不足，后期工程无法完成，欲向该市工商银行申请贷款600万元，但是该市工商银行资金困难，无法出贷，乙市一家百货商场经理闻知，提出本市银行可以帮助解决资金问题。于是，建筑公司经理、工商银行行长以及信贷科长一行数人赶到乙市，约见乙市工商银行行长以及商场经理。四方商议提出一个方案：先由建筑公司开出1000万元的银行承兑汇票，经甲市工商银行（以下称甲银行）承兑后，再由百货商场送交乙市工商银行（以下称乙银行）办理汇票贴现，所得1000万元，转汇甲银行600万元，贷给建筑公司使用，留下400万元留给商场使用。到期则由乙银行收回各方票款。甲银行当场开出两张汇票，一张600万元，一张400万元，汇票上均未填具交易合同号码和承兑契约编号。当天，乙银行即办理了票据贴现，次日则以百货商场名义转汇甲银行600万元，留下400万元冲抵了百货商场的债务。年底建筑公司如期偿还了600万元贷款的本息，甲银行也如期归还到百货商场，但是，百货商场无力归还400万元本息，汇票到期后甲银行拒绝付款。乙银行遂起诉甲银行，并将百货商场和建筑公司列为第三人。

问题：

（1）甲银行签发的无商品交易的银行承兑汇票是否有效？为什么？

(2) 甲银行有无权利拒绝付款？为什么？

(3) 如果汇票到期之前乙银行将该汇票背书后转让给了丙银行，甲银行能否拒绝丙银行的付款请求？为什么？

参考答案：

(1) 甲银行签发的银行承兑汇票有效。因为票据关系与票据原因关系是不同的，票据具有无因性，即票据行为只要具备法律规定的形式即自行产生效力，而不问其基于的原因关系或基础关系存在与否或是否有效。票据债权人行使权利无须证明票据原因的存在和有效，票据债务人也不得以票据原因不存在或者无效为理由进行抗辩。我国《票据法》虽有"禁止签发无商品交易的汇票"的规定，但是，并无"已经签发的无商品交易的汇票无效"的含义。在本案中，从实质要件看，甲银行作为汇票的主债务人显然具有出票和承兑的票据能力，对于建筑公司和百货商场之间无商品交易的情况是知情的，不存在受人蒙骗的事实，所以不能认为其出票和承兑的意思表示是违背意愿的，乙银行作为该汇票的债权人，并无以恶意或欺诈等违法行为而取得汇票。从形式要件看，其签发的承兑汇票具备合格的票据形式和必要的文义内容，承兑签名印章真实。至于没有填写交易合同号码和承兑契约编号等，并不影响汇票本身效力。所以，应该认为甲银行所出具的两张汇票是有效的。

(2) 甲银行无权拒绝向乙银行付款。根据《票据法》的规定，承兑汇票经承兑后，承兑银行就负有到期无条件支付票款的责任。本案中，甲银行应该对其出票和承兑行为负责。虽然乙银行对于票据原因违法显然负有主要责任，但是在票据关系上，汇票经其贴现之后，乙银行即成为汇票的债权人，甲银行为汇票的债务人。在汇票到期日，甲银行拒绝付款，违反了票据法和银行结算办法的规定，因此，乙银行有权要求甲银行按照票据金额付款。

(3) 如果汇票到期之前乙银行将该汇票背书后转让给了丙银行，甲银行不能拒绝丙银行的付款请求。因为：首先，丙银行经过乙银行的背书转让之后，属于善意的正当持票人，享有票据法赋予的票据权利。甲银行作为该票据的承兑人，是票据上的主债务人，有义务在票据到期日向丙银行付款。其次，虽然甲银行在开出该票据时具有一定的违法因素，但是票据一经开出，就与其原因关系无关，而是应当按照票据法的规定进行承兑付款。因此甲银行不能以其出票行为的违法性来拒绝付款。再次，根据我国《票据法》第13条的规定，票据债务人不得以自己与出票人之间的抗辩事由对抗持票人。因此，甲银行无权拒绝向丙银行付款。

第九章 证券法律制度

重点问题
* 证券法的基本原则
* 证券交易违法行为
* 上市公司的收购

第一节 证券法概述

证券是用以表明各类财产所有权和债权的凭证的统称。证券持有人凭证券所载内容有权取得相应权益。[①] 证券有广义和狭义之分，广义的证券通常包括三类：一是资本证券，如股票、债券等；二是货币证券，如支票、汇票等；三是商品证券，如提单、仓单等。狭义的证券仅指资本证券。根据《中华人民共和国证券法》(以下简称《证券法》)的规定，在中华人民共和国境内，股票、公司债券和国务院依法认定的其他证券的发行和交易，适用该法；证券法未规定的，适用《公司法》和其他法律、行政法规的规定。政府债券、证券投资基金份额的上市交易，适用证券法；其他法律、行政法规有特别规定的，适用其规定。证券衍生品种发行、交易的管理办法，由国务院依照证券法的原则规定。

一、股票与债券

（一）股票

股票是股份有限公司签发的证明股东权利义务的要式有价证券。依据不同的标准可以将股票作不同的分类。

1. 普通股与优先股

这是依据股东所享有的权利内容的不同来划分的。普通股是股份有限公司发行数量最多的、对持有人待遇上没有差别的股份。股票持有人按所持股份的比例享有公司决策参与权、利润分配权、优先认股权、剩余财产分配权等权利。优先股是指股份有限公司给予个别股东的、优于普通股财产权利的股份。其优先权利主要表现在可以先于普通股股东领取股息、对公司破产进行财产清算时的剩余财

[①] 杨紫烜：《经济法》，北京大学出版社、高等教育出版社，1999年，第225页。

产先于普通股股东进行分配。但优先股持有人无表决权,不能借助表决权参加公司的经营管理。

2. 发起人股、国家授权机构股、法人股和社会公众股

这是依据投资主体的不同进行的划分。发起人股是指股份有限公司向发起人发行的股票,国家授权机构股是指由国家授权的投资机构代表国家以国有资产向股份有限公司投资而持有的股票。法人股是指具有法人资格的企业、事业单位和社会团体向股份有限公司投资持有的股票。社会公众股是指股份有限公司向发起人、国家授权机构和法人以外的我国境内个人和机构所发行的股票,包括一般社会公众股和公司职工股。

3. A股、B股和H股

这是依据股票的购买者和上市的地点不同来划分的。A股即"人民币普通股",是指以人民币标明股票面额,由中国境内机构、组织和个人以人民币购买和交易的一种上市交易的普通股票。B股即"人民币特种股票"或"境内上市外资股",是指以人民币标明股票面额,以外币认购和进行交易,经过批准在中国境内上市交易的股票。H股是指以人民币标明股票面额,以外币认购和进行交易,专供境外和中国香港、澳门和台湾地区的投资者买卖,并在香港联合交易所上市交易的股票。

根据票面上是否记载股东姓名,股票可以分为记名股和无记名股。依据股票有无票面金额可分为有票面值股和无票面值股。

(二)债券

债券是公司、金融机构或政府等主体为募集资金向社会公众发行的、约定在一定期限内向债券持有人还本付息的有价证券。

根据发起人的不同,债券可以分为公司债券、政府债券和金融机构债券。我国《证券法》所调整的债券是指公司债券。公司债券是指具有发行公司债券资格的公司,为了筹集生产经营资金,依照法定程序发行的,约定一定期限还本付息的有价证券。政府债券是指政府作为发行主体,为筹集财政资金向投资者出售的承诺在一定期限支付利息和到期偿还本金的债权凭证,如国库券等。金融债券是指金融机构作为发行主体,承诺在预定的日期归还本金和按约定的利率支付利息的债权凭证。金融债券的发行主体包括银行和非银行金融机构,其目的是为筹集长期资金,以利于其稳定发展。

二、证券法的基本原则

(一)公开、公平、公正原则

证券的发行、交易活动必须实行公开、公平、公正原则,这是各国证券法的

基本原则。公开原则的核心要求就是证券市场信息公开,包括发行公开及发行后的持续公开。前者指证券发行人首次公开发行证券时应当依法如实公开相关信息,后者是指证券发行后、上市时或上市期间发行人应当依法定期向社会提供相关信息。公平原则是指在证券发行交易活动中,所有参加者的法律地位平等,在同等条件下平等竞争,其合法权益受到平等的保护,任何人不得超越法律规定的范围享有特权。公正原则是实现公开、公平原则的保障,它要求证券监督管理机构及其他有关部门对一切被监督管理对象给予公正的待遇,以维护广大投资者的利益,保证国家金融秩序的稳定。

(二) 自愿、有偿、诚实信用原则

该原则要求证券发行、交易活动的所有参与人在地位平等的基础上能够自主自愿地参与证券发行与交易活动,按照市场经济的基本规律进行等价交换,并在恪守诚实守信规则的前提下去追求自己的利益。

(三) 合法原则

这一原则要求证券发行、交易活动,必须遵守法律、行政法规的规定,禁止欺诈、内幕交易和操纵证券交易市场的行为。

(四) 分业经营、分业管理原则

为了分散、防范金融风险,我国《证券法》规定证券业、银行业、信托业和保险业必须分业经营、分业管理。证券公司与银行、信托、保险业务机构分别设立。

(五) 集中统一监督管理和自律管理相结合原则

国务院证券监督管理机构依法对全国证券市场实行统一的监督管理。它可以根据需要设立派出机构,按照授权履行监督管理职能,及时发现和处理异常情况,有效防范和化解市场风险。在统一监督管理的前提下,设立证券业协会,实行自律性管理,使市场保持充分的自由和活力,从而实现公平条件下的竞争和效率。

(六) 审计监督原则

国家审计机关对证券交易所、证券公司、证券登记结算机构、证券监督管理机构,依法进行审计监督。

第二节 证券发行

一、证券发行

（一）证券发行的概念

证券发行是指证券发行人以筹集资金为目的按照法定条件和程序将证券销售给投资者的法律行为。

证券发行具有以下几个特点。

1. 证券发行以筹集资金为基本目的

公司的设立与生产经营离不开资金，除了向银行贷款外，公司还可以通过发行股票或债券的方法吸收社会资金，这是解决企业资金不足的重要途径。

2. 证券发行主体必须具备发行证券的资格

证券发行主体是证券的供应者和资金的需求者，无论是政府、金融机构还是公司要发行证券，必须具备法定资格，如发行股票的主体必须是依法设立的股份有限公司。

3. 证券发行必须符合法定条件和程序

根据我国《证券法》的规定，公开发行证券，必须符合法律、行政法规规定的条件，并依法报经国务院证券监督管理机构或国务院授权的部门核准或审批，未经依法核准或者审批，任何单位和个人不得向社会公开发行证券。

（二）证券发行的申请和核准审批

1. 证券发行的申请

公开发行证券，必须符合法律、行政法规规定的条件，并依法报经国务院证券监督管理机构或者国务院授权的部门核准；未经依法核准，任何单位和个人不得公开发行证券。

有下列情形之一的，为公开发行：向不特定对象发行证券；向累计超过200人的特定对象发行证券；法律、行政法规规定的其他发行行为。

非公开发行证券，不得采用广告、公开劝诱和变相公开方式。

2. 证券发行的审核

世界各国对证券发行的审核制度可以分为注册制和核准制。注册制是指证券主管部门只对发行人公开的信息真实性进行审查，不对证券发行的条件进行实质审查的一种方式。核准制是指证券主管部门除了对发行人的信息真实性进行审查外，还对证券发行的条件进行实质审查的一种方式。我国在《证券法》实施以前对证券的审核主要实行计划审批和额度管理制度，发行审批成为一种从形式到实质内容的审查与各地方、各部门利益的衡量。① 也有学者称之为审批制,审批制是较核准制在证券发行的实质审查方面更为严格的一种审查方式,带有浓厚的计划色彩,不利于市场经济的发展。② 目前我国《证券法》对股票和公司债券确立不同的审核制度,即对股票发行采用核准制,对公司债券发行采用审批制。

公开发行股票的核准,由国务院证券监督管理机构设立的发行审核委员会依法进行。发行审核委员会由国务院证券监督管理机构的专业人员和所聘请的该机构外的有关专家组成,以投票方式对股票发行申请进行表决,提出审核意见。国务院证券监督管理机构根据发行审核委员会的审核意见,依照法定条件负责核准股票发行申请。核准程序应当公开,依法接受监督。

国务院授权的部门对公司债券发行申请的审批,参照股票核准的规定执行。

国务院证券监督管理机构或国务院授权的部门应自受理证券发行申请文件之日起3个月内作出决定;不予核准或审批的,应当作出说明。

国务院证券监督管理机构或者国务院授权的部门对已经作出的核准或审批证券发行的决定,发现不符合法律、行政法规规定的,应当予以撤销;尚未发行证券的,停止发行;已经发行的,证券持有人可以按照发行价并加算银行同期存款利息,要求发行人返还。

3. 证券的承销

证券承销是指证券公司根据与发行人达成的协议,依法将发行人的证券发售给投资者的行为。证券承销是发行人与投资者之间沟通的渠道。

(1) 证券承销的方式。证券的承销可分为代销和包销两种形式。证券代销是指证券公司代发行人发售证券,在承销期结束时,将未售出的证券全部退还给发行人的承销方式。这种方式中承销人所负的风险较小。证券包销是指证券公司将发行人的证券按照协议全部购入或者在承销期结束时将售后剩余证券全部自行购入的承销方式。这种方式中承销人所负的风险较大。

向社会公开发行的证券票面总值超过人民币5000万元的,应当由承销团承销,承销团应当由主承销和参与承销的证券公司组成。

(2) 证券承销的行为规则。公开发行证券的发行人有权自主选择承销的证券公司。证券公司不得以不正当竞争手段招揽证券承销业务。

证券公司承销证券,应当对公开发行募集文件的真实性、准确性、完整性进行核查;发现有虚假记载、误导性陈述或者重大遗漏的,不得进行销售活动;已经销售的,必须立即停止销售活动,并采取纠正措施。

证券的包销、代销期最长不得超过90日。

---

① 曾永梅,王峰:《经济法》,武汉大学出版社,2003年,第182页。
② 赵康,谭玲:《经济法新论》,法律出版社,2002年,第182页。

证券公司在代销、包销期内，对所代销、包销的证券应当保证先行出售给认购人，证券公司不得为本公司事先预留所代销的证券和预先购入并留存所包销的证券。

二、股票发行

股票的发行是指股份有限公司以募集资本为目的，分配或出售自己的股份，由发起人或其他投资人认购的活动。①

（一）新设立股份有限公司申请公开发行股票应当具备的条件

新设立股份有限公司申请公开发行股票时，应当具备以下几个条件：①公司的生产经营符合国家产业政策；②公司发行的普通股只限一种，同股同权；③发起人认购的股本数额不少于公司拟发行的股本总额的35%；④在公司拟发行的股本总额中，发起人认购的部分不少于人民币3000万元，但是国家另有规定的除外；⑤向社会公众发行的部分不少于公司拟发行股本总额的25%，其中公司职工认购的股本数额不得超过拟向社会公众发行股本总额的10%；公司拟发行的股本总额超过人民币4亿元的，中国证券监督管理委员会（以下简称证监会）按照规定可酌情降低向社会公众发行部分的比例，但是，最低不少于公司拟发行股本总额的10%；⑥发行人在近3年内没有重大违法行为；⑦国务院证券监督管理机构规定的其他条件。

（二）原有企业改组设立股份有限公司申请公开发行股票应当具备的条件

原有企业改组设立股份有限公司申请发行股票的，除应当符合上述要求以外，还应当符合下列条件：①发行前1年末的净资产在总资产中所占比例不低于30%，无形资产在净资产中所占比例不高于20%，但国务院证券监督管理机构另有规定的除外；②近3年连续赢利。

（三）新股发行的条件

新股发行包括向原股东配售股票（简称"配股"）和向全体社会公众发售股票（简称"增发"）两种情形。根据《证券法》和《公司法》的规定，公司发行新股，必须具备下列条件：①前一次的股份已经募足，并间隔1年以上；②公司在最近3年内连续赢利，并可向股东支付股利；③公司在最近3年内财务会计文件无虚假记载；④公司预期利润率可达到同期银行存款利率。公司以当年利润分

---

① 王保树：《商事法学、经济法学》，法律出版社，1998年，第368页。

派新股，不受前述第②项限制。属于高新技术的股份有限公司发行新股的条件，由国务院另行规定。

三、债券发行

（一）公司债券的发行主体

根据《公司法》的规定，公司债券的发行人有三类公司：一类是股份有限公司，一类是国有独资公司，还有一类是2个以上的国有企业或者其他2个以上的国有投资主体投资设立的有限责任公司。

（二）公司债券的发行条件

发行公司债券，必须符合下列条件：①股份有限公司的净资产额不得低于人民币3000万元，有限责任公司的净资产额不得低于人民币6000万元。②公司发行的累计债券总额不得超过公司净资产额的40％，公司债券的利率不得超过国务院限定的利率水平。③公司最近3年平均可分配利润足以支付公司债券1年的利息。④公司发行债券所筹集的资金投向，要符合国家的产业政策。另外，发行公司债券筹集的资金，必须用于审批机关批准的用途，不得用于弥补亏损和非生产性支出。⑤前一次发行的公司债券尚未募足的；对已发行的公司债券或者其债务有违约或迟延支付本息，且仍处于继续状态的，不得再次发行公司债券。⑥国务院规定的其他条件。

第三节 证券交易

证券交易，是指依法买卖已经依法发行并交付的证券的行为。非依法发行的证券，不得买卖。依法发行的股票、公司债券及其他证券，法律对其转让期限有限制性规定的，在限定的期限内，不得买卖。

依法公开发行的股票、公司债券及其他证券，应当在依法设立的证券交易所上市交易或者在国务院批准的其他证券交易场所转让。证券在证券交易所上市交易，应当采用公开的集中交易方式或者国务院证券监督管理机构批准的其他方式。证券交易以现货和国务院规定的其他方式进行交易。

一、证券信息披露制度

证券信息披露制度，是指证券发行人及其他证券主体，依法将与证券发行和交易有关的重大事项予以披露的一种法律制度，是证券市场公开原则的具体体现。信息披露制度旨在强化对发行人和上市公司的社会监督，维护投资者的利益，也有利于证券监督管理机构对市场的监控。

(一) 信息披露的原则和方式

信息披露应遵循真实、准确、完整、及时的原则。真实原则，要求所披露的信息不得有虚假记载；准确原则，要求所披露的信息不得有误导性陈述；完整原则，要求所披露的信息不得有重大遗漏；及时原则，要求必须在法定时间内披露有关的信息，不得延误。

向社会公众公开信息的方式一般是发布公告。公告的具体方式和场所，依法应当在证券监督管理机构规定的报刊或者在专项出版的公报上刊登；同时，将其置备于公司住所、证券交易所，供社会公众查阅。

(二) 法定必须披露的信息

1. 证券发行和上市时应公开的信息

经国务院证券监督管理机构核准依法发行股票，或者经国务院授权的部门批准依法发行公司债券，应当公告招股说明书、公司债券募集办法。依法发行新股或者公司债券的，还应当公告财务会计报告。公司证券上市时应公告上市报告书、上市核准文件、公司章程等。

2. 定期报告

这主要指中期报告和年度报告。股票或者公司债券上市交易的公司，应当在每一会计年度的上半年结束之日起2个月内，向国务院证券监督管理机构和证券交易所提交记载以下内容的中期报告，并予以公告：①公司财务会计报告和经营情况；②涉及公司的重大诉讼事项；③已发行的股票、公司债券变动情况；④提交股东大会审议的重要事项；⑤国务院证券监督管理机构规定的其他事项。股票或公司债券上市交易的公司，应当在每一会计年度结束之日起4个月内，向国务院证券监督管理机构和证券交易所提交记载以下内容的年度报告，并予以公告：①公司概况；②公司财务会计报告和经营情况；③董事、监事、经理及有关高级管理人员简介及其持股情况；④已发行的股票、公司债券情况，包括持有公司股份最多的前10名股东名单和持股数额；⑤国务院证券监督管理机构规定的其他事项。

3. 重大事件临时报告

发生可能对上市公司股票交易价格产生较大影响，而投资者尚未得知的重大事件时，上市公司应当立即将有关该重大事件的情况向国务院证券监督管理机构和证券交易所提交临时报告，并予以公告，说明事件的实质。重大事件主要包括以下情况：①公司的经营方针和经营范围的重大变化；②公司的重大投资行为和重大购置财产的决定；③公司订立重要合同，而该合同可能对公司的资产、负债、权益和经营成果产生重要影响；④公司发生重大债务和未能清偿到期重大债务的违约情况；⑤公司发生重大亏损或者遭受超过净资产10%以上的重大损失；⑥公司生产经营的外部条件发生的重大变化；⑦公司的董事长、1/3以上的董事，或者经理发生变动；⑧持有公司5%以上股份的股东，其持有股份情况发生较大变化；⑨公司减资、合并、分立、解散及申请破产的决定；⑩涉及公司的重大诉讼，法院依法撤销股东大会、董事会决议；⑪法律、行政法规规定的其他事项。

二、证券交易违法行为

我国《证券法》规定的禁止交易行为主要包括内幕交易、操纵市场、信息误导、欺诈客户等行为。

（一）内幕交易的行为

内幕交易行为，又称知情交易行为，是指知悉证券交易内幕信息的知情人员或者非法获取内幕信息的其他人员利用内幕信息进行知情交易的行为。我国《证券法》禁止内幕交易行为。知悉证券交易内幕信息的知情人员或者非法获取内幕信息的其他人员，不得买入或者卖出所持有的该公司的证券，或者泄露该信息，或者建议他人买卖该证券。

1. 内幕信息的知情人员

《证券法》第74条规定，证券交易内幕信息的知情人包括：①发行人的董事、监事、高级管理人员；②持有公司5%以上股份的股东及其董事、监事、高级管理人员，公司的实际控制人及其董事、监事、高级管理人员；③发行人控股的公司及其董事、监事、高级管理人员；④由于所任公司职务可以获取公司有关内幕信息的人员；⑤证券监督管理机构工作人员以及由于法定职责对证券的发行、交易进行管理的其他人员；⑥保荐人、承销的证券公司、证券交易所、证券登记结算机构、证券服务机构的有关人员；⑦国务院证券监督管理机构规定的其他人。

2. 内幕信息

内幕信息是指在证券交易活动中，涉及公司的经营、财务或者对该公司证券的市场价格有重大影响的尚未公开的信息。根据《证券法》第75条的规定，下列信息皆属内幕信息：①本法第67条第2款所列重大事件；②公司分配股利或者增资的计划；③公司股权结构的重大变化；④公司债务担保的重大变更；⑤公司营业用主要资产的抵押、出售或者报废一次超过该资产的30%；⑥公司的董事、监事、高级管理人员的行为可能依法承担重大损害赔偿责任；⑦上市公司收购的有关方案；⑧国务院证券监督管理机构认定的对证券交易价格有显著影响的其他重要信息。

（二）操纵市场的行为

操纵市场的行为是指行为人以获取利益或者转嫁风险为目的，利用不正当手段，制造证券交易假象，影响市场价格，诱导或者致使投资者在不了解事实真相的情况下作出证券交易决定、扰乱证券市场秩序的行为。根据《证券法》第77条的规定，禁止任何人以下列手段操纵证券市场：①单独或者通过合谋，集中资金优势、持股优势或者利用信息优势联合或者连续买卖，操纵证券交易价格或者证券交易量；②与他人串通，以事先约定的时间、价格和方式相互进行证券交易，影响证券交易价格或者证券交易量；③在自己实际控制的账户之间进行证券交易，影响证券交易价格或者证券交易量；④以其他手段操纵证券市场。操纵证券市场行为给投资者造成损失的，行为人应当依法承担赔偿责任。

（三）信息误导的行为

《证券法》第78条规定，禁止国家工作人员、传播媒介从业人员和有关人员编造、传播虚假信息，扰乱证券市场。禁止证券交易所、证券公司、证券登记结算机构、证券服务机构及其从业人员，证券业协会、证券监督管理机构及其工作人员，在证券交易活动中作出虚假陈述或者信息误导。各种传播媒介传播证券市场信息必须真实、客观，禁止误导。

（四）欺诈客户的行为

欺诈客户的行为指证券公司及其从业人员在证券交易中违背客户真实意愿，损害客户利益的欺诈行为。我国《证券法》第79条规定，禁止证券公司及其从业人员从事下列损害客户利益的欺诈行为：①违背客户的委托为其买卖证券；②不在规定时间内向客户提供交易的书面确认文件；③挪用客户所委托买卖的证券或者客户账户上的资金；④未经客户的委托，擅自为客户买卖证券，或者假借客户的名义买卖证券；⑤为牟取佣金收入，诱使客户进行不必要的证券买卖；⑥利用传播媒介或者通过其他方式提供、传播虚假或者误导投资者的信息；⑦其他违背客户真实意思表示，损害客户利益的行为。欺诈客户行为给客户造成损失的，行为人应当依法承担赔偿责任。

（五）其他证券交易违法行为

根据《证券法》第80～82条的规定，其他禁止交易的行为包括：①法人非法利用他人账户从事证券交易，法人出借自己或者他人的证券账户；②资金违规流入股市；③挪用公款买卖证券。

三、上市公司收购制度

（一）上市公司收购的概念和方式

上市公司的收购，是指投资人公开收购股份有限公司已经依法发行上市的股份，以实现对该股份有限公司控股或者兼并目的的行为。上市公司收购制度的侧重点在于建立相应的信息披露制度以及对上市公司股东尤其是小股东利益的保护机制上。

我国《证券法》第85条规定，投资者可以采取要约收购、协议收购及其他合法方式收购上市公司。

（二）大量持股的信息披露制度

大量持股的信息披露制度，是指依照法律规定，当投资人购买某一公司的股份达到法定比例时，应向证券监督管理机构报告并公告的制度。该制度主要是为了使投资者在充分掌握同等信息的基础上及时作出投资决策，而不至于让大股东利用其在公司中的特殊地位或资金优势而形成事实上的信息垄断和操纵股价。

《证券法》第86条规定，通过证券交易所的证券交易，投资者持有或者通过协议、其他安排与他人共同持有一个上市公司已发行的股份达到5%时，应当在该事实发生之日起3日内，向国务院证券监督管理机构、证券交易所作出书面报告，通知该上市公司，并予公告；在上述期限内，不得再行买卖该上市公司的股票。投资者持有或者通过协议、其他安排与他人共同持有一个上市公司已发行的股份达到5%后，其所持该上市公司已发行的股份比例每增加或者减少5%，应当依照前款规定进行报告和公告。在报告期限内和作出报告、公告后2日内，不得再行买卖该上市公司的股票。

上述报告和公告，应当包括以下内容：持股人的名称、住所；所持有的股票的名称、数量；持股达到法定比例或者持股增减变化达到法定比例的日期。

（三）要约收购

要约收购是指收购人通过向被收购公司的持股人发出收购要约的方式收购该公司股票的一种上市公司收购方式。

1. 要约收购的条件

通过证券交易所的证券交易，投资者持有或者通过协议、其他安排与他人共同持有一个上市公司已发行的股份达到30%时，继续进行收购的，应当依法向该上市公司所有股东发出收购上市公司全部或者部分股份的要约。收购上市公司部分股份的收购要约应当约定,被收购公司股东承诺出售的股份数额超过预定收购的股份数额的,收购人按比例进行收购。可见我国法律规定的要约收购属于强制收购。其原因是持有一个上市公司已发行股份30%以上的大股东已基本上取得了公司的控制权,相对来说,众多的小股东实际上处于任人支配的地位,为了公平起见,小股东应当享有将其持有的股票以合理价格出售给大股东的权利。

2. 要约收购的程序

根据我国《证券法》的规定,收购的主要程序是:①收购人必须事先向国务院证券监督管理机构报送上市公司收购报告书。②收购人在依法报送上市公司收购报告书之日起15日内,公告其收购要约。收购要约的期限不得少于30日,并不得超过60日。在收购要约的有效期限内,收购人不得撤回其收购要约。在收购要约的有效期限内,收购人需要变更收购要约中事项的,必须事先向国务院证券监督管理机构及证券交易所提出报告,经获准后,予以公告。

收购要约中提出的各项收购条件,适用于被收购公司所有的股东。

采取要约收购方式的,收购人在收购要约期限内,不得采取要约规定以外的形式和超出要约的条件买卖被收购公司的股票。

3. 要约收购的法律后果

要约收购的法律后果主要表现在三个方面:①收购要约的期限届满,收购人持有的被收购公司的股份数达到该公司已发行股份总数的75%以上的,该上市公司的股票应当在证券交易所终止上市交易。②收购要约期限届满,收购人持有的被收购公司的股份数达到该公司已发行股份总数的90%以上的,其余仍持有被收购公司股票的股东,有权向收购人以收购要约的同等条件出售其股票,收购人应当收购。③收购行为完成后,被收购公司不再具有公司法规定的股份有限公司条件的,应当依法变更其企业形式。

(四) 协议收购

协议收购是指收购人通过与被收购的上市公司的持股人协商订立买卖协议的方式收购该公司股票的一种上市公司收购方式。

根据《证券法》的规定,采取协议收购方式的,收购人可以依照法律、行政法规的规定同被收购公司的股东以协议方式进行股权转让。

以协议方式收购上市公司时,达成协议后,收购人必须在3日内将该收购协议向国务院证券监督管理机构及证券交易所作出书面报告,并予以公告,在未作出公告前不得履行收购协议。

采取协议收购方式的,协议双方可以临时委托证券登记结算机构保管协议转让的股票,并将资金存放于指定的银行。

（五）上市公司收购的其他规定

(1) 在上市公司收购中，收购人对所持有的被收购的上市公司的股票，在收购行为完成后的 6 个月内不得转让。

(2) 通过要约收购或协议收购方式取得了被收购公司股票并将该公司撤销的，属于公司合并，被撤销公司的原有股票，由收购人依法更换。

(3) 收购上市公司的行为结束后，收购人应当在 15 日内将收购情况报告国务院证券监督管理机构和证券交易所，并予以公告。

(4) 收购上市公司中由国家授权投资的机构持有的股份，应当按照国务院的规定，经有关主管部门批准。

(5) 收购期限届满，被收购公司股权分布不符合上市条件的，该上市公司的股票应当由证券交易所依法终止上市交易；其余仍持有被收购公司股票的股东，有权向收购人以收购要约的同等条件出售其股票，收购人应当收购。收购行为完成后，被收购公司不再具备股份有限公司条件的，应当依法变更企业形式。

第四节 证券运营和监督管理机构

一、证券交易所

（一）证券交易所的概念、设立与组织机构

1. 概念

证券交易所是指提供证券集中竞价交易场所的不以营利为目的的法人。目前我国有两家证券交易所，即上海证券交易所和深圳证券交易所。

2. 设立

证券交易所的设立和解散，由国务院决定。设立证券交易所必须制定章程，证券交易所章程的制定和修改，必须经国务院证券监督管理机构批准。

3. 组织机构

证券交易所设理事会。证券交易所设总经理一人，由国务院证券监督管理机构任免。

（二）证券交易所的组织形式

证券交易所的组织形式分为公司制和会员制两种。公司制证券交易所是由投资者入股组建成的股份有限公司，是以营利为目的的法人。会员制证券交易所是由证券公司、投资公司等证券商以会员的身份组成，不以营利为目的的具有社团组织性质的法人。目前大多数国家的证券交易所均实行会员制。[①]

我国《证券法》规定，证券交易所的积累归会员所有，其权益由会员共同享有，在其存续期间，不得将其积累分配给会员。进入证券交易所参与集中竞价交易的，必须是具有证券交易所会员资格的证券公司。可见，我国的证券交易所的组织形式是会员制。上海证券交易所和深圳证券交易所均采取会员制。

（三）证券交易所的法定职责

我国证券交易所的法定职责主要有：①公布证券交易行情。证券交易所应当为组织公平的集中竞价交易提供保障，即时公布证券交易行情，并按交易日制作证券市场行情表，予以公布。②依法办理暂停上市、恢复上市、终止上市事务。证券交易所依照法律、行政法规的规定，办理股票、公司债券的暂停上市、恢复上市或者终止上市的事务，其具体办法由国务院证券监督管理机构制定。③采取技术性停牌和临时停市措施。因突发性事件而影响证券交易的正常进行时，证券交易所可以采取技术性停牌的措施；因不可抗力的突发性事件或者为维护证券交易的正常秩序，证券交易所可以决定临时停市。证券交易所采取技术性停牌或者决定临时停市，必须及时报告国务院证券监督管理机构。④对交易实行监控和监督。证券交易所对在交易所进行的证券交易实行实时监控，并按照国务院证券监督管理机构的要求，对异常的交易情况提出报告。证券交易所应当对上市公司披露信息进行监督，督促上市公司依法及时、准确地披露信息。⑤制定交易规则。证券所依照证券法律、行政法规制定证券集中竞价交易的具体规则，制定证券交易所的会员管理规章和证券交易所从业人员业务规则，并报国务院证券监督管理机构批准。

二、证 券 公 司

证券公司是指依照法律规定设立的从事证券经营业务的有限责任公司或者股份有限公司。设立证券公司，必须经国务院证券监督管理机构审查批准。

经国务院证券监督管理机构批准，证券公司可以经营下列部分或者全部业务：①证券经纪；②证券投资咨询；③与证券交易、证券投资活动有关的财务顾问；④证券承销与保荐；⑤证券自营；⑥证券资产管理；⑦其他证券业务。

三、证券监督管理机构

国务院证券监督管理机构依法对证券市场实行监督管理，维护证券市场秩

[①] 赵康，谭玲：《经济法新论》，法律出版社，2002年，第190页。

序,保障其合法运行。国务院证券监督管理机构是指中国证券监督管理委员会,其直属国务院证券委员会,是我国证券期货市场的主管部门。

(一)证券监督管理机构的职责

国务院证券监督管理机构在对证券市场实施监督管理中履行下列职责:①依法制定有关证券市场监督管理的规章、规则,并依法行使审批或者核准权;②依法对证券的发行、上市、交易、登记、存管、结算,进行监督管理;③依法对证券发行人、上市公司、证券公司、证券投资基金管理公司、证券服务机构、证券交易所、证券登记结算机构的证券业务活动,进行监督管理;④依法制定从事证券业务人员的资格标准和行为准则,并监督实施;⑤依法监督检查证券发行、上市和交易的信息公开情况;⑥依法对证券业协会的活动进行指导和监督;⑦依法对违反证券市场监督管理法律、行政法规的行为进行查处;⑧法律、行政法规规定的其他职责。国务院证券监督管理机构可以和其他国家或者地区的证券监督管理机构建立监督管理合作机制,实施跨境监督管理。

(二)证券监督管理机构履行职责中有权采取的措施

国务院证券监督管理机构依法履行职责,有权采取下列措施:①对证券发行人、上市公司、证券公司、证券投资基金管理公司、证券服务机构、证券交易所、证券登记结算机构进行现场检查;②进入涉嫌违法行为发生场所调查取证;③询问当事人和与被调查事件有关的单位和个人,要求其对与被调查事件有关的事项作出说明;④查阅、复制与被调查事件有关的财产权登记、通信记录等资料;⑤查阅、复制当事人和与被调查事件有关的单位和个人的证券交易记录、登记过户记录、财务会计资料及其他相关文件和资料;对可能被转移、隐匿或者毁损的文件和资料,可以予以封存;⑥查询当事人和与被调查事件有关的单位和个人的资金账户、证券账户和银行账户;对有证据证明已经或者可能转移或者隐匿违法资金、证券等涉案财产或者隐匿、伪造、毁损重要证据的,经国务院证券监督管理机构批准,可以冻结或者查封;⑦在调查操纵证券市场、内幕交易等重大证券违法行为时,经国务院证券监督管理机构批准,可以限制被调查事件当事人的证券买卖,但限制的期限不得超过15个交易日;案情复杂的,可以延长15个交易日。国务院证券监督管理机构依法履行职责,被检查、调查的单位和个人应当配合,如实提供有关文件和资料,不得拒绝、阻碍和隐瞒。

四、证券自律管理机构

根据我国《证券法》第174条的规定,证券业协会是证券业的自律性组织,是社会团体法人。证券业协会由证券经营机构组成,对证券业进行自律管理。

(一)证券自律管理机构的组织

证券业协会的权力机构为由全体会员组成的会员大会,证券业协会的章程由会员大会制定,并报国务院证券监督管理机构备案。证券业协会设理事会,理事会成员依章程的规定由选举产生。

(二)证券自律管理机构的职责

证券自律管理机构的职责包括:①协助证券监督管理机构教育和组织会员执行证券法律、行政法规;②依法维护会员的合法权益,向证券监督管理机构反映会员的建议和要求;③收集整理证券信息,为会员提供服务;④制定会员应遵守的规则,组织会员单位的从业人员的业务培训,开展会员间的业务交流;⑤对会员之间、会员与客户之间发生的纠纷进行调解;⑥组织会员就证券业的发展、运作及有关内容进行研究;⑦监督、检查会员行为,对违反法律、行政法规或者协会章程的,按照规定给予纪律处分;⑧国务院证券监督管理机构赋予的其他职责。

思考题

1. 如何理解《证券法》的公开、公平、公正原则?
2. 证券发行的概念与特点是什么?
3. 新设立股份有限公司申请公开发行股票应当具备的条件是什么?
4. 简述证券信息披露制度。
5. 证券交易违法行为有哪些,其主要表现形式是什么?
6. 上市公司要约收购的条件与程序是什么?
7. 我国证券监督管理机构的主要职责是什么?

典型案例

福满天证券公司派驻交易所的代表张大户通过对股市行情进行分析后,认为目前是购入海天股票的最佳时机,遂电话建议其弟张颠以市价委托。张颠现在横霸证券公司开户,张颠接到电话又观望一段时间后作出了买入的决定。

问题:

张大户的行为构成内幕交易吗?为什么?

参考答案:

不违法,不构成内幕交易。《证券法》第75条规定,"证券交易活动中,涉及公司的经营、财务或者对该公司证券的市场价格有重大影响的尚未公开的信息,为内幕信息"。本题中张大户所依据的是公开的信息,而非内幕信息,故张大户的行为不属于内幕交易,并未违法。

第十章 知识产权法律制度

重点问题
* 著作权的客体
* 专利权的客体
* 商标权的客体

第一节 知识产权法概述

一、知识产权的概念和特征

（一）概念

知识产权是由英文"intellectual property"翻译而来，是指人们对其智力劳动成果所享有的民事权利。随着世界知识产权组织的成立和有关知识产权国际公约的订立知识产权成为世界各国对智力成果权的通用名词。

在世界贸易组织的《与贸易有关的知识产权协议》（TRIPS）第二部分规定了知识产权的范围，主要包括：①版权与有关权；②商标；③地理标志；④工业品外观设计；⑤专利；⑥集成电路的布图设计权；⑦未披露过的信息的保护；⑧协议许可证中对限制竞争行为的控制。随着科学技术的迅速发展，知识产权保护对象的范围不断扩大，不断涌现新型的智力成果，如生物工程技术、遗传基因技术、植物新品种等，也成为当今世界各国所公认的知识产权的保护对象。

（二）知识产权的法律特征

1. *知识产权的无形性*

知识产权的客体是无形的智力创作性成果，它是一种可以脱离其所有者而存在无形的信息，可以同时为多个主体所使用，在一定条件下也不会因多个主体的使用而使该项知识财产自身遭受损耗或者灭失。这个特点是与有形财产的不同之处。

2. *知识产权的法定性*

由于无形的智力成果不像有形财产那样直观可见，因此，确认这类智力成果的财产权及其法律保护需要依法审查确认。例如，我国的发明人所完成的发明、实用新型或者外观设计，虽然已经具有价值和使用价值，但是，其完成人尚不能自动获得专利权，完成人必须依照专利法的有关规定，向国家专利局提出专利申请，专利局依照法定程序进行审查，申请符合专利法规定条件的，由专利局作出授予专利权的决定，颁发专利证书，只有当专利局发布授权公告后，其完成人才享有该项知识产权。对于商标权的获得，我国和大多数国家实行注册制，只有向国家商标局提出注册申请，经审查核准注册后，才能获得商标权。文学艺术作品和计算机软件等的著作权虽然是自作品完成其权利即自动产生，但有些国家也要实行登记或标注版权标记后才能得到保护；法院在保护作品著作权时，也要首先依法审查该作品是否具有独创性，不具备独创性的作品是不予保护的，从这个意义上说，对著作权的客体保护也要依法审查。

3. 知识产权的专有性

知识产权的专有性亦称独占性或者排他性。由于智力成果具有可以同时被多个主体所使用的特点，因此，大多数的知识产权是法律授予的一种独占权，具有排他性，未经其权利人许可，任何单位或个人不得使用，否则就构成侵权，承担相应的法律责任。当然，法律对各种知识产权都规定了一定的限制，但这些限制不影响其独占权特征。也有少数知识产权不具有独占权特征，例如，技术秘密的所有人不能禁止第三人使用其独立开发完成的或者合法取得的相同技术秘密，因此，商业秘密不具备完全的财产权属性。

4. 知识产权的地域性

知识产权具有严格的地域性特点，即各国主管机关依照其本国法律授予的知识产权，只能在其本国领域内受法律保护。例如，中国专利局授予的专利权或中国商标局核准的商标专用权，只能在中国领域内受保护，其他国家则不给予保护，外国人在我国领域外使用中国专利局授权的发明专利，不侵犯我国专利权，所以，我国公民、法人完成的发明创造要想在外国受保护，必须在外国申请专利；反之亦然。这是《保护工业产权巴黎公约》规定的原则之一。著作权虽然自动产生，但它也受地域限制，我国法律对外国人的作品并不是都给予保护，只是因为我国加入了《保护文学艺术作品伯尔尼公约》和《世界版权公约》等国际公约，履行这两个国际公约规定的义务，保护这些公约成员国的国民作品；公约的其他成员国也按照公约规定，对我国公民和法人的作品给予保护。还有按照两国的双边协定，相互给予对方国民的作品保护。

5. 知识产权的时间性

知识产权都有法定的保护期限，一旦保护期限届满，权利即自行终止，成为社会公众可以自由使用的知识。至于期限的长短，依各国的法律确定。例如，我国发明专利的保护期为20年，实用新型专利权和外观设计专利权的期限为10年，均自专利申请日起计算；我国公民的作品著作权的保护期为作者终生及其死亡后50年。这两个权利期限届满后，该发明和作品即成为公有领域财产。我国商标权的保护期限自核准注册之日起 10 年，但可以在期限届满前 6 个月内申请续展注册，每次续展注册的有效期为 10 年，续展的次数不限，由此可见，商标权的期限有其特殊性，可以根据其所有人的需要无限地续展权利期限。如果商标权人逾期不办理续展注册，其商标权也将终止。商业秘密受法律保护的期限是不确定的，该秘密一旦为公众所知悉，即成为公众可以自由使用的知识。

二、知识产权法的概念

知识产权法是指调整在创造、利用智力成果和商业标记过程中所产生的各种权利义务关系的法律规范的总称。

我国没有专门就知识产权制定统一的法律，而是在《民法通则》规定的总的指导原则下，根据知识产权的不同类型制定有不同的单项法律、法规以及规章，这些法律、法规和规章共同构成了我国知识产权的法律体系。

1986 年 4 月全国人民代表大会审议通过的《民法通则》第 5 章第 3 节对知识产权作了专门的规定。1982 年 8 月全国人大常委会审议通过了《中华人民共和国商标法》（以下简称《商标法》），该法分别经过 1993 年和 2001 年两次修改。1984 年 3 月全国人大常委会审议通过了《中华人民共和国专利法》（以下简称《专利法》），该法经过了 1992 年和 2000 年两次修改。1990 年 9 月全国人大常委会审议通过了《中华人民共和国著作权法》（以下简称《著作权法》），该法于 2001 年作了进一步的修改。

此外，我国还加入了一系列有关保护知识产权方面的国际公约，如《建立世界知识产权组织公约》《保护工业产权巴黎公约》《保护文学艺术作品伯尔尼公约》（以下简称《伯尔尼公约》）《商标注册马德里协定》《录音制品公约》《专利合作公约》《世界版权公约》等，我国将遵守上述公约的规定和协定的规定。

第二节　著作权法律制度

一、著作权法的概述

（一）著作权的概念和法律特征

1. 著作权的概念

著作权亦称版权，是指著作权人对于他的作品所享有的权利。文学、艺术和科学作品是人类智慧的结晶，它反映出具有感知与思维能力的人以特有的方式对自然及人类本身的知识水平。优秀的作品，不仅能潜移默化地陶冶人的情操，增长人的知识，而且对促进社会文化、科学事业以及经济的发展与繁荣具有极大的推动作用。法律应当予以保护，赋予作品的创作者以专有的权利，它是既有人身性质，又有财产性质的一项权利。

2. 著作权的特征

著作权作为民事权利，是知识产权重要的组成部分。著作权除了具有知识产权所共有的特征外，与其他知识产权相比，还具有以下特征：

(1) 著作权因作品的创作完成而自动产生；

(2) 著作权突出对人身权的保护。

(二) 著作权法的概念

著作权法是指因调整文学、艺术和科学作品的创作和使用而产生的人身关系和财产关系的法律规范的总称。著作权法有狭义和广义之分，狭义的著作权法仅指全国人大常委会通过的《中华人民共和国著作权法》；广义的著作权法指除《中华人民共和国著作权法》以外，还包括国家有关的法律、行政法规和规章中的关于著作权的法律规范，如《著作权法实施条例》《著作权行政处罚实施条例》《计算机软件保护条例》等。

(三) 基本原则

著作权法包括以下基本原则：

(1) 鼓励创作、维护作者权益为核心的原则；

(2) 著作权人利益与国家利益、社会公众利益协调一致的原则；

(3) 符合著作权国际保护基本准则的原则。

二、著作权的主体

(一) 作者

作者是指文学、艺术和科学作品的创作人。根据著作权法的有关规定，作者应当按照以下标准认定：①创作作品的公民是作者；②由法人或者其他组织主持的，代表法人或其他组织意志创作，并由法人或其他组织承担责任的作品，法人或其他组织视为作者；③如无相反证明，在作品上署名的公民、法人或其他组织为作者。

(二) 作者以外其他依法享有著作权的公民、法人或其他组织

作者以外其他依法享有著作权的公民、法人或其他组织，简称其他著作权人。其他著作权人取得著作权主要有两种情况。

1. 因合同而取得著作权

因合同而取得著作权包括三种情况：一是依委托合同取得著作权。我国《著作权法》规定："受委托创作的作品，著作权的归属由委托人和受委托人通过合同约定，合同未约定或没有订立合同的，著作权属于受托人。"如合同约定著作权由委托人享有，委托人即成为著作权的主体。二是依转让合同取得著作权。著作权人可以将其享有的著作权中的财产权利全部或部分转让给他人，著作财产权的受让人取得著作权后即成为了著作权的主体。三是依许可使用合同取得著作权。著作权人许可作者以外的他人行使著作权中的财产权的，该接受许可的人在著作权许可使用合同有效期内，依照约定取得著作权中的部分或者全部财产权，即成为著作权的主体。

2. 因继受而取得著作权

因继受而取得著作权包括两种情况：一是依继承或者接受遗嘱而取得著作权。《中华人民共和国继承法》（以下简称《继承法》）规定，公民所享有的著作权中的财产权利可作为遗产，在公民死亡后由其继承人继承。《著作权法》规定，著作权属于公民的，公民死亡后，其作品著作权中的财产权利在著作权法规定的保护期限内，依照继承法的规定转移，由该公民的法定继承人或者遗嘱继承人或者受赠人享有。据此，因继承或者接受遗赠而取得著作权中的财产权利的人，即成为著作权的主体。二是依法承受而取得著作权。《著作权法》规定，著作权人属于法人或者其他组织的，法人或者其他组织变更、终止后，其作品著作权中的财产权利在著作权法规定的保护期内，由承受其权利义务的法人或者其他组织享有。没有承受权利义务的法人或其他组织的，由国家享有。据此，因承受权利义务而取得著作权中的财产权的法人或者其他组织或者国家，即成为著作权的主体。

三、著作权的客体

（一）著作权客体的概念

著作权的客体是指著作权的指向对象，即作品。《中华人民共和国著作权法实施条例》（以下简称《著作权法实施条例》）第2条规定："著作权法所称作品，指文学、艺术和科学领域内，具有独创性并能以某种有形形式复制的智力创作成果。"同时，该条例第3条规定："著作权法所称创作，指直接产生文学、艺术和科学作品的智力活动。为他人创作进行组织工作，提供咨询意见、物质条件，或者进行其他辅助活动，均不视为创作。"可见，著作权法所保护的作品应当具备如下条件。

1. 作品是智力创作成果

作品首先是自然人智力劳动成果,其次是一种创作成果。所谓的创作,是指直接产生文学、艺术和科学作品的智力活动。为他人创作进行组织工作,提供咨询意见、物质条件,或进行其他辅助性的活动,均不视为创作。

2. 作品必须具有独创性

亦称原创性,是指作品由作者独立构思和创作而成的,而不是抄袭、剽窃、篡改他人的作品。

3. 必须是具有可复制性

作品具有可复制性,就是作品应当被一定的物质载体所固定,并能由一份复制多份。任何一项创作,如果它仅仅是停留在思维中,则无论其多么优秀,都不受法律保护。一个构思、一个思想只有通过一定的形式让人们直接或间接看见、摸到、听到才能成为著作权保护的对象。

4. 必须属于文学、艺术和科学技术范围内的创作

著作权保护的范围比商标和专利要广泛得多,而且其保护范围有日益扩大的趋势,如它由最初的只是保护文字作品到今天对包括半导体芯片、计算机软件等高新技术作品的保护。

5. 不属于依法禁止出版传播的作品

著作权法所保护的作品大都涉及意识领域,直接影响到人们的身心健康和社会的精神文明,因此,作品不能损害社会公共利益,如法轮功书籍。

(二)著作权法保护的作品

在2000年修改的《著作权法》中,对著作权保护的客体内容进行了相应的增加和改动,如增加了杂技艺术作品、建筑作品等。具体规定如下。

1. 文字作品

根据1991年颁布的《著作权法实施条例》第4条规定,文字作品,指小说、诗词、散文、论文等以文字形式表现的作品。

2. 口述作品

同样根据《著作权法实施条例》,口述作品是指即兴的演说、授课、法庭辩论等以口头语言创作未以任何物质载体固定的作品。

3. 音乐、戏剧、曲艺、舞蹈、杂技艺术作品

根据《著作权法实施条例》规定,音乐作品是指交响乐、歌曲等能够演唱或者演奏的带词或者不带词的作品;戏剧作品,指话剧、歌剧、地方戏曲等供舞台演出的作品;曲艺作品,指相声、快书、大鼓、评书等以说唱为主要形式表演的作品;舞蹈作品,指通过连续的动作、姿势、表情表现的作品。此外,还有杂技艺术作品。因为我国有丰富的杂技艺术作品资源,在修改《著作权法》时,明确

了杂技艺术作品作为著作权保护的客体。音乐、戏剧、曲艺、舞蹈、杂技艺术作品，不包括表演者对上述作品的表演，表演者在传播作品时付出的创造性劳动，由《著作权法》通过邻接权即与著作权有关的权益给予保护。

4. 美术、建筑作品

根据《著作权法实施条例》规定，美术作品是指绘画、书法、雕塑、建筑等以线条、色彩或者其他方式构成的有审美意义的平面或者立体的造型艺术作品。《著作权法》所保护的工艺美术，只保护工艺美术品中具有创造性的造型或美术图案，不保护生产过程中的那一部分工艺；只保护实用艺术品中所具有创造性的造型艺术，不保护日常生活使用中的那一部分实用功能。首创的新工艺，首创的具有实用功能的实用品，可以受到其他有关法律的保护。原《著作权法》未明确规定建筑作品的保护。在与原《著作权法》配套施行的《著作权法实施条例》中，"建筑"被作为美术作品定义中列举的一个分类，但其相应的表述模糊不清：有审美意义的平面或者立体的造型艺术作品。原《著作法权》把建筑物本身作为美术作品给以保护，而工程设计图、模型与产品设计图作为单独著作权客体给以保护。此次修改《著作权法》时，明确规定了建筑作品作为著作权保护的客体，将美术、建筑作品同列为第四项，而将在建筑作品中占较大数量的工程设计图和建筑模型列为第七项：图形类作品和模型类作品，仍然作为单独客体给予保护。可见，我国立法者对于建筑作品范围的界定仅指建筑物本身。应当指出，如果建筑物的形式、外观没有独创的设计成分，那么它们就不能成为作品，不受著作权法保护。受著作权法保护的是建筑物本身，其构成材料、建筑方法不受著作权法保护。

5. 摄影作品

根据《著作权法实施条例》规定，摄影作品是指借助器械，在感光材料上记录客观物体形象的艺术作品。原《著作权法》将摄影作品与美术作品放在一起，作为一类作品给予保护。《伯尔尼公约》第2条第1项中明确了摄影作品和以类似摄影的方法表现的作品作为一类文学艺术作品。因此，在修改《著作权法》时，将摄影作品单独作为一项。

6. 电影作品和以类似摄制电影的方法创作的作品

这是指摄制在一定物质上由一系列相关联的画面或加上伴音组成并且借助机械装置能放映、播放的作品。这一项采纳《伯尔尼公约》的表述方式，将包括动态摄像的作品描述为电影作品和以类似摄制电影的方法创作的作品，并取消了原著作权法中的电视、录像作品。

7. 工程设计图、产品设计图、地图、示意图等图形作品和模型作品

根据《著作权法实施条例》规定，工程设计、产品设计图纸及其说明，指为施工和生产绘制的图样及对图样的文字说明。著作权法保护工程设计、产品设计

图纸及其说明,仅指以印刷、复印、翻拍等复制形式使用图纸及其说明,不包括按照工程设计、产品设计图纸及其说明进行施工、生产工业品,后者的使用适用其他有关法律的规定。依照《著作权法实施条例》的规定,地图、示意图等图形作品,指地图、线路图、解剖图等反映地理现象、说明事物原理或者结构的图形或者模型。模型作品是指依照实物的形状和结构按比例制成的物品,如建筑模型等。

8. 计算机软件

这是指计算机程序及其文档。受著作权法保护的软件必须是由开发者独立开发,并已固定在某种有形的物体上,就是说该计算机程序已经相当稳定、相当持久地固定在某种载体上,而不是一瞬间的感知、复制、传播程序。

9. 法律、行政法规规定的其他作品

这是指除了上述八项著作权的客体外,由法律、行政法规规定的著作权的其他客体。

(三) 不受著作权法保护的作品

根据著作权法的有关规定,依法禁止出版、传播的作品,不受本法保护。著作权人行使著作权,不得违反宪法和法律,不得损害公共利益。

(四) 不适用著作权法保护的作品

不受著作权法保护的对象除了《著作权法》第3条规定的依法禁止出版、传播的作品,还有以下两种情况。

其一,有些对象虽然具备了作品的实质条件,但是出于国家或社会公众利益的需要,不宜于加以著作权保护。这种对象有两类:一类是法律、法规,国家机关的决议、决定、命令和其他具有立法、行政、司法性质的文件,及其官方正式译文;另一类是时事新闻。新闻之价值在于其是一种崭新的信息,直接涉及国家、社会公众、国际社会的经济、政治、文化和社会生活,因而要求广泛而迅速地传播,不应控制,故不给予著作权保护。

其二,还有些对象虽然具备了作品的形式特征但不具备作品的实质条件,其形式往往具有唯一表达的特点,不具备独创性而不予以著作权保护,如历法、通用数表、通用表格和公式。

民间文学艺术作品的著作权保护办法由国务院另行规定。

《伯尔尼公约》规定,民间文学艺术作品受著作权法保护,按照世界知识产权组织的解释,那些作者不明但有充分理由可以推定是公约某成员国国民所创作的未出版的作品,属于民间文学艺术作品。民间文学艺术作品在我国受著作权法保护,但具体保护内容和保护方式由国务院另行规定。迄今为止,这个办法还未公布。虽然著作权法的原则对民间文学艺术作品是可以适用的，但是因为欠缺具体的保护办法，想主张权利的主体还是觉得似乎无法可依，行政及司法机关在实践中往往会无所适从。可见，有关民间文学艺术作品的保护办法的出台迫在眉睫。

四、著作权的内容

（一）著作权的概念和内容

1. 著作权的概念

《著作权法》第10条是关于著作权内容的规定，是著作权制度的核心部分。著作权的内容即著作权法所确认和保护的作者所享有的权利。我国《著作权法》规定的著作权包括著作人身权和著作财产权。

2. 著作权人的人身权

著作权人身权利是作者基于作品依法享有的以人身利益为内容的权利，具有以下特点：①法人和非法人团体在一定条件下可以视为作者，因而法人和非法人团体也可以享有著作人身权；②著作人身权具有人身专属性，通常不得转让、继承和放弃；③著作人身权不以创作者生命的完结而消失，在理论上其期限不受限制。

3. 著作权人的财产权利

著作财产权是著作权人基于对作品的利用带来的财产收益权，其特征为：①著作财产权可以许可他人使用也可以转让；②著作权中的财产权受时间和地域的限制，我国对著作财产权的保护期为作者终生及其死后50年。作品超过保护期，他人就可以不经作者及其继承人同意，不支付报酬使用。一部作品在国内受保护，到国外不一定受保护，除加入国际公约或缔结双边协定的国家外，该作品包含的财产权虽然存在，但法律对其保护受到地域的限制。

（二）著作权的内容

1. 发表权

即决定作品是否公之于众的权利。根据2002年10月12日人民法院审判委员会第1246次会议通过的《最高人民法院关于审理著作权民事纠纷案件适用法律若干问题的解释》第9条规定："著作权法第十条第（一）项规定的'公之于众'，是指著作权人自行或者经著作权人许可将作品向不特定的人公开，但不以公众知晓为构成条件。"发表权只能行使一次。

2. 署名权

即表明作者身份，在作品上署名的权利，也称姓名表示权。作品是作者劳动和心智的结晶,在作品上打上标记,以真实反映作品与作者之间有"血缘关系",既是对作者劳动的尊重,也是对社会公众负责的表现。通常可用真实姓名,也可以用笔名、别名,或隐去姓名不署,不署姓名是署名权的行使方式之一。

3. 修改权

即修改或者授权他人修改作品的权利。在有些情况下,由于社会利益的实际需要,修改权也可以由他人行使。此外,文学作品的使用人为出版发行而作的必要的纯技术性的编辑加工,则不属于著作权法所说的修改。

4. 保护作品完整权

即保护作品不受歪曲、篡改的权利。其中,既包括作品的完整性,也包括标题的完整性。

5. 复制权

即以印刷、复印、拓印、录音、录像、翻录、翻拍等方式将作品制作一份或者多份的权利,属于以同样形式制作成品的权利,也即学理上的狭义复制权。

6. 发行权

即以出售或者赠与方式向公众提供作品的原件或者复制件的权利。按照《著作权法实施条例》第1章第5条:"发行,指为满足公众的合理需求,通过出售、出租等方式向公众提供一定数量的作品复制件。"发行与复制通常是连在一起的,复制的目的是发行,发行是复制的必然结果,故人们把复制与发行统称为出版。没有作者的授权,出版社不能出版发行作者的作品,制片人不能制作发行拷贝,邮票公司不能印有作者作品的邮票,就图书而言,作者有权决定其作品以何种版本在某一地区发行,禁止在另一地区发行。

7. 出租权

即有偿许可他人临时使用电影作品和以类似摄制电影的方法创作的作品、计算机软件的权利,计算机软件不是出租的主要标的除外。出租的对象是特定的,指的是载有作品的物。租赁经营者除经审批者获得租赁经营权、租赁物所有权,还要经著作权人授权才可出租。按照本项规定,享有出租权的是电影作品和以类似摄制电影方法创作的作品和计算机软件,对别的作品如图书并未赋予著作权人出租权。

8. 展览权

即公开陈列美术作品、摄影作品的原件或者复制件的权利。该权利赋予原件物权所有人享有,如果美术作品、摄影作品的内容涉及第三人的肖像,著作权人行使展览权还要受到肖像权人权利上的限制。如果涉及第三人隐私,还要注意不得侵犯他人隐私权。

9. 表演权

即公开表演作品,以及用各种手段公开播送作品的表演的权利。按照《著作权法实施条例》第1章第5条的规定："表演，指演奏乐曲、上演剧本、朗诵诗词等直接或者借助技术设备以声音、表情、动作公开再现作品。"表演既包括现场表演，也包括机械表演。所谓现场表演是指演出者运用演技向现场观众表现作品的行为；所谓机械表演则是指以物质载体的形式，如唱片、影片或激光唱片、激光视盘等向公众传播被记录下来的表演的方式。

10. 放映权

即通过放映机、幻灯机等技术设备公开再现美术、摄影、电影和以类似摄制电影的方法创作的作品等的权利。

11. 广播权

即以无线方式公开广播或者传播作品，以有线传播或者转播的方式向公众传播广播的作品，以及通过扩音器或者其他传送符号、声音、图像的类似工具向公众传播广播作品的权利，不同于广播电视组织的权利。广播电台、电视台在向外传送节目中，只要使用了受著作权法保护的作品，无论传送这些节目信号的广播电台、电视台是否为此营利，均应取得著作权人的授权，并应支付报酬。广播权包括广播、转播和向大众传播的权利。

12. 信息网络传播权

即以有线或者无线方式向公众提供作品，使公众可以在其个人选定的时间和地点获得作品的权利。本条是原则性规定，具体保护办法由国务院另行规定。

13. 摄制权

即以摄制电影或者以类似摄制电影的方法将作品固定在载体上的权利。按照《著作权法实施条例》第1章第5条的规定："摄制电影、电视、录像作品，指以拍摄电影或者类似的方式首次将作品固定在一定的载体上。将表演或者景物机械地录制下来，不视为摄制电影、电视、录像作品。"

14. 改编权

即改变作品，创作出具有独创性的新作品的权利。改编乃是对作品内容和结构的改变。

15. 翻译权

即将作品从一种语言文字转换成另一种语言文字的权利。翻译与改编不同，乃是对作品文字的改动。

16. 汇编权

即将作品或者作品的片段通过选择或者编排，汇集成新作品的权利。按照《著作权法实施条例》第1章第5条的规定："编辑，指根据特定要求选择若干作品或者作品的片段汇集编排成为一部作品。"条例中所称"编辑"实际上指的就是"汇编"。改编权、翻译权及汇编权都属于"演绎权"。

17. 应当由著作权人享有的其他权利

本条所指权利应当包括注释权、整理权、制作录音制品权、按设计图建造作品权等。这些权利虽未列举，但在一些条款中已有所规定和涉及。

（三）著作权的归属

1. 著作权归属的一般原则

我国《著作权法》第11条规定："著作权属于作者，本法另有规定的除外。"本条是关于著作权归属的一般原则的规定，即各类作品的著作权的原始归属一般属于作者，只是在法律有特别规定的情况下才游离于作者之外。

2. 演绎作品著作权的归属

演绎作品是指改编、翻译、注释、整理已有作品而产生的作品。演绎作品著作权由改编、翻译、注释、整理人享有，但行使著作权时不得侵犯原作品的著作权。演绎作品的作者仅对演绎部分享有著作权，对被演绎作品不享有著作权，并且无权阻止他人对同一原作进行演绎。

3. 合作作品著作权的归属

合作作品是指两人以上合作创作的作品，合作作品著作权由合作作者共同享有。没有参加创作的人，不能成为合作作者。合作作品可以分割使用的，作者对各自创作的部分可以单独享有著作权，但行使著作权时不得侵犯合作作品整体的著作权。

4. 汇编作品的著作权的归属

汇编作品是指汇编若干作品、作品的片段或者不构成作品的数据或者其他材料，对其内容的选择或者编排体现独创性的作品。汇编作品的著作权由汇编人享有，但行使著作权时，不得侵犯原作品的著作权。

5. 影视作品的著作权归属

影视作品是指电影、电视、录像作品和类似摄制电影的方法创作的作品。影视作品的著作权由制片者享有，但编剧、导演、摄影、作词、作曲等作者享有署名权，并有权按照与制片者签订的合同获得报酬。电影作品和以类似摄制电影的方法创作的作品中的剧本、音乐等可以单独使用的作品的作者有权单独行使其著作权。

五、著作权的保护期

（一）著作权的保护期的概念

著作权的保护期是指著作权人对作品享有专有权的有效期间，也即由法律规定的对著作权人的著作权予以保护的期限。在著作权保护期限内，作者或者其他依法享有著作权的公民、法人或者其他组织等著作权人对作品享有著作权，其他人使用作品，需依法征得著作权人许可并需支付相应的报酬。著作权的保护期届满，著作权人便丧失其著作权，作品进入公有领域，人们对作品的使用可以不再经过著作权人的许可，并且可以无偿地使用作品。作者的署名权、修改权、保护作品完整权属于著作人身权，其保护期不受限制，表明了作者的署名权、修改权和保护作品完整权永远受法律保护。著作人身权是作者基于作品依法享有的以人身利益为内容的权利。

著作权是一种有时间限制的权利，但因著作权的人身权与财产权所要维护的利益性质不同，二者也有区别。

（二）著作权的人身权的保护期限

作者与作品之间带有人格利益的联系，反映一种客观事实，只要作品存在一天，作者与该作品与生俱来的联系的事实就不会改变。维系和保障作者和作品之间的人格利益，反映了对历史的忠实和对世人的负责，这不因时事变迁而有所改变。著作权中的人身权的某些内容具有专属性，权利会永久地受到保护。

（三）著作权的财产权的保护期限

著作权的财产权反映了权利人通过作品的不同方式的利用，所能带来的经济收入的可能性。法律尊重和维护作者因设计完成其文学艺术作品形式，而获得相应权利。所以，赋予作者对他创造的形式以控制、利用和支配的权利，并由此获得物质利益。但是，有一个事实是我们必须考虑的，就是任何作者都是在已有的文明成果积淀的基础之上，或者说受到了已有的文明沐浴和滋养，再加上自己的创作，才有了新的作品，这是一种文化的传承，纯粹的前无古人的作品是没有的。所以，对作品的支配不应当是永久的，在实现了合理的回报后，就应当让其转化为社会共享的公共财富。这是著作权法的基本原理。根据这一原理，各国的著作权中的财产权利的保护都是有期限的，只是长短不一。如德国是70年，西班牙则高达80年。

我国《著作权法》规定，公民的作品，其发表权、本法第10条第1款第（五）项至第（十七）项规定的权利的保护期为作者终生及其死亡后50年，截至作者死亡后第50年的12月31日；如果是合作作品，截至最后死亡的作者死亡后第50年的12月31日。法人或者其他组织的作品、著作权（署名权除外）由法人或者其他组织享有的职务作品，其发表权、本法第10条第1款第（五）项至第（十七）项规定的权利的保护期为50年，截至作品首次发表后第50年的12月31日，但作品自创作完成后50年内未发表的，《著作权法》不再保护。电影作品和以类似摄制电影的方法创作的作品、摄影作品，其发表权、本法第10

条第 1 款第（五）项至第（十七）项规定的权利的保护期为 50 年，截至作品首次发表后第 50 年的 12 月 31 日，但作品自创作完成后 50 年内未发表的，本法不再保护。

六、著作权的限制

（一）合理使用

1. 合理使用的概念

《著作权法》规定了著作权人以外的人在某些情况下，使用了他人已经发表的作品，也就是行使了本该属于著作权人的权利，可以不经著作权人的许可，不向其支付报酬，但应当指明作者的姓名、作品名，并且不得侵犯著作权人的权利。严格地讲，这些情形已经侵犯了著作权人的权利，但是出于考虑社会公众的利益以及这些行为在一定技术水平的背景下对著作权人的利益损害不大，法律上就不认定为侵权，并在理论上称之为"合理使用"。

2. 合理使用的构成条件

合理使用一般应具备的条件：一是著作权人已经发表的作品。《著作权法》所称已经发表的作品，指著作权人以著作权法规定的方式公之于众的作品。如果作品尚未发表，在未经作者同意的情况下，是不能在传播媒介引用播放的，即使是为了个人学习、学校课堂教学或者科研，也不能认为是合理使用。二是使用他人作品要指明作品出处。在引用著作权人已经发表的作品时，应说明该作品的作者、何时发表于何地，以维护著作权人的人身权利。在合理使用范围内，著作权中的人身权虽受到保护，但著作权人不能取得报酬，其财产权利的行使受到了限制。

3. 合理使用的表现情形

我国《著作权法》规定在下列情况下使用作品，可以不经著作权人许可，不向其支付报酬，但应当指明作者姓名、作品名称，并且不得侵犯著作权人依照本法享有的其他权利：

（1）为个人学习、研究或者欣赏，使用他人已经发表的作品。

（2）为介绍、评论某一作品或者说明某一问题，在作品中适当引用他人已经发表的作品。

（3）为报道时事新闻，在报纸、期刊、广播电台、电视台等媒体中不可避免地再现或者引用已经发表的作品。

（4）报纸、期刊、广播电台、电视台等媒体刊登或者播放其他报纸、期刊、广播电台、电视台等媒体已经发表的关于政治、经济、宗教问题的时事性文章，但作者声明不许刊登、播放的除外。1990 年《著作权法》将原定的报刊、电台、电视台转载其他新闻媒体的社论、评论员文章列入合理使用范围，本次修改中将该规定改为仅限于"已经发表的关于政治、经济、宗教问题的时事性文章"。

（5）报纸、期刊、广播电台、电视台等媒体刊登或者播放在公众集会上发表的讲话，但作者声明不许刊登、播放的除外。

（6）为学校课堂教学或者科学研究，翻译或者少量复制已经发表的作品，供教学或科研人员使用，但不得出版发行。

（7）国家机关为执行公务在合理范围内使用已经发表的作品。国家机关指国家的立法机关、行政机关、司法机关、法律监督机关和军事机关。

（8）图书馆、档案馆、纪念馆、博物馆、美术馆等为陈列或者保存版本的需要，复制本馆收藏的作品。

（9）免费表演已经发表的作品，该表演未向公众收取费用，也未向表演者支付报酬。目前社会上存在一些"义演"活动，如为"希望工程"捐款活动，就不是"免费表演"，不属于合理使用范围。

（10）对设置或者陈列在室外公共场所的艺术作品进行临摹、绘画、摄影、录像。

（11）将中国公民、法人或者其他组织已经发表的以汉语言文字创作的作品翻译成少数民族语言文字作品在国内出版发行。

（12）将已经发表的作品改成盲文出版。

根据本条规定，上述对著作权人权利的12个方面的限制不仅适用于作者，而且适用于对出版者、表演者、录音录像制作者、广播电台、电视台等邻接权人的权利的限制。

（二）法定许可

1. 法定许可的概念

法定许可是各国著作权法普遍采用的一项制度，又称"法定许可证"制度，是指根据法律的直接规定，以特定的方式使用他人已经发表的作品，可以不经著作权人许可，但应当按照规定支付报酬，指明作者姓名、作品名称，并且不得侵犯著作权人依照本法享有的其他权利的制度。

2. 法定许可的情形

法定许可的情形包括以下几方面：

（1）为实施九年制义务教育和国家教育规划而编写出版教科书，除作者事先声明不许使用的以外，可以不经著作权人许可，在教科书中汇编已经发表的作品片段或者短小的文字作品、音乐作品或者单幅的美术作品、摄影作品，但应当按照规定支付报酬，指明作者姓名、作品名称，并且不得侵犯著作权人依照本法享有的其他权利。前款规定适用于对出版者、表演者、录音录像制作者、广播电台、电视台的权利的限制,本条是关于著作权法定许可使用的规定。

(2) 作品在报刊上刊登后,除著作权人声明不得转载、摘编外,其他报刊可以转载或作为文摘、资料刊登,但应当按照规定向著作权人支付报酬。

(3) 录音制作者使用他人已经合法录制为录音制品的音乐作品,可以不经著作权人许可,但应当按照规定支付报酬。著作权人声明不许使用的不得使用。

(4) 广播电台、电视台播放他人已经发表的录音制品,可以不经著作权人许可,但应当支付报酬;当事人另有约定的除外。

七、著作权的许可使用和转让

(一) 著作权的许可使用

著作权的许可使用是指著作权人许可使用人在一定时间、一定范围内以一定方式使用其作品的行为。

根据著作权法的有关规定,使用他人作品应当与著作权人订立许可使用合同,法律规定可以不经许可的除外。

著作权许可使用合同中著作权人未明确许可权利,未经著作权人同意,另一方当事人不得行使。

(二) 著作权的转让

著作权的转让是指著作权人将其作品著作权中的财产权利全部或部分转让他人的行为。著作权转让合同中著作权人未明确转让的权利,未经著作权人同意,另一方当事人不得行使。

八、邻 接 权

邻接权,也称与著作权有关的权利,是指作品的传播者所享有的权利。

根据著作权法的有关规定,邻接权主要包括以下几方面。

(一) 图书、报刊的出版

1. 图书出版者的权利义务

图书出版者的权利义务主要包括:①图书出版者出版图书应当和著作权人订立出版合同,并支付报酬。②图书出版者对著作权人交付出版的作品,按照合同约定享有的专有出版权受法律保护,他人不得出版该作品。③著作权人应当按照合同约定期限交付作品。图书出版者应当按照合同约定的出版质量、期限出版图书。图书出版者不按照合同约定期限出版,应当依照《著作权法》第53条的规

第十章　知识产权法律制度

定承担民事责任。④图书出版者重印、再版作品的，应当通知著作权人，并支付报酬。图书脱销后，图书出版者拒绝重印、再版的，著作权人有权终止合同。⑤出版者对其出版的图书享有专有权，有权许可或者禁止他人使用其出版的图书、期刊的版式设计。该权利的保护期为 10 年，截至使用该版式设计的图书、期刊首次出版后第 10 年的 12 月 31 日。⑥图书出版者经作者许可，可以对作品修改、删节。⑦图书的出版者应当按照合同的约定向著作权人支付报酬，出版改编、翻译、注释、整理、汇编已有作品而产生的作品，应当取得改编、翻译、注释、整理、汇编作品的著作权人和原作品的著作权人许可，并支付报酬。⑧作者主动投给图书出版者的稿件，出版者应当在 6 个月内决定是否采用，采用的应当签订合同；不予采用的，应当及时通知作者，既不通知也不签订合同的，6 个月后，作者可以要求出版社返还原稿件并给予经济补偿。

2. 报刊出版者的权利义务

报刊出版者的权利义务主要有：①著作权人向报社、期刊社投稿的，自稿件发出之日起 15 日内未收到报社通知决定刊登的，或者自稿件发出之日起 30 日内未收到期刊社通知决定刊登的，可以将同一作品向其他报社、期刊社投稿。双方另有约定的除外。②作品刊登后，除著作权人声明不得转载、摘编外，其他报刊可以转载或者作为文摘、资料刊登，但应当按照规定向著作权人支付报酬。③报社、期刊社可以对作品作文字性修改、删节。对内容的修改，应当经作者许可。④对其出版的图书享有专有权，有权许可或者禁止他人使用其出版的图书、期刊的版式设计。该权利的保护期为 10 年，截至使用该版式设计的图书、期刊首次出版后第 10 年的 12 月 31 日。

（二）表演

1. 表演者的权利

表演者的权利主要包括：①表明表演者身份；②保护表演形象不受歪曲；③许可他人从现场直播和公开传送其现场表演，并获得报酬；④许可他人录音录像，并获得报酬；⑤许可他人复制、发行录有其表演的录音录像制品，并获得报酬；⑥许可他人通过信息网络向公众传播其表演，并获得报酬。被许可人以前款第③项至第⑥项规定的方式使用作品，还应当取得著作权人许可，并支付报酬。

2. 表演者的义务

表演者的义务主要包括：①表演者使用他人作品演出，表演者（演员、演出单位）应当取得著作权人许可，并支付报酬。演出组织者组织演出，由该组织者取得著作权人许可，并支付报酬。②表演者使用改编、翻译、注释、整理已有作品而产生的作品进行演出，应当取得改编、翻译、注释、整理作品的著作权人和原作品的著作权人许可，并支付报酬。

（三）录音录像

1. 录音录像制作者的权利

录音录像制作者对其制作的录音录像制品，享有许可他人复制、发行、出租、通过信息网络向公众传播并获得报酬的权利；权利的保护期为50年，截至该制品首次制作完成后第50年的12月31日。

2. 录音录像制作者的义务

录音录像制作者的义务主要包括：①录音录像制作者使用他人作品制作录音录像制品，应当取得著作权人许可，并支付报酬。②录音录像制作者使用改编、翻译、注释、整理已有作品而产生的作品，应当取得改编、翻译、注释、整理作品的著作权人和原作品著作权人许可，并支付报酬。③录音制作者使用他人已经合法录制为录音制品的音乐作品制作录音制品，可以不经著作权人许可，但应当按照规定支付报酬；著作权人声明不许使用的不得使用。④录音录像制作者制作录音录像制品，应当与表演者订立合同，并支付报酬。⑤被许可人复制、发行、通过信息网络向公众传播录音录像制品，还应当取得著作权人、表演者许可，并支付报酬。

（四）广播电台、电视台播放

1. 广播电台、电视台的权利

广播电台、电视台享有的权利包括：①有权禁止未经其许可，将其播放的广播、电视转播；②有权禁止未经其许可，将其播放的广播、电视录制在音像载体上以及复制音像载体。

前款规定的权利的保护期为50年，截至该广播、电视首次播放后第50年的12月31日。

2. 广播电台、电视台的义务

广播电台、电视台的义务包括：①广播电台、电视台播放他人未发表的作品，应当取得著作权人许可，并支付报酬。②广播电台、电视台播放他人已发表的作品，可以不经著作权人许可，但应当支付报酬。③广播电台、电视台播放已经出版的录音制品，可以不经著作权人许可，但应当支付报酬。当事人另有约定的除外。④电视台播放他人的电影作品和以类似摄制电影的方法创作的作品、录像制品，应当取得制片者或者录像制作者许可，并支付报酬；播放他人的录像制品，还应当取得著作权人许可，并支付报酬。

九、著作权的保护

（一）著作权的侵权行为

1. 应当承担民事责任的侵权行为

根据《著作权法》的有关规定，应当承担民事责任的侵权行为包括：①未经著作权人许可，发表其作品的；②未经合作作者许可，将与他人合作创作的作品当做自己单独创作的作品发表的；③没有参加创作，为谋取个人名利，在他人作品上署名的；④歪曲、篡改他人作品的；⑤剽窃他人作品的；⑥未经著作权人许可，以展览、摄制电影和以类似摄制电影的方法使用作品，或者以改编、翻译、注释等方式使用作品的，本法另有规定的除外；⑦使用他人作品，应当支付报酬而未支付的；⑧未经电影作品和以类似摄制电影的方法创作的作品、计算机软件、录音录像制品的著作权人或者与著作权有关的权利人许可，出租其作品或者录音录像制品的，本法另有规定的除外；⑨未经出版者许可，使用其出版的图书、期刊的版式设计的；⑩未经表演者许可，从现场直播或者公开传送其现场表演，或者录制其表演的；⑪其他侵犯著作权以及与著作权有关的权益的行为。

2. 应当承担民事责任和行政责任的侵权行为

根据《著作权法》的有关规定，应当承担民事责任的侵权行为包括：①未经著作权人许可，复制、发行、表演、放映、广播、汇编、通过信息网络向公众传播其作品的，本法另有规定的除外；②出版他人享有专有出版权的图书的；③未经表演者许可，复制、发行录有其表演的录音录像制品，或者通过信息网络向公众传播其表演的，本法另有规定的除外；④未经录音录像制作者许可，复制、发行、通过信息网络向公众传播其制作的录音录像制品的，本法另有规定的除外；⑤未经许可，播放或者复制广播、电视的，本法另有规定的除外；⑥未经著作权人或者与著作权有关的权利人许可，故意避开或者破坏权利人为其作品、录音录像制品等采取的保护著作权或者与著作权有关的权利的技术措施的，法律、行政法规另有规定的除外；⑦未经著作权人或者与著作权有关的权利人许可，故意删除或者改变作品、录音录像制品等的权利管理电子信息的，法律、行政法规另有规定的除外；⑧制作、出售假冒他人署名的作品的。

（二）著作权的侵权行为的法律责任

著作权的侵权行为的法律责任主要包括民事责任、行政责任和刑事责任。

1. 民事责任

民事责任主要包括：应当根据情况，承担停止侵害、消除影响、赔礼道歉、赔偿损失等民事责任。

2. 行政责任

行政责任主要包括：可以由著作权行政管理部门责令停止侵权行为，没收违法所得，没收、销毁侵权复制品，并可处以罚款；情节严重的，著作权行政管理部门还可以没收主要用于制作侵权复制品的材料、工具、设备等。

3. 刑事责任

刑事责任主要包括《中华人民共和国刑法》（以下简称《刑法》）第217条规定的侵犯著作权罪和《刑法》第218条规定的销售侵权复制品罪。

4. 执法措施

为了更有效地制止著作权的侵权行为，更为有效地保护著作权人的合法权益，《著作权法》还规定了相应的执法措施，这些具体措施包括：

（1）著作权人或者与著作权有关的权利人有证据证明他人正在实施或者即将实施侵犯其权利的行为，如不及时制止将会使其合法权益受到难以弥补的损害的，可以在起诉前向人民法院申请采取责令停止有关行为和财产保全的措施。

（2）为制止侵权行为，在证据可能灭失或者以后难以取得的情况下，著作权人或者与著作权有关的权利人可以在起诉前向人民法院申请保全证据。人民法院接受申请后，必须在48小时内作出裁定；裁定采取保全措施的，应当立即开始执行。人民法院可以责令申请人提供担保，申请人不提供担保的，驳回申请。申请人在人民法院采取保全措施后15日内不起诉的，人民法院应当解除保全措施。

（3）人民法院审理案件，对于侵犯著作权或者与著作权有关的权利的，可以没收违法所得、侵权复制品以及进行违法活动的财物。

（4）复制品的出版者、制作者不能证明其出版、制作有合法授权的，复制品的发行者或者电影作品或者以类似摄制电影的方法创作的作品、计算机软件、录音录像制品的复制品的出租者不能证明其发行、出租的复制品有合法来源的，应当承担法律责任。

（5）著作权纠纷可以调解，也可以根据当事人达成的书面仲裁协议或者著作权合同中的仲裁条款，向仲裁机构申请仲裁。当事人没有书面仲裁协议，也没有在著作权合同中订立仲裁条款的，可以直接向人民法院起诉。

第三节　专　利　法

一、专利法概述

（一）专利权的概念

专利权是指专利权人在法定期限内对其发明创造成果享有的专有权利。它是国家专利行政部门授予发明人或申请人生产经营其发明创造，并禁止他人生产经营其发明创造的某种特权。

（二）专利法的概念及其调整对象

1. 专利法的概念

专利法有广义和狭义之分，狭义的专利法是指全国人民代表大会通过的《中华人民共和国专利法》(以下简称《专利法》)；广义的专利法是指《专利法》之外，还包括国家有关法律、行政法规和规章中关于专利的法律规范的总称。

2. 专利法的调整对象

专利法的调整对象包括：

(1) 因确认发明创造的归属而发生的社会关系；
(2) 因授予发明创造专利权而发生的社会关系；
(3) 因发明创造专利权实施、转让或者许可实施而发生的社会关系；
(4) 因发明创造专利权保护而发生的社会关系。

二、专利权的主体

（一）发明人或设计人

发明人和设计人是指对发明创造的实质性的特点作出贡献的人。在完成发明创造过程中，只负责组织工作的人、为物质条件提供方便的人或从事其他辅助性工作的人，不是发明人或设计人。

（二）职务发明的创造单位

职务发明创造是指：①在本职工作中作出的发明创造；②履行本单位交付的本职工作之外的任务所作出的发明创造；③退职、退休或者调动工作后一年内作出的，与其在原单位承担的本职工作或者原单位分配的任务有关的发明创造。所谓本单位的物质条件，是指本单位的资金、设备、零部件、原材料或者不对外公开的技术资料等。

执行本单位的任务或者主要是利用本单位的物质技术条件所完成的发明创造为职务发明创造。职务发明创造申请专利的权利属于该单位；申请被批准后，该单位为专利权人。利用本单位的物质技术条件所完成的发明创造，单位与发明人或者设计人订有合同，对申请专利的权利和专利权的归属作出约定的，从其约定。

（三）外国人、外国企业或者外国其他组织

外国人、外国企业或者外国其他组织在我国申请专利权的，依照有关规定，应当按照以下情况办理：

（1）在中国没有经常居所或者营业场所的外国人、外国企业或者外国其他组织在中国申请专利的，依照其所属国同中国签订的协议或者共同参加的国际条约，或者依照互惠原则，根据本法办理。

（2）在中国没有经常居所或者营业场所的外国人、外国企业或者外国其他组织在中国申请专利和办理其他专利事务的，应当委托国务院专利行政部门指定的专利代理机构办理。中国单位或者个人在国内申请专利和办理其他专利事务的，可以委托专利代理机构办理。

三、专利权的客体

（一）发明

1. 发明的概念及特征

发明是指对产品、方法或者其改进所提出的新的技术方案。发明的特征：①发明是利用自然规律而进行的创造；②发明是具体的技术方案。

2. 发明的分类

发明一般分为产品发明和方法发明两类。产品发明是指人们通过研究开发出来的关于各种新产品、新材料、新物质等技术方案，如电子计算机、超导材料等。方法发明是指人们为了制造产品或者解决某个技术课题而研究开发出来的操作方法、制造工艺、制造方法以及工艺流程等技术方案，如汉字输入方法、无铅汽油的提炼方法等。

（二）实用新型

1. 实用新型的概念

实用新型，是指对产品的形状、构造或者其结合所提出适于实用的新的技术方案。

2. 实用新型与发明区别

（1）两者的保护范围不同。发明专利的保护范围宽于实用新型专利，发明既可以是产品发明，也可以是方法发明；而实用新型仅限于产品，但不包括方法。发明的产品没有任何特殊要求；而实用新型的产品要求具有固定的形状或构造。

（2）两者对创造性的要求不同。发明专利要求的创造性高于实用新型。

（3）两者的审查程序不同。发明专利既要进行形式审查也要进行实质审查；而实用新型采用形式审查制度，不进行实质审查。

（4）两者的保护期限不同。发明专利的保护期限是 20 年，而实用新型专利的保护期限是 10 年。

（三）外观设计

外观设计是指对产品的形状、图案或者其结合以及色彩与形状、图案的结合所作出的富有美感并适于工业应用的新设计。外观设计具有如下特征：

（1）外观设计必须与产品相结合。即外观设计是产品的外观设计，必须以产品的外表为依托，构成产品与设计的组合。

（2）外观设计必须能在产业上应用。即外观设计必须能够用于生产经营目的的制造或生产。

（3）外观设计富有美感。外观设计解决的是产品的视觉效果问题。这一点与实用新型相区别。

四、授予专利的条件

（一）授予专利权的发明和实用新型应当符合的条件

1. 新颖性

是指在申请日以前没有同样的发明或者实用新型在国内外出版物上公开发表过、在国内公开使用过或者以其他方式为公众所知，也没有同样的发明或者实用新型由他人向国务院专利行政部门提出过申请并且记载在申请日以后公布的专利申请文件中。

2. 创造性

是指与申请日以前已有的技术相比，该发明有突出的实质性特点和显著的进步，该实用新型有实质性特点和进步。

3. 实用性

是指该发明或者实用新型能够制造或者使用，并且能够产生积极效果。

（二）授予专利权的外观设计应当符合的条件

《专利法》规定，授予专利权的外观设计，应当同申请日以前在国内外出版刊物上公开发表过或者国内公开使用过的外观设计不相同或不相近似，并不得与他人申请在先的权利相冲突。

（三）不授予专利权的项目

不授予专利权的项目包括：①科学发现；②智力活动的规则和方法；③疾病的诊断和治疗方法；④动物和植物的品种；⑤用原子核变换方式获得的物质。

此外，我国《专利法》还规定，对违反国家法律、社会公德或妨碍公共利益的发明创造，不授予专利权。

五、专利的申请与审查批准

（一）专利申请

1. 专利申请的原则

（1）先申请原则。根据《专利法》的规定，同样的发明创造只能被授予一项专利。《专利法》第 9 条规定：两个以上的申请人在同一日分别就同样的发明创造申请专利的，应当在收到专利局的通知后自行协商确定申请人。

（2）单一性原则。根据《专利法》的规定，一件发明或者实用新型专利申请应当限于一项发明或者实用新型。属于一个总的发明构思的两项以上的发明或者实用新型，可以作为一件申请提出。一件外观设计专利申请应当限于一种产品所使用的一项外观设计。用于同一类别并且成套出售或者使用的产品的两项以上的外观设计，可以作为一件申请提出。

（3）优先权原则。根据《专利法》的规定，申请人自发明或者实用新型在外国第一次提出专利申请之日起 12 个月，或者自外观设计在外国第一次提出专利申请之日起 6 个月内，又在中国就相同主题提出专利申请的，依照该外国同中国签订的协议或者共同参加的国际条约，或者依照相互承认优先权的原则，可以享有优先权。申请人自发明或者实用新型在中国第一次提出专利申请之日起 12 个月内，又向国务院专利行政部门就相同主题提出专利申请的，可以享有优先权。申请人要求优先权的，应当在申请的时候提出书面声明，并且在 3 个月内提交第一次提出的专利申请文件的副本；未提出书面声明或者逾期未提交专利申请文件副本的，视为未要求优先权。

2. 专利申请的提出、修改和撤回

（1）专利申请的提出。专利权不能自动取得，申请人必须履行专利法规定的专利申请手续，向国务院专利行政部门提交必要的申请文件。

（2）专利申请的修改。申请人可以对其专利申请文件进行修改，但是，对发明和实用新型专利申请文件的修改不得超出原说明书和权利要求书记载的范围，对外观设计专利申请文件的修改不得超出原图片或者照片表示的范围。

（3）专利申请的撤回。申请人可以在被授予专利权之前随时撤回其专利申请。申请人撤回专利申请，应当向专利局提出声明，写明发明创造的名称、申请号和申请日。撤回专利申请的声明是在专利局作好公布专利申请文件的印刷准备工作后提出的，申请文件仍予公布。

（二）专利申请的审查批准

1. 发明专利申请的审查批准

（1）初步审查。国务院专利行政部门收到发明申请后，应当进行初步审查。

（2）申请公开。国务院专利行政部门收到发明专利申请后，经初步审查认为符合本法要求的，自申请日起满 18 个月，即行公布。国务院专利行政部门可以根据申请人的请求早日公布其申请。

（3）实质审查。发明专利申请自申请日起 3 年内，国务院专利行政部门可以根据申请人随时提出的请求，对其申请进行实质审查；申请人无正当理由逾期不请求实质审查的，该申请即被视为撤回。国务院专利行政部门认为必要的时候，可以自行对发明专利申请进行实质审查。发明专利的申请人请求实质审查的时候，应当提交在申请日前与其发明有关的参考资料。

（4）授予决定。发明专利申请经实质审查没有发现驳回理由的，由国务院专利行政部门作出授予发明专利权的决定，发给发明专利证书，同时予以登记和公告。发明专利权自公告之日起生效。

2. 实用新型和外观设计申请的审查批准

国务院专利行政部门收到实用新型和外观设计申请后，只进行初步审查，不进行申请公开和实质审查。实用新型和外观设计专利申请经初步审查没有发现驳回理由的，由国务院专利行政部门作出授予实用新型专利权或者外观设计专利权的决定，发给相应的专利证书，同时予以登记和公告。实用新型专利权和外观设计专利权自公告之日起生效。

3. 专利的复审

国务院专利行政部门设立专利复审委员会。专利申请人对国务院专利行政部门驳回申请的决定不服的，可以自收到通知之日起 3 个月内，向专利复审委员会请求复审。专利复审委员会复审后，作出决定，并通知专利申请人。专利申请人对专利复审委员会的复审决定不服的，可以自收到通知之日起 3 个月内向人民法院起诉。

六、专利权的期限、终止和无效

（一）专利权的期限

发明专利权的期限为 20 年，实用新型专利权和外观设计专利权的期限为 10 年，均自申请之日起计算。

(二) 专利权的终止

根据《专利法》的有关规定，有下列情形之一的，专利权在期限届满前终止：①没有按照规定缴纳年费的；②专利权人以书面声明放弃其专利权的。专利权在期限届满前终止的，由国务院专利行政部门登记和公告。

(三) 专利权的无效

1. 专利权无效的概念及理由

专利权无效是指已经取得的专利因不符合专利法的有关规定，根据有关单位或个人的请求，经专利复审委员会审核后被宣告无效。

专利权无效的理由，具体包括授予专利权的发明创造不符合专利法规定实质条件。

2. 专利权宣告无效的程序

请求宣告专利权无效或者部分无效的，应当向专利复审委员会提交专利权无效宣告请求书和有关文件一式两份，说明所依据的事实和理由。专利复审委员会对无效宣告的请求作出决定前，无效宣告请求人可以撤回其请求。

专利复审委员会对宣告专利权无效的请求应当及时审查和作出决定，并通知请求人和专利权人。宣告专利权无效的决定，由国务院专利行政部门登记和公告。对专利复审委员会宣告专利权无效或者维持专利权的决定不服的，可以自收到通知之日起3个月内向人民法院起诉。人民法院应当通知无效宣告请求程序的对方当事人作为第三人参加诉讼。

3. 专利权无效的法律效力

宣告无效的专利权视为自始即不存在。宣告专利权无效的决定，对在宣告专利权无效前人民法院作出并已执行的专利侵权的判决、裁定，已经履行或者强制执行的专利侵权纠纷处理决定，以及已经履行的专利实施许可合同和专利权转让合同，不具有追溯力。但是因专利权人的恶意给他人造成的损失，应当给予赔偿。

如果依照前款规定，专利权人或者专利权转让人不向被许可实施专利人或者专利权受让人返还专利使用费或者专利权转让费，明显违反公平原则，专利权人或者专利权转让人应当向被许可实施专利人或者专利权受让人返还全部或者部分专利使用费或者专利权转让费。

七、专利实施的强制许可

（一）专利实施的强制许可的概念

专利实施的强制许可是指国务院专利管理行政部门依照法定条件和程序颁布的实施其专利的一种强制性许可方式。申请人获得这种许可后，不必经专利权人的同意，就可以实施其专利。

（二）专利实施的强制许可的法定情形

专利实施的强制许可的法定情形包括以下几方面：

（1）具备实施条件的单位以合理的条件请求发明或者实用新型专利权人许可实施其专利，而未能在合理长的时间内获得这种许可时，国务院专利行政部门根据该单位的申请，可以给予实施该发明专利或者实用新型专利的强制许可。

（2）在国家出现紧急状态或者非常情况时，或者为了公共利益的目的，国务院专利行政部门可以给予实施发明专利或者实用新型专利的强制许可。

（3）一项取得专利权的发明或者实用新型比前已经取得专利权的发明或者实用新型具有显著经济意义的重大技术进步，其实施又有赖于前一发明或者实用新型的实施的，国务院专利行政部门根据后一专利权人的申请，可以给予实施前一发明或者实用新型的强制许可。在依照前款规定给予实施强制许可的情形下，国务院专利行政部门根据前一专利权人的申请，也可以给予实施后一发明或者实用新型的强制许可。

依照《专利法》规定申请实施强制许可的单位或者个人，应当提出未能以合理条件与专利权人签订实施许可合同的证明。国务院专利行政部门作出的给予实施强制许可的决定，应当及时通知专利权人，并予以登记和公告。给予实施强制许可的决定，应当根据强制许可的理由规定实施的范围和时间。强制许可的理由消除并不再发生时，国务院专利行政部门应当根据专利权人的请求，经审查后作出终止实施强制许可的决定。

取得实施强制许可的单位或者个人不享有独占的实施权，并且无权允许他人实施。取得实施强制许可的单位或者个人应当付给专利权人合理的使用费，其数额由双方协商；双方不能达成协议的，由国务院专利行政部门裁决。专利权人对国务院专利行政部门关于实施强制许可的决定不服的，专利权人和取得实施强制许可的单位或者个人对国务院专利行政部门关于实施强制许可的使用费的裁决不服的，可以自收到通知之日起3个月内向人民法院起诉。

八、专利权的保护

（一）专利权保护的范围

根据《专利法》的规定，发明或者实用新型专利权的保护范围以其权利要求的内容为准，说明书及附图可以用于解释权利要求。外观设计专利权的保护范围以表示在图片或者照片中的该外观设计专利产品为准。

（二）侵害专利权的行为

侵害专利权的行为包括：
(1) 未经专利权人许可，实施其专利的行为；
(2) 假冒他人专利的行为；
(3) 以非专利产品冒充专利产品、以非专利方法冒充专利方法的行为；
(4) 侵夺专利发明人或者设计人的非职务发明专利申请权以及其他权益的行为。

（三）不视为侵犯专利权的情形

不视为侵犯专利权的情形有：
(1) 专利权人制造、进口或者经专利权人许可而制造、进口的专利产品或者依照专利方法直接获得的产品售出后，使用、许诺销售或者销售该产品的；
(2) 在专利申请日前已经制造相同产品，使用相同方法或者已经作好制造、使用的必要准备，并且仅在原有范围内继续制造、使用的；
(3) 临时通过中国领陆、领水、领空的外国运输工具，依照其所属国同中国签订的协议或者共同参加的国际条约，或者依照互惠原则，为运输工具自身需要而在其装置和设备中使用有关专利的；
(4) 专为科学研究和实验而使用有关专利的。

（四）侵害专利权行为的法律责任

侵害专利权行为的法律责任包括民事责任、行政责任、刑事责任。

1. 民事责任

侵害专利权的民事责任主要包括停止侵害、消除影响、恢复名誉和赔偿损失等。其中，根据《专利法》的规定，侵犯专利权的赔偿数额，按照权利人因被侵权所受到的损失或者侵权人因侵权所获得的利益确定；被侵权人的损失或者侵权人获得的利益难以确定的，参照该专利许可使用费的倍数合理确定。

2. 行政责任

侵害专利权的行政责任主要包括：①未经专利权人许可，实施其专利，即侵犯其专利权，引起纠纷的，由当事人协商解决；不愿协商或者协商不成的，专利权人或者利害关系人可以向人民法院起诉，也可以请求管理专利工作的部门处理。管理专利工作的部门处理时，认定侵权行为成立的，可以责令侵权人立即停止侵权行为。②假冒他人专利的，除依法承担民事责任外，由管理专利工作的部门责令改正并予公告，没收违法所得，可以并处违法所得3倍以下的罚款，没有违法所得的，可以处5万元以下的罚款。③以非专利产品冒充专利产品、以非专利方法冒充专利方法的，由管理专利工作的部门责令改正并予公告，可以处5万元以下的罚款。

3. 刑事责任

侵害专利权的刑事责任主要包括：假冒他人专利、情节严重并构成犯罪的，依法追究刑事责任。

（五）诉前救济措施及诉讼时效

1. 诉前救济措施

根据《专利法》的规定，专利权人或者利害关系人有证据证明他人正在实施或者即将实施侵犯其专利权的行为，如不及时制止将会使其合法权益受到难以弥补的损害的，可以在起诉前向人民法院申请采取责令停止有关行为和财产保全的措施。

2. 专利侵权的诉讼时效

根据《专利法》的规定，侵犯专利权的诉讼时效为2年，自专利权人或者利害关系人得知或者应当得知侵权行为之日起计算。发明专利申请公布后至专利权授予前使用该发明未支付适当使用费的，专利权人要求支付使用费的诉讼时效为2年，自专利权人得知或者应当得知他人使用其发明之日起计算。但是，专利权人于专利权授予之日前即已得知或者应当得知的，自专利权授予之日起计算。

第四节　商　标　法

一、商标法概述

（一）商标的概念及特征

1. 商标的概念

商标是指由文字、图形、字母、数字和三维标志和颜色组合，以及以上要素的组合，使用于一定的商品或服务业经营者的显著标记。

2. 商标的特征

商标的特征包括：

(1) 商标主要是由文字、图形或文字与图形结合而组成的标记；

(2) 商标是使用于商品或服务上的标记；

(3) 商标是代表特定商品生产者、经销者或服务者的专用符号；

(4) 商标是附于商品表面或标于所提供的相关物品上的具有显著特征的标记。

(二) 商标的分类

根据不同的标准，可以将商标划分成不同的种类：

(1) 根据商标的结构，可以将商标分为文字商标、图形商标、数字商标、三维商标以及组合商标。

(2) 根据商标的用途，可以将商标分为商品商标和服务商标。

(3) 根据商标的作用和功能，可以将商标分为证明商标、集体商标、防御商标和联合商标。

(三) 商标法的概念及基本原则

1. 商标法的概念

商标法是指调整商标的组成、注册、使用、管理和商标专用权的保护等法律规范的总称。商标法有广义和狭义之分，狭义的商标法仅指全国人大常委会通过的《中华人民共和国商标法》(以下简称《商标法》)；广义的商标法是指除《商标法》之外，还包括国家有关法律、行政法规和规章中关于商标的法律规范。

2. 商标法的基本原则

商标法的基本原则包括：

(1) 保护商标专用权并促使生产、经营者保证商品和服务质量，维护商标信誉，以保障消费者和生产、经营者的利益，促进社会主义市场经济的发展；

(2) 注册取得商标专用权原则；

(3) 自愿注册原则。

二、商 标 权

(一) 商标权的概念

商标权是指商标所有人对其商标拥有独占、排他的权利，与所有权一样，属于绝对权的范畴，即权利主体对其注册商标享有完全的使用权和排他的权利。

（二）商标权的主体

商标权的主体是指通过法定程序，在自己生产、制造、加工、炼选、经销的商品或者提供的服务上享有商标专用权的人。根据《商标法》的规定，商标权的主体范围包括自然人、法人或其他社会组织。

（三）商标权的客体

商标权的客体是指经商标局核准注册的商标，即注册商标。

《商标法》规定，下列标志不得作为商标使用：①同中华人民共和国的国家名称、国旗、国徽、军旗、勋章相同或者近似的，以及同中央国家机关所在地特定地点的名称或者标志性建筑物的名称、图形相同的；②同外国的国家名称、国旗、国徽、军旗相同或者近似的，但该国政府同意的除外；③同政府间国际组织的名称、旗帜、徽记相同或者近似的，但经该组织同意或者不易误导公众的除外；④与表明实施控制、予以保证的官方标志、检验印记相同或者近似的，但经授权的除外；⑤同"红十字"、"红新月"的名称、标志相同或者近似的；⑥带有民族歧视性的；⑦夸大宣传并带有欺骗性的；⑧有害于社会主义道德风尚或者有其他不良影响的。县级以上行政区划的地名或者公众知晓的外国地名，不得作为商标。但是，地名具有其他含义或者作为集体商标、证明商标组成部分的除外；已经注册的使用地名的商标继续有效。

下列标志不得作为商标注册：①仅有本商品的通用名称、图形、型号的；②仅仅直接表示商品的质量、主要原料、功能、用途、重量、数量及其他特点的；③缺乏显著特征的。前款所列标志经过使用取得显著特征，并便于识别的，可以作为商标注册。

此外，根据《商标法》的规定，以三维标志申请注册商标的，仅由商品自身的性质产生的形状、为获得技术效果而需有的商品形状或者使商品具有实质性价值的形状，不得注册。就相同或者类似商品申请注册的商标是复制、模仿或者翻译他人未在中国注册的驰名商标，容易导致混淆的，不予注册并禁止使用。就不相同或者不相类似商品申请注册的商标是复制、模仿或者翻译他人已经在中国注册的驰名商标，误导公众，致使该驰名商标注册人的利益可能受到损害的，不予注册并禁止使用。未经授权，代理人或者代表人以自己的名义将被代理人或者被代表人的商标进行注册，被代理人或者被代表人提出异议的，不予注册并禁止使用。商标中有商品的地理标志，而该商品并非来源于该标志所标示的地区，误导公众的，不予注册并禁止使用；但是，已经善意取得注册的继续有效。地理标志，是指标明某商品来源于某地区，该商品的特定质量、信誉或者其他特征，主要由该地区的自然因素或者人文因素所决定的标志。

三、注册商标的申请和审查核准

(一) 商标注册的申请

1. 商标注册的申请的原则

(1) 申请在先的原则。2个或者2个以上的商标注册申请人,在同一种商品或者类似商品上,以相同或者近似的商标申请注册的,初步审定并公告申请在先的商标;同一天申请的,初步审定并公告使用在先的商标,驳回其他人的申请,不予公告。

(2) 优先权原则。商标注册申请人自其商标在外国第一次提出商标注册申请之日起6个月内,又在中国就相同商品以同一商标提出商标注册申请的,依照该外国同中国签订的协议或者共同参加的国际条约,或者按照相互承认优先权的原则,可以享有优先权。要求优先权的,应当在提出商标注册申请的时候提出书面声明,并且在3个月内提交第一次提出的商标注册申请文件的副本;未提出书面声明或者逾期未提交商标注册申请文件副本的,视为未要求优先权。商标在中国政府主办的或者承认的国际展览会展出的商品上首次使用的,自该商品展出之日起6个月内,该商标的注册申请人可以享有优先权。要求优先权的,应当在提出商标注册申请的时候提出书面声明,并且在3个月内提交展出其商品的展览会名称、在展出商品上使用该商标的证据、展出日期等证明文件;未提出书面声明或者逾期未提交证明文件的,视为未要求优先权。

2. 商标注册申请的方法

商标注册申请的方法有以下几种:

(1) 按规定的商品分类填表使用商标的商品类别和商品名称。申请商标注册的,应当按规定的商品分类表填报使用商标的商品类别和商品名称。商标注册申请人在不同类别的商品上申请注册同一商标的,应当按商品分类表提出注册申请。

(2) 注册商标需要在同一类的其他商品上使用的,应当另行提出注册申请。

(3) 注册商标需要改变其标志的,应当重新提出注册申请。

(4) 注册商标需要变更注册人的名称、地址或者其他注册事项的,应当提出变更申请。

(二) 商标注册审查核准

1. 形式审查

商标局收到申请文件后,应当首先进行形式审查。经过形式审查后,申请手续齐备并按照规定填写申请文件的,商标局予以受理并书面通知申请人;申请手续不齐备或者未按照规定填写申请文件的,商标局不予受理,书面通知申请人并说明理由。

申请手续基本齐备或者申请文件基本符合规定,但是需要补正的,商标局通知申请人予以补正,限其自收到通知之日起 30 日内,按照指定内容补正并交回商标局。在规定期限内补正并交回商标局的,保留申请日期;期满未补正的,视为放弃申请,商标局应当书面通知申请人。

2. 实质审查

商标局对受理的申请,依照商标法的规定进行实质审查。

3. 公告核准

对初步审定的商标,自公告之日起 3 个月内,任何人均可以提出异议。公告期满无异议的,予以核准注册,发给商标注册证,并予公告。2 个或者 2 个以上的商标注册申请人,在同一种商品或者类似商品上,以相同或者近似的商标申请注册的,初步审定并公告申请在先的商标;同一天申请的,初步审定并公告使用在先的商标,驳回其他人的申请,不予公告。对不符合规定或者在部分指定商品上使用商标的注册申请不符合规定的,予以驳回或者驳回在部分指定商品上使用商标的注册申请,书面通知申请人并说明理由。对初步审定的商标,自公告之日起 3 个月内,任何人均可以提出异议。公告期满无异议的,予以核准注册,发给商标注册证,并予公告。

4. 复审或者裁定

对驳回申请、不予公告的商标,商标局应当书面通知商标注册申请人。商标注册申请人不服的,可以自收到通知之日起 15 日内向商标评审委员会申请复审,由商标评审委员会作出决定,并书面通知申请人。当事人对商标评审委员会的决定不服的,可以自收到通知之日起 30 日内向人民法院起诉。

对初步审定、予以公告的商标提出异议的,商标局应当听取异议人和被异议人陈述事实和理由,经调查核实后,作出裁定。当事人不服的,可以自收到通知之日起 15 日内向商标评审委员会申请复审,由商标评审委员会作出裁定,并书面通知异议人和被异议人。当事人对商标评审委员会的裁定不服的,可以自收到通知之日起 30 日内向人民法院起诉。人民法院应当通知商标复审程序的对方当事人作为第三人参加诉讼。当事人在法定期限内对商标局作出的裁定不申请复审或者对商标评审委员会作出的裁定不向人民法院起诉的,裁定生效。经裁定异议不能成立的,予以核准注册,发给商标注册证,并予公告;经裁定异议成立的,不予核准注册。经裁定异议不能成立而核准注册的,商标注册申请人取得商标专用权的时间自初审公告 3 个月期满之日起计算。

四、注册商标的续展、转让、使用许可和争议裁定

(一)注册商标的续展

注册商标的有效期为 10 年,自核准注册之日起计算。注册商标有效期满,需要继续使用的,应当在期满前 6 个月内申请续展注册;在此期间未能提出申请的,可以给予 6 个月的宽展期。宽展期满仍未提出申请的,注销其注册商标。每次续展注册的有效期为 10 年。续展注册经核准后,予以公告。

(二)注册商标的转让

转让注册商标的,转让人和受让人应当签订转让协议,并共同向商标局提出申请。受让人应当保证使用该注册商标的商品质量。转让注册商标经核准后,予以公告。受让人自公告之日起享有商标专用权。

(三)注册商标的使用许可

注册人可以通过签订商标使用许可合同,许可他人使用其注册商标。许可人应当监督被许可人使用其注册商标的商品质量。被许可人应当保证使用该注册商标的商品质量。经许可使用他人注册商标的,必须在使用该注册商标的商品上标明被许可人的名称和商品产地。商标使用许可合同应当报商标局备案。

(四)注册商标争议的裁定

根据商标法的规定,除以下两种情况外,对注册商标有争议的可以自该商标核准注册之日起 5 年内,向商标复审委员会申请裁定:

(1)已经注册的商标,违反不得作为商标使用标志的规定、不得作为商标注册标志的规定,不得以三维标志申请注册商标的情形或者是以欺骗手段或者其他不正当手段取得注册的,由商标局撤销该注册商标;其他单位或者个人可以请求商标评审委员会裁定撤销该注册商标。

(2)已经注册的商标,违反商标法不予注册并禁止使用的规定,或违反商标法有关申请注册商标不得损害他人在先权利,不得以不正当手段抢先注册他人已经使用并有一定影响的商标的规定的,自商标注册之日起 5 年内,商标所有人或者利害关系人可以请求商标评审委员会裁定撤销该注册商标。对恶意注册的,驰名商标所有人不受 5 年的时间限制。除前两款规定的情形外,对已经注册的商标有争议的,可以自该商标经核准注册之日起 5 年内,向商标评审委员会申请裁定。

商标评审委员会收到裁定申请后,应当通知有关当事人,并限期提出答辩。

商标评审委员会作出维持或者撤销注册商标的裁定后,应当书面通知有关当事人。当事人对商标评审委员会的裁定不服的,可以自收到通知之日起 30 日内向人民法院起诉。人民法院应当通知商标裁定程序的对方当事人作为第三人参加诉讼。

五、商标使用的管理

(一) 对注册商标的使用管理

1. 对注册商标的使用管理

使用注册商标,有下列行为之一的,由商标局责令限期改正或者撤销其注册商标:①自行改变注册商标的;②自行改变注册商标的注册人名义、地址或者其他注册事项的;③自行转让注册商标的;④连续 3 年停止使用的。对商标局撤销注册商标的决定,当事人不服的,可以自收到通知之日起 15 日内向商标评审委员会申请复审,由商标评审委员会作出决定,并书面通知申请人。当事人对商标评审委员会的决定不服的,可以自收到通知之日起 30 日内向人民法院起诉。

2. 监督使用注册商标的商品质量

使用注册商标,其商品粗制滥造,以次充好,欺骗消费者的,由各级工商行政管理部门分别根据不同情况,责令限期改正,并可予以通报或者处以罚款,或者由商标局撤销其注册商标。

3. 对被撤销或注销的商标管理

注册商标被撤销的或者期满不再续展的,自撤销或者注销之日起 1 年内,商标局对与该商标相同或者近似的商标注册申请,不予核准。

4. 对必须使用注册商标的商品的管理

对按照国家规定必须使用注册商标的商品,未申请注册而在市场上销售的,由地方工商局责令其限期改正,可以并处罚款。

(二) 对未注册商标的使用管理

未注册商标不享有商标专用权,由于我国对商标注册采取自愿注册原则,除法律规定必须使用注册商标的商品外,允许商品的生产者、经营者或服务者合法使用未注册商标。未注册商标的使用同样涉及商标专用权的保护、商品或服务质量和消费者利益的保障,因而商标管理工作也包括对未注册商标的使用管理。

根据《商标法》的规定,使用未注册商标,有下列行为之一的,由地方工商行政管理部门予以制止,限期改正,并可以予以通报或者处以罚款:①冒充注册商标的;②违反《商标法》第 10 条规定的;③粗制滥造,以次充好,欺骗消费者的。

六、注册商标专用权的保护

（一）注册商标专用权的保护范围

注册商标专用权的保护范围限定在以下三个方面：
(1) 核准注册的商标；
(2) 核定使用的商品或服务；
(3) 注册商标在有效期限内。

（二）侵犯注册商标专用权的行为及其法律责任

1. 侵犯注册商标专用权的行为

根据《商标法》的规定，有下列行为之一的，均属侵犯注册商标专用权：①未经商标注册人的许可，在同一种商品或者类似商品上使用与其注册商标相同或者近似的商标的；②销售侵犯注册商标专用权的商品的；③伪造、擅自制造他人注册商标标识或者销售伪造、擅自制造的注册商标标识的；④未经商标注册人同意，更换其注册商标并将该更换商标的商品又投入市场的；⑤给他人的注册商标专用权造成其他损害的。

2. 侵犯注册商标专用权的法律责任

侵犯注册商标专用权的法律责任包括民事责任、行政责任和刑事责任。

(1) 民事责任。民事责任主要包括停止侵害、消除影响、赔偿损失等。其中，根据《商标法》的规定，侵犯商标专用权的赔偿数额，为侵权人在侵权期间因侵权所获得的利益，或者被侵权人在被侵权期间因被侵权所受到的损失，包括被侵权人为制止侵权行为所支付的合理开支。侵权人因侵权所得利益，或者被侵权人因被侵权所受损失难以确定的，由人民法院根据侵权行为的情节判决给予50万元以下的赔偿。

销售不知道是侵犯注册商标专用权的商品，能证明该商品是自己合法取得的并说明提供者的，不承担赔偿责任。

(2) 行政责任。行政责任主要包括：责令立即停止侵权行为，没收、销毁侵权商品和专门用于制造侵权商品、伪造注册商标标识的工具，并可处以罚款。

(3) 刑事责任。刑事责任主要包括：未经商标注册人许可，在同一种商品上使用与其注册商标相同的商标，构成犯罪的，除赔偿被侵权人的损失外，依法追究刑事责任。伪造、擅自制造他人注册商标标识或者销售伪造、擅自制造的注册商标标识，构成犯罪的，除赔偿被侵权人的损失外，依法追究刑事责任。销售明知是假冒注册商标的商品，构成犯罪的，除赔偿被侵权人的损失外，依法追究刑事责任。

(三) 侵犯注册商标专用权案件的处理

侵犯注册商标专用权行为之一,引起纠纷的,由当事人协商解决;不愿协商或者协商不成的,处理办法有两个:一是由商标注册人或利害关系人请求工商行政管理部门处理;二是由商标注册人或利害关系人向人民法院起诉。

(四) 驰名商标的法律保护

1. 驰名商标的概念

驰名商标,指经法定机构认定的,在一国或世界范围的相关公众中具有较高知名度和广泛盛誉的商标。"驰名商标"一词,最早见于1883年在巴黎签订的《保护工业产权巴黎公约》。驰名商标的法律保护,关系到名牌战略实施的成败和民族资本的兴衰。我国加入世界贸易组织(WTO)后,对驰名商标的保护就显得更为重要。

2. 驰名商标的法律保护的必要性

驰名商标因其具有长期使用性、强烈识别性、无形财产性和巨额价值性,不仅被视为企业的无形财产,而且也是一国经济实力的特殊反映。在世界市场竞争日益激烈的今天,驰名商标所起到的作用与日俱增,对消费者而言,驰名商标意味着优良的商品品质和较高的企业信誉;对驰名商标的所有人而言,驰名商标意味着广泛的市场占有率和超常的创利能力,它是企业生产管理、技术水平及企业信誉在商品上的综合反映。在市场流通领域中,伴随着消费者对驰名商标熟识程度的加深,企业的知名度会越来越大,附属于商品的商标信誉也会越来越高。商标的信誉越高,其竞争力越大,其为企业所带来经济利益也会越来越多,从而使商标本身的价值也会越来越高。例如,四川"长虹"商标,其品牌价值1995年87.61亿元人民币,到1997年,其价值达到了182亿元人民币。众所周知的"可口可乐"商标,其价值已逾300亿美元。基于此,驰名商标比普通商标更容易招致假冒、不正当竞争等行为的侵害。因此对驰名商标,各国立法及国际公约均作出了特殊保护的规定。

3. 驰名商标的认定

认定驰名商标应考虑以下因素:《商标法》第14条对认定驰名商标应考虑的因素作出了规定,包括:①相关公众对该商标的知晓程度;②该商标使用的持续时间;③该商标的任何宣传工作的持续时间、程度和地理范围;④该商标作为驰名商标受保护的记录;⑤该商标驰名的其他因素。人民法院和商标主管机关对驰名商标的认定应当严格依照上述标准依法进行。那些宣传工作持续时间和使用持续时间不长、相关公众知晓程度不高的商标,不能认定为驰名商标。

4. 对驰名商标的法律保护

（1）我国对驰名商标进行了特殊的法律保护。针对存在的侵权行为，我国对驰名商标进行了特殊的法律保护。首先，在申请注册方面，驰名商标的注册，应采取使用在先和注册在先的原则。申请人通过注册获得商标专用权，但该专用权可因先使用人提出确切的在先使用证明而被撤销。驰名商标一旦被抢注，驰名商标权人可在5年内请求撤销注册。如为恶意注册，则可随时申请撤销。驰名商标权人还享有阻止他人注册或使用的权利。其次，要保护驰名商标，必须制止淡化行为。我国《驰名商标认定和管理暂行规定》第8~10条已有条件地禁止淡化行为，但还须加以改进与完善，并在《商标法》中作出相应的规定。

（2）驰名商标的域外保护。自1883年《巴黎公约》首次引入驰名商标的概念后，对驰名商标进行特殊保护已成为世界立法之趋势。很多国际性条约都对驰名商标给予了法律保护，而且这种保护是以特殊法律规定的形式对驰名商标加以保护的，现在这种保护正不断趋向于严格化。

《巴黎公约》是最早规定保护驰名商标的国际公约，该公约第6条之二是对驰名商标保护的经典规定。该条规定：本联盟各国承诺，如本国法律允许，应依职权，或依有关当事人的请求，对商标注册国或使用国主管机关认为在该国已经属于有权享受本公约利益的人所有而驰名，并且用于相同或类似商品的商标构成复制、仿制或翻译，易于产生混淆的商标，拒绝或撤销注册，并禁止使用。在商标的主要部分构成对驰名商标的复制或仿制，易于产生混淆时，也应适用这些规定。《巴黎公约》对驰名商标的保护采用的是相对保护主义，即禁止他人将与驰名商标相同或相似的商标在与商标所有权人相同或近似的行业中注册和使用，至于在非类似的商品上使用相同或近似的商标则是被允许的。

《与贸易有关的知识产权协议》（TRIPS协议）确立了高于《巴黎公约》的保护标准，对驰名商标实行跨类保护。该协议第16条第3款规定：巴黎公约1967年文本，原则上适用于与驰名商标所标示的商品或服务不类似的商品或服务，只要在不类似的商品或服务上使用该商标而会暗示该商品或服务与驰名商标所有人存在某种联系，使驰名商标所有人的利益可能因此受损。

思考题

1. 简述著作权的法定许可。
2. 简述驰名商标的法律保护。
3. 授予专利权的发明和实用新型应当符合哪些条件？
4. 专利实施的强制许可有哪些法定情形？

典型案例

2000年1月甲公司的高级工程师乙研制出一种节油装置，完成了该公司的技术攻坚课题，并达到国际领先水平。2000年2月甲公司将该装置样品提供给我国政府承认的某国际技术展览会展出。同年3月，乙未经单位同意，在向某国外杂志的投稿论文中透露了该装置的核心技术，该杂志将论文全文刊载，引起甲公司不满。同年6月，丙公司依照该杂志的报道很快研制了样品，并作好了批量生产的必要准备。甲公司于2000年7月向我国专利局递交专利申请书。2000年12月丁公司也根据该杂志开始生产该节油装置。2003年5月7日国务院专利行政部门授予甲公司发明专利，2003年7月甲公司向法院提起诉讼，分别要求丙公司和丁公司停止侵害并赔偿损失。

问题：

(1) 在丙公司已研制出样品，丁公司已开始生产的情况下，甲公司的发明是否仍因具有新颖性而被授予专利权？

(2) 甲公司能否要求丙公司停止侵害并赔偿损失？

(3) 丁公司实施甲公司发明的行为是否构成侵权行为？

(4) 甲公司可以在起诉前向法院申请采取什么措施保护自己的合法权益？

参考答案：

(1) 甲公司的发明仍因具有新颖性而被授予专利权，因为该发明的核心技术在论文中被透露未经甲公司同意。

(2) 甲公司无权要求，因丙公司有权在原有范围内继续制造该专利产品，因为根据《专利法》的有关规定，有下列情形之一的，不视为侵犯专利权：……（二）在专利申请日前已经制造相同产品、使用相同方法或者已经作好制造、使用的必要准备，并且仅在原有范围内继续制造、使用的。

(3) 丁2003年5月7日后的实施行为构成侵权行为，因为根据《专利法》的规定，未经专利权人许可，实施其专利，即侵犯其专利权；发明专利申请公布后至专利权授予前使用该发明未支付适当使用费的，专利权人要求支付使用费的诉讼时效为2年。

(4) 甲公司可以在起诉前向法院申请采取申请诉前禁令、申请诉前财产保全、申请诉前证据保全的措施保护自己的合法权益。

第十一章　竞争法律制度

重点问题
* 不正当竞争行为的类型
* 垄断行为的类型
* 垄断的经济学含义与法律含义

第一节　竞争与竞争法概述

一、竞争法概述

我国现有的调整竞争法律关系的法律共有两部：一是《中华人民共和国反不正常竞争法》（以下简称《反不正当竞争法》）；二是《中华人民共和国反垄断法》（以下简称《反垄断法》）。

不正当竞争，是指经营者违反法律规定，损害其他经营者的合法权益，扰乱社会经济秩序的行为。所谓经营者，是指从事商品经营或者营利性服务的法人、其他经济组织和个人。

反不正当竞争法，是调整在制止不正当竞争行为过程中发生的社会关系的法律规范的总称。1993年9月2日第八届全国人大常委会第三次会议通过了《中华人民共和国反不正当竞争法》。该法自1993年12月1日起施行。

垄断行为包括垄断协议、滥用市场支配地位、经营者集中等行为。《中华人民共和国反垄断法》于2007年8月30日第十届全国人民代表大会常务委员会第二十九次会议通过，自2008年8月1日起施行。

二、垄断和不正当竞争构成要素

本节所指垄断和不正当竞争行为，是从垄断的角度来分析不正当竞争，意指由垄断引起的不正当竞争行为。不正当竞争行为多种多样，有的并不因垄断而引起，如欺诈行为等，此类行为不作为经济法调整的重点，较为常见的由民法和刑法来规范。同时，经济法不调整一般的垄断行为，而是调整由垄断引起的不正当竞争行为，故在此将二者并列提出。

诚然，垄断和不正当竞争是有本质区别的，适当的垄断和特定条件下的垄断对一个国家的经济发展无疑是有利的。只有当该垄断行为严重影响了市场有效竞争，对国民经济产生重大不良影响时，才成为反垄断法所调整的范围，以体现国家对经济的干预作用。不正当竞争行为种类繁多，范围比较广。但总体上讲，虽然它对市场竞争、价值规律起到扭曲的作用，但并不能影响大局，在法律调整上需要民法和行政法规范等。所以，在市场经济比较发达的国家既有反垄断法，又有反不正当竞争法。我国在长时间里只有《反不正当竞争法》，而没有《反垄断法》，反垄断的内容在《反不正当竞争法》和其他相关法律，如价格法中加以规定。《反垄断法》的制定和颁布，填补了这一空白。

反垄断法和不正当竞争法是西方现代经济法的核心，常被冠以"市场经济的宪法"。日本学者丹宗昭信认为"经济法是反垄断法"。这说明它不仅在经济法中，在世界整个法律体系中，而且在一个国家的政治经济生活领域都占有极其重要的位置，发挥着巨大的作用。所以，对其法律关系构成要素进行分析研究是十分必要的，是十分有意义的。

法律关系是根据法律规范产生的，以主体之间的权利与义务关系的形式表现出来的特殊的社会关系。它是一定的社会关系经由相应的法律调整而形成的权利义务关系。法律关系构成要素为构成法律关系的实质要件，它包括三大要素，即主体、内容和客体。反垄断和不正当竞争法律关系构成要素是法律关系构成要素的具体化。正确理解这一问题，必须将之置于经济法的范围来分析。反垄断和不正当竞争法律关系是这一法律关系的具体化，主要指国家在反垄断和不正当竞争过程中依法形成的管理与被管理的关系。

（一）主体

法律关系的主体是指法律关系的参加者，是法律关系中权利的承受者和义务的承担者。反垄断和不正当竞争法律关系的主体为受该法调整、参与该活动的双方或多方当事人，他们是权利和义务的承担者。它的主要含义为：这一主体中必须以国家（常为专门机构行使职权）为一方主体，即由国家来行使反垄断的职权；这一职权的行使必须在法律允许的范围内，主要由反垄断法明确规定权利和义务。《谢尔曼法》第4条规定："授权美国区法院司法管辖权，以防止限制违反本法；各区检察长、依司法部长的指示在其各自区内提起衡平诉讼，以防止和限制违反本法的行为。"[①] 美国专门设立反垄断局，由1名司法部长助理指导。由司法部行使监察权，由法院来审判。由于《谢尔曼法》可操作性差，其反垄断的对象主要针对卡特尔，所以，在实际中反垄断不利。联邦议会又出台了《克来顿

---

① 陈晓旭，周济主编：《西方经济法规精选》（一），改革出版社，1994年，第263页。

法》和《联邦贸易委员会法》。这样,在原来反垄断局的基础上,又增设了联邦贸易委员会。它是一个独立于行政的委员会,由5名成员组成,并设有自己的一套行政机构,它与司法部的反托拉斯局共同为相互独立的反托拉斯机关。但只有反托拉斯局才有权提起刑事诉讼。在这两个相对独立的机构下,还根据不同行业或者专门部门设立了不同的委员会,如国际商业委员会、联邦电业委员会、证券交易委员会、能源委员会等。可见,司法部反托拉斯局和联邦贸易委员会成为美国反垄断的一方管理主体,代表国家行使反垄断权;另一方主体为"垄断或企图垄断,或与他人联合共谋垄断的人"("人"指经法律授权的公司及联合会)。[1]日本执行《禁止垄断法》的机构是公正交易委员会。其相对人为事业者、事业者团体特别是公司和非公司。这里的事业是指"商业、工业、金融和其他事业的从事者"。[2] 德国的主要执行机构是联邦卡特尔局、州卡特尔局和联邦经济部长,相对人为具有垄断行为的企业。这些机构相对独立,依法享有很大的权力。

美、日、德反垄断法中关于主体的规定,包括如下特征:

第一,主体地位的不平等性和相对固定性。无论是美国的反托拉斯局和联邦贸易委员会、日本的公正交易委员会,还是德国的卡特尔局,它们与具有垄断行为的企业或事业者之间的关系是管理与被管理的关系。前者代表国家为管理主体,后者为被管理主体,双方法律地位明显的不平等。这种不平等性,因反垄断而确立,这一点有别于民事规范;相对的固定性是指权利义务的相对固定。反垄断的管理主体基本上是强调权利(相比较而言,日本的公正交易委员会及成员关于义务的规定较详尽)。作为被管理主体的实施垄断行为的企业主要为义务主体。这种权利义务的不对等性,也恰恰表明双方地位的不平等性。

第二,主体资格的对应性和双重性。反垄断的专设机构在享有权利的同时,对其上级机关和国家负有必须依法实施管理,不得随意放弃反垄断的职权,并必须有效地履行反垄断的义务,对具有垄断行为的企业负有不得滥用职权的义务。此外,作为被管理主体的企业在负有接受管理的义务的同时,还享有请求权、监督权、起诉权等;双重性主要表现在反垄断的专设机构以管理者身份出现的同时,对其上级机关和国家来讲,它们也是被管理主体和义务主体。同时,相对于法院、司法机关等部门来说,其活动必须在法律规定的范围内从事管理活动;否则,要承担相应的法律后果。

第三,管理主体具有专门性和系统性。美、德、日三国都设有反垄断的专门机构,它们是具有相对独立性的独立机构,拥有强制性的(甚至是准司法性的,如日本)较为广泛的权利。另外,这种专设机构自成系统。日本公正交易委员会

---

[1] 陈晓旭,周济主编:《西方经济法规精选》(一),改革出版社,1994年,第264页。
[2] 〔日〕金泽良雄:《当代经济法》,辽宁人民出版社,第146页。

属内阁总理大臣管辖,由委员长及委员4人组成,委员长由天皇任命,下设经济部、交易部、审查部等,地方设各级事务所。从横向上看,它从国家最高层次一直到地方各州、郡,实行级别管辖。从纵向上看,各专业部门还设有反垄断委员会(如美国"能源委员会"等)。

第四,被管理主体的独占性。垄断也叫独占,虽然各国反垄断的形式不同,在反垄断法中对垄断划分的标准不同,但有一点是共同的,即垄断企业的存在已给国家经济带来威胁、潜在危险甚至危害。那么,这种行为必然成为反垄断法所调整的客体。

中国有明确的反不正当竞争的管理主体。根据《反不正当竞争法》第3条第2款规定,对不正当竞争行为的监督检查,主要由县级以上人民政府工商行政管理部门负责;同时,其他部门(如产品质量管理部门、药品行政管理部门、食品卫生监督管理部门、专利管理部门、版权管理部门等)根据有关法律、行政法规的规定,对部分不正当竞争行为也拥有监督检查权。如此法律规定,在实践中造成对不正当竞争行为打击不力。在这一点上,可以借鉴外国的做法,设立一个独立于政府之外的保护公平竞争的组织,依法授权、行使确认、宣告和制裁非法竞争的行为。

另外,新颁布的《反垄断法》规定,国务院设立反垄断委员会,负责组织、协调、指导反垄断工作,履行下列职责:研究拟订有关竞争政策;组织调查、评估市场总体竞争状况,发布评估报告;制定、发布反垄断指南;协调反垄断行政执法工作;国务院规定的其他职责。国务院反垄断委员会的组成和工作规则由国务院规定。国务院规定的承担反垄断执法职责的机构依照《反垄断法》规定,负责反垄断执法工作。国务院反垄断执法机构根据工作需要,可以授权省、自治区、直辖市人民政府相应的机构,依照《反垄断法》规定负责有关反垄断执法工作。

(二) 内容

法律关系的内容主要指权利义务。反垄断和不正当竞争权利是指国家及反垄断法的专设机构在反垄断过程中,依法可以为或不为一定行为的资格。

这种权利,在各国法律中有不同的规定,但归结起来主要有八大类权利,即调查权,监督权,审查权,资料、信息索取权,资料信息公布权,行为干预权,处罚权,立法权。

反垄断和不正当竞争权利具有以下三个法律特征。

首先,国家反垄断权明确由反垄断法规定,由反垄断法所规定的专门机构及其他相关机构独家享有,具有专门性。并且,以强行性规范、授权性规范为主。例如,美国《谢尔曼法》等三部主要法律明确规定,美国司法部反垄断局和联邦贸易委员会拥有监察反垄断法实施的监察权；对限制竞争企业的调查权；禁止企业兼并权（以垄断为目的或可能造成垄断的后果的企业兼并）；依法取缔、解散企业权等。日本则明确规定调查与垄断状态有关的经济活动的权利以及案件审查权（有关垄断的案件）和监督权；权利的专门性主要包含两层意思：其一，反垄断权属国家依法独家享有，具体由专设机构行使；其二，该权利属于相对权，即国家只有针对有垄断行为的公司或联合会等相对人才能施用反垄断法所规定的权利；否则，相对人可依法提起诉讼来保护自己的合法权益。

其次，权利具有经济内容，是经济权利。如美国规定的禁止价格歧视权、禁止不正当佣金权，日本的课征金的缴纳权。德国专门有垄断委员会定期向卡特尔局提供有关经济集中、市场优势及法律使用情况的报告。

再次，权利行使的方式主要为禁止和限制。

这一系列权利是在反垄断过程中存在。它突出地表现为国家开始干预经济，是"国家之手"的主要运作方式，即对垄断和不正当竞争行为的禁止和限制。例如，德国的卡特尔局有权对违法者处以罚款和发布禁令，宣布行为无效，没收非法所得的额外利润等。《谢尔曼法》规定对违法所得"予以没收，收归国有，并可以予以扣押和没收"。日本则按照司法程序，排除违法禁止垄断法行为的工作，即排除措施作为公正交易委员会的职能，可以概括为认可、指定、申报、报告、其他等项权能。国家在反垄断中的义务，是指国家在这一活动中依法应当为或不为一定行为的责任。义务履行目的在于反垄断，以保障国家经济的发展。一般来讲，国家为一方管理主体在反垄断中所拥有的权利亦可以理解为所应尽的义务。有些国家在其反垄断法中则十分详尽地规定了义务。例如，日本，对公正交易委员会的委员长、委员、职员规定特定行为禁止，如除特殊允许外不得从事有报酬的活动、经营商业等，除有特殊规定外不得就某事情的有无或法令的适用，对外部表现意见，此外还包括职务上的强制执行，公听会、必要事项公布，对国会的报告和提出意见等。被限制的企业等相对人的义务主要为接受调查、停止兼并、取消价格歧视、解散组织等。在受到不公正处罚时，有依法提起诉讼的权利。

根据《反不正当竞争法》，我国监督管理机构拥有调查权、查询权、取证权、命令权和处罚权等，但缺少强制性措施执行权，这也是造成反不正当竞争不力的因素之一。经营者则应依法履行，如实提供材料、接受询问，提供商品的来源和数量、暂停销售、听候检查，不得转移、隐匿、销毁特定商品。经营者对监督管理机关的不法管理行为可依法提起诉讼。受到不正当竞争损害时，便涉及如何择优选择法律的问题。目前，我国还不能有效地解决这一问题。在这方面，需要在《反不正当竞争法》中予以明文规定。

而根据《反垄断法》，我国反垄断执法机构依法对涉嫌垄断行为进行调查。对涉嫌垄断行为，任何单位和个人有权向反垄断执法机构举报。反垄断执法机构应当为举报人保密。举报采用书面形式并提供相关事实和证据的，反垄断执法机构应当进行必要的调查。反垄断执法机构调查涉嫌垄断行为，可以采取下列措施：进入被调查的经营者的营业场所或者其他有关场所进行检查；询问被调查的经营者、利害关系人或者其他有关单位或者个人，要求其说明有关情况；查阅、复制被调查的经营者、利害关系人或者其他有关单位或者个人的有关单证、协议、会计账簿、业务函电、电子数据等文件、资料；查封、扣押相关证据；查询经营者的银行账户。

（三）客体

法律关系的客体，是指法律关系主体双方权利、义务所共同指向的对象。国家反垄断和不正当竞争法律关系的客体是一种特定的行为，即垄断行为。这种行为是国家反垄断过程中双方权利、义务所共同指向的对象。

垄断行为确定的标准与分类。通过对美、德、日反垄断的分析，可以看出，各国确认垄断的法律标准不同。美国判定垄断行为的标准是逐渐通过判例确定的，它基本上遵循两项重要基本原则：首先，是本身违法原则。即某些损害竞争的行为已被司法判例确定本身就是违法的，无须通过对其他因素的考虑去判断。这些行为对竞争的损害作用明确，一般不会因其他的影响而有实质性的变化。所以，无须加以证明。其次，是合理化原则。由于垄断行为在实践中很难把握，需要对有关行为对竞争所产生的积极影响和消极影响进行权衡，目的是禁止那些具有损害后果的行为。[1] 日本判定垄断行为的标准主要依据两个方面：第一，对一定交易领域里的实质性限制。通过市场结构和市场效果两个标准来判定。根据是《关于推进产业结构改善的禁止垄断法的适用》备忘录，其中重点考虑的就是市场占有率。垄断状态指在一定年度超过总销售额的商品和劳务的事业领域里，一个事业者的市场占有率超过1/2，两个事业者的市场占有率合计超过3/4的，以及排挤事业者重新进入市场困难，这样的市场结构和市场弊害。第二，妨碍公平竞争的因素即具有妨碍竞争、一定交易领域内竞争实质受到限制的行为。

虽然各国判定垄断的标准不同，但它们毕竟有共同之处，主要表现在：①这些垄断行为严重损害了竞争，价值规律被严重扭曲，以至于对整个国民经济起到破坏作用。②这些垄断行为都发生在由自由竞争发展到市场集中阶段，是生产高度集中的反映。③这些垄断行为的出现，使民法、行政法、刑法等规范已不能充分调整。

---

[1] 〔美〕库尔特·马尔克：《美国反托拉斯的现状和发展趋势》，邵建东译，载于《美国和德国的经济与经济法》，法律出版社，1990年。

关于垄断行为的种类。根据《谢尔曼法》规定，可将垄断行为归结为三类：①任何契约，以托拉斯形式或者其他形式的联合、共谋用来限制州际间或与外国之间的贸易或商业，是非法的。任何人签订上述契约或从事上述联合和共谋的行为。②任何人签订上述契约或从事以托拉斯形式或者其他形式的联合，共谋限制贸易的或商业的行为。③垄断或企图垄断，或与他人联合，共谋垄断州际间的或者与外国间的商业和贸易。除此之外，还适用"合理性原则"来确认垄断行为。日本限制的垄断行为主要有：私人垄断，不正当交易限制垄断状态，不公正的交易方法，特定的国际协定和契约，事业团体的一定行为，股份保有、兼任公司董事，公司合并、准合并公司的一定行为，统一提价。[①] 德国卡特尔法主要限制企业为获得高额垄断利润而采取的种种限制市场竞争。

垄断行为是具体的、变化的。各国对垄断的态度不同，同一国家在不同时期对垄断的态度亦不尽相同。20世纪下半期，美国奉行自由主义的经济政策，对垄断限制有所松懈，如价格歧视不再一律被禁止，对企业兼并的控制亦有所放松。日本、德国也曾颁布《卡特尔形成法》和《助长卡特尔法》。可见，反垄断是出于经济发展的需要，由自由竞争向垄断过渡，市场竞争受到限制，竞争不充分。鼓励垄断形成也是出自经济发展的需要，形成一定的生产规模，有利于国家经济的发展。所以，对垄断行为的法律规定，反映出各国对垄断的态度基本上是鼓励垄断—反垄断—放松垄断—垄断国际化这样一种趋势。我国《反不正当竞争法》规范11种不正当竞争行为，由于缺少相应的实施细则和配套法规，一定程度上造成实施不力。如该法第8条规定："经营者不得以排挤竞争对手为目的，以低于成本的价格销售商品。"其中，成本如何计算，法律未作明文规定，亦无授权性规定，诸如此类，如"具有独占地位"（该法第6条），以及困扰人们的"回扣"问题，在法律上的规定也不是十分明确的。

我国《反垄断法》对经营者达成垄断协议、经营者滥用市场支配地位、具有或者可能具有排除、限制竞争效果的经营者集中等垄断行为作了明确的界定和规定。

第二节 反不正当竞争法律制度

一、不正当竞争行为

《反不正当竞争法》列举了不正当竞争的11种类型，并明文对其加以禁止。这些不正当竞争行为主要包括以下几方面。

[①] 〔日〕金泽良雄：《当代经济法》，辽宁人民出版社，第146页。

（一）假冒、仿冒行为

该行为是指经营者在市场经营活动中，以种种不实手法对自己的商品或服务作虚假表示、说明或承诺，或不当利用他人的劳动成果以推销自己的商品或服务，损害同业竞争者利益及消费者利益的行为。

（1）假冒他人的注册商标。

（2）与知名商品相混淆。根据《反不正当竞争法》第5条第2项的规定，擅自使用知名商品特有的名称、包装、装潢，或者使用与知名商品近似的名称、包装、装潢，造成和他人的知名商品相混淆，使购买者误认为是该知名商品的。

（3）擅自使用他人的企业名称或姓名，让人误认为是他人的商品。

（4）伪造、冒用各种质量标志和产地的行为。

（二）限购排挤行为

限购排挤是公用企业或者其他依法具有独占地位的经营者为了排挤其他经营者而限定他人购买其指定的经营者的商品的行为。

（三）滥用行政权利行为

滥用权利的行为是指政府及其所属部门滥用行政权利，限定他人购买其指定的经营者的商品以及限制其他经营者正当的经营活动，或者限制外地商品进入本地市场以及限制本地商品流向外地市场的行为。

（四）商业贿赂行为

商业贿赂是指经营者为争取交易机会，给予交易对方有关人员和能够影响交易的其他相关人员以财物或其他好处的行为。商业贿赂的形式不胜枚举。在我国相当长的一段时间内，以回扣、折扣、佣金、咨询费、介绍费等名义争取交易机会的现象非常普遍，如何判断其是否违法，我们必须以法律为标准，分析其实质特征，从而得出正确结论。

《反不正当竞争法》第8条规定，经营者不得采用财物或者其他手段进行贿赂以销售或者购买商品。在账外暗中给予对方单位或者个人回扣的，以行贿论处；对方单位或者个人在账外暗中收受回扣的，以受贿论处。经营者销售或者购买商品，可以以明示方式给对方折扣，可以给中间人佣金。经营者给对方折扣或给中间人佣金的，必须如实入账。接受折扣、佣金的经营者必须如实入账。

(五) 虚假广告行为

虚假广告行为是指经营者利用广告和其他方法，对产品的质量、性能、成分、用途、产地等所作的引人误解的不实宣传。以广告或其他方式销售商品，是现代社会最常见的促销手段。但各类虚假广告和其他虚假宣传，或乱人视听，有害社会主义精神文明；或直接误导用户及消费者，使其作出错误的消费决策，引发了大量社会问题；或侵害其他经营者，特别是同行业竞争对手的合法利益，造成公平竞争秩序的混乱。《中华人民共和国广告法》(以下简称《广告法》)《反不正当竞争法》均将此类行为作为必须禁止的违法行为予以规范。

《反不正当竞争法》第9条规定，经营者不得利用广告和其他方法，对商品的质量、制作成分、性能、用途、生产者、有效期限、产地等作引人误解的虚假宣传。广告的经营者不得在明知或者应知的情况下，代理、设计制作、发布虚假广告。《广告法》第3条规定，广告应当真实合法，符合社会主义精神文明建设的要求；第4条规定，广告不得含有虚假的内容，不得欺骗和误导消费者。

(六) 侵犯商业秘密行为

侵犯商业秘密行为是指以非法手段获取、披露、使用他人商业秘密的行为。商业秘密是指不为公众所知悉，能为权利人带来经济利益，具有实用性并经权利人采取保密措施的技术信息和经营信息。商业秘密权是一种无形财产权，是权利人劳动成果的结晶。《反不正当竞争法》将侵犯商业秘密行为作为不正当竞争行为予以禁止是十分必要的。

《反不正当竞争法》第10条以及《关于禁止侵犯商业秘密行为的若干规定》(1995年11月2日国家工商行政管理总局第41号令发布)指出，经营者不得采用下列手段侵犯商业秘密：

(1) 以盗窃、利诱、胁迫和其他不正当手段获取权利人的商业秘密；

(2) 披露、使用或者允许他人使用以前项手段获取的权利人的商业秘密；

(3) 根据法律和合同，有义务保守商业秘密的人（包括与权利人有业务关系的单位、个人）。在权利人单位就职的职工披露、使用和允许他人使用其所掌握的商业秘密。第三人明知或应知前款所列违法行为，获取、使用或者披露他人的商业秘密，视为侵犯商业秘密。在实践中，第三人的行为可能与侵权人构成共同侵权。

(七) 降价排挤行为

降价排挤行为是指经营者以排挤竞争对手为目的，以低于成本的价格销售商品。低价倾销违背企业生存原理及价值规律，在市场竞争中往往引发价格大战，中小企业纷纷倒闭等恶性竞争事件，甚至导致全行业萎缩的严重后果。1998年，上海市牛奶生产企业为争夺市场低价倾销，造成行业亏本经营、不堪支撑就是明证。后由政府部门依法出面干预，才使牛奶市场竞争秩序重新走上正轨。为了防患未然，《反不正当竞争法》禁止经营者采取低于成本价销售商品的不正当竞争手段。

《反不正当竞争法》第11条规定，经营者不得以排挤竞争对手为目的，以低于成本的价格销售商品。《中华人民共和国价格法》（以下简称《价格法》）第14条规定，经营者不得为排挤竞争对手或独占市场，以低于成本的价格倾销，扰乱正常的生产经营秩序，损害国家利益或者其他经营者的合法权益。如果因特殊原因而低于成本价格销售商品，则不构成低价倾销行为。

《反不正当竞争法》第11条规定了四种除外情况：①销售鲜活商品；②处理有效期限即将到期的商品或者其他积压的商品；③季节性降价；④因清偿债务、转产、歇业降价销售商品。

（八）搭售行为

《反不正当竞争法》第12条规定，经营者销售商品，不得违背购买者的意愿搭售商品或附加其他不合理的条件。该条涉及的是附条件交易行为。根据《中华人民共和国民法通则》（以下简称《民法通则》）以及《中华人民共和国合同法》（以下简称《合同法》）的有关规定，在交易中一方或双方均可附加一定的条件，但附条件必须合理合法；否则，可能导致合同无效，或导致受害一方依竞争法提起诉讼。搭售是附加不合理条件行为中的一种，是指经营者出售商品时，违背对方的意愿，强行搭配其他商品的行为。在制定《反不正当竞争法》时，搭售行为相当普遍，因此被作为限制竞争的方式之一而特别予以禁止。其他不合理条件，是指搭售以外的不合理的交易条件，如限制转售区域、限制技术受让方在合同技术的基础上进行新技术的研制开发等。

（九）不正当有奖销售行为

不正当有奖销售是指经营者在销售商品或提供服务时，以欺骗或其他不正当手段，附带提供给用户和消费者金钱、实物或其他好处，作为对交易的奖励。有奖销售是一种有效的促销手段，其方式大致可分为两种：一种是奖励给所有购买者的附赠式有奖销售；另一种是奖励部分购买者的抽奖式有奖销售。法律并不禁止所有的有奖销售行为，而仅仅对可能造成不良后果、破坏竞争规则的有奖销售加以禁止。《反不正当竞争法》第13条以列举方式禁止经营者从事三类有奖销售行为。国家工商行政管理总局1993年12月9日发布第19号令，《关于禁止有奖销售活动中不正当竞争行为的若干规定》对第13条加以细化，禁止以下列行为进行有奖销售：

（1）谎称有奖销售或对所设奖的种类、中奖概率、最高奖金额、总金额、奖品种类、数量、质量、提供方法等作虚假不实的表示。

（2）采取不正当手段故意让内定人员中奖。

（3）故意将没有中奖标志的商品、奖券不投放市场或不与商品、奖券同时投放；故意将带有不同奖金金额或奖品标志的商品、奖券按不同时间投放市场。

（4）抽奖式的有奖销售，最高奖的金额不得超过5000元。以非现金的物品或者其他经济利益作为奖励的，按照同期市场同类商品或者服务的正常价格折算其金额。

（5）不得利用有奖销售手段推销质次价高的商品。

（6）其他欺骗性有奖销售行为。

（十）诋毁商誉行为

诋毁商誉行为是指经营者捏造、散布虚假事实，损害竞争对手的商业信誉、商品声誉，从而削弱其竞争力，为自己取得竞争优势的行为。

商誉是社会公众对市场经营主体名誉的综合性积极评价，它是经营者长期努力追求、刻意创造，并投入一定的金钱、时间及精力才取得的。良好的商誉本身就是一笔巨大的无形财富，在经济活动中，最终又通过有形的形式（如销售额、利润）回报他的主人。法律对通过积极的劳动获得的商誉表示尊重并加以保护，对以不正当手段侵犯竞争者商誉权的行为，《反不正当竞争法》予以严厉的制裁。

《反不正当竞争法》第14条规定，经营者不得捏造、散布虚伪事实，损害竞争对手的商业信誉、商品声誉。由此可见，诋毁商誉行为应发生在市场竞争中，是经营者之间为争夺市场和顾客、排挤竞争对手而采取的一种非法行为。如果为个人私事诽谤、侮辱、责骂对方，侵权方应承担民事责任甚至受到刑事处罚，但不属于《反不正当竞争法》调整的范畴。

（十一）通谋投标行为

《反不正当竞争法》第15条规定，投标者不得串通投标，抬高标价或者压低标价。投标者和招标者不得相互勾结，以排挤竞争对手的公平竞争。招标投标是一种竞争性缔约方式。在招标投标过程中，如果招标人与投标人或投标人之间相互串通，使招标投标的竞争性降低或丧失，就完全失去了招标投标制度的意义和作用。因此，《反不正当竞争法》将其作为限制竞争行为予以禁止。1999年8月30日颁布的《中华人民共和国招标投标法》（以下简称《招标投标法》），使《反不正当竞争法》中关于禁止串通招标投标的规定更加完备，更易于操作。

二、对不正当竞争行为的监督检查

（一）监督检查部门

我国《反不正当竞争法》在"总则"中确定县级以上人民政府、工商行政管理部门是不正当竞争行为的监督检查部门，法律、行政法规规定由其他部门监督检查的，依照其规定。所谓其他部门，主要指与市场管理有关的其他行政职能部门，如质量技术监督部门、物价部门、卫生行政管理部门等。

长期以来，各级工商行政管理部门对市场经营活动进行有效的监督、管理，对维护公平竞争、繁荣活跃市场起到了推动和保护作用。但是，我国《反不正当竞争法》不仅规范各种不正当竞争行为，还将一些限制竞争行为纳入自己的视野，在监督检查地方政府滥用行政权力、限制竞争行为，监督检查具有独占地位的企业滥用经济优势的行为时，便显得力不从心。

（二）监督检查部门的职权

根据《反不正当竞争法》第17条的规定，监督检查部门的职权有以下三项：

（1）按照规定程序询问被检查的经营者、利害关系人、证明人，并要求提供证明材料或者与不正当竞争行为有关的其他资料。

（2）查询、复制与不正当竞争行为有关的协议、账册、单据、文件、记录、业务函电和其他资料。

（3）检查与不正当竞争行为有关的财物，必要时可以责令被检查的经营者说明该商品的来源和数量，暂停销售，听候检查，不得转移、隐匿、销毁该财物。监督检查部门在行使上述职权时，被检查的经营者、利害关系人和证明人应当如实提供有关资料或者情况，这是《反不正当竞争法》规定的经营者必须履行的义务。同时，监督检查部门的工作人员在行使职权时，应出示检查证件，否则当事人可拒绝接受检查。

三、违反《反不正当竞争法》的法律责任

（一）法律责任的种类

《反不正当竞争法》第4章专章规定了违反该法的法律责任，包括民事责任、行政责任和刑事责任三种。

1. 民事责任

为保护合法经营者的正当竞争权利，《反不正当竞争法》第20条规定："经营者违反本法规定，对被侵害的经营者造成损害的，应当承担损害赔偿责任，被

侵害的经营者的损失难以计算的,赔偿额为侵权期间因侵权所获得的利润;并应当承担被侵害的经营者因调查该经营者侵害其合法权益的不正当竞争行为所支付的合理费用。"此条规定,适用于《反不正当竞争法》禁止的所有违法行为造成的损失。《反不正当竞争法》还设有民事行为无效的规定。例如,第27条中的"中标无效",就是专门针对招标投标中不正当竞争行为而设置的。

2. 行政责任

各级工商行政管理部门是《反不正当竞争法》规定的监督检查部门,具有行政执法职能。因此,《反不正当竞争法》几乎对每一种不正当竞争行为都规定了制裁措施。这些行政制裁措施归纳起来包括:①责令停止违法行为,消除影响;②没收违法所得;③罚款;④吊销营业执照;⑤责令改正;⑥给予行政处分。需要注意的是:第一,《反不正当竞争法》第2章列举的不正当竞争行为中,有3种行为在"法律责任"一章中未被提及,即第11条低价倾销行为、第12条搭售或附加不合理条件的行为、第14条诋毁商誉行为。对此,被侵害的经营者可以依照《反不正当竞争法》第20条的规定要求赔偿,还可以依照相关法律(如《民法通则》《价格法》等)的规定保护自己的权利。第二,对政府及其所属部门的限制竞争行为,仅适用上述6种行政责任中的第5种,即由上级行政机关责令改正。

3. 刑事责任

对情节严重的不正当竞争行为,给予刑事处罚,是各国竞争法的通行做法。我国《反不正当竞争法》对下列三种行为,即商标侵权行为、销售伪劣商品的行为、商业贿赂行为可以追究刑事责任。此外,《广告法》《价格法》《招标投标法》中也有刑事制裁的规定;修改后的新《刑法》,将侵犯商业秘密犯罪作为罪行之一予以制裁。

(二) 法律责任的具体规定

根据《反不正当竞争法》第30条的规定,政府及其所属部门实施了该法第7条所禁止的滥用行政权力的行为,限定他人购买指定的经营者的商品,限制其他经营者正当的经营活动,或者限制商品在地区之间正常流通的,由上级机关责令其改正;情节严重的,由同级或者上级机关对直接责任人员给予行政处分。被指定的经营者借此销售质次价高商品或者滥收费用的,监督检查部门应没收违法所得,还可根据情节处以罚款。

在《反不正当竞争法》中并无专门规定搭售行为法律责任的条款,因此,可援引该法第20条的规定,使其承担相应的民事责任。此外,受侵害的经营者、消费者还可根据《合同法》《中华人民共和国消费者权益保护法》(以下简称《消费者权益保护法》)等相关法规保护自己的合法权益。

根据《反不正当竞争法》第27条的规定,在招标投标中,招标者和投标者有上述两种行为之一的，造成的法律后果首先是中标无效；此外，监督检查部门可根据情节处以1万元以上20万元以下的罚款。《招标投标法》中规定的法律责任与《反不正当竞争法》的精神基本一致。不同之处在于：罚款的数额为招投标项目金额的5%以上10%以下；对投标人、招标人或直接人员的违法行为规定了一系列行政处罚方式，如警告、责令整顿、没收、取消资格、吊销营业执照等；情节严重构成犯罪的，依法追究刑事责任。

《反不正当竞争法》将假冒他人注册商标作为不正当竞争行为予以禁止，其立法意图是编织更严密的法网，使假冒他人注册商标的一切行为受到来自《商标法》和《反不正当竞争法》两方面的防范和制裁。因此，在法律责任上，《反不正当竞争法》规定对此种行为依据《商标法》加以处罚。若不能适用《商标法》制裁，而行为人确实对他人注册商标造成损害的，可依据《反不正当竞争法》追究法律责任。

根据《反不正当竞争法》和国家工商行政管理总局1995年7月6日发布的《关于禁止仿冒知名商品特有的名称、包装、装潢的不正当竞争行为的若干规定》，对保护知名商品作出了全面细致的规定。

根据《反不正当竞争法》第21条第1款的规定，经营者利用该法第5条所禁止的不正当竞争手段从事市场交易的，依照《商标法》《产品质量法》的规定处罚；第21条第2款规定，监督检查部门应责令停止违法行为，没收违法所得，可视情节处违法所得1倍以上3倍以下的罚款；情节严重的，可吊销营业执照；销售伪劣产品，构成犯罪的，应依法追究刑事责任。

根据《反不正当竞争法》第22条的规定，经营者有商业贿赂行为，构成犯罪的，追究刑事责任；尚未构成犯罪的，监督检查部门可处以1万元以上20万元以下的罚款，并没收其违法所得。国家工商行政管理总局于1996年11月5日公布《关于禁止商业贿赂行为的暂行规定》，该规定对《反不正当竞争法》第8条进行了补充说明，并明确指出，有关单位或个人购买或销售商品时收受贿赂的，同样按照《反不正当竞争法》第22条对经营者行贿的处罚规定予以处罚，即罚款、没收非法所得直至追究刑事责任。

《反不正当竞争法》第24条第1款规定，经营者利用广告和其他方法，对商品作引人误解的虚假广告的，监督检查部门应责令停止违法行为，消除影响，并可根据情节处1万元以上20万元以下的罚款。

《反不正当竞争法》第24条第2款规定，广告经营者在明知或应知情况下，代理、设计、制作、发布虚假广告的，监督检查部门应当责令停止违法行为，没收违法所得，并依法处以罚款。这里的"依法"是指《广告法》。《广告法》第37条规定的罚款，指广告费用1倍以上5倍以下的罚款，情节严重的，可停止其广告业务；构成犯罪的，依法追究刑事责任。《广告法》第38条规定，发布虚假广告，欺骗和误导消费者，使其合法权益受到损害的，广告主应负担民事责任。广告经营者、广告发布者明知或应知广告虚假仍设计、制作、发布的、应依法承担连带责任。广告经营者、广告发布者不能提供广告主的真实名称、地址的应承担全部民事责任。社会团体或其他组织，在虚假广告中向消费者推荐商品或者服务，使消费者的合法权益受到损害的，应当依法承担连带责任。

《反不正当竞争法》对侵犯商业秘密行为规定的处罚方式，一是由监督检查部门责令停止违法行为，二是可根据情节处以1万元以上20万元以下的罚款。实践中，权利人还可依照《合同法》《中华人民共和国劳动法》（以下简称《劳动法》）的有关规定，对违反约定侵犯商业秘密的行为要求制裁。此外，我国于1997年修订的新《刑法》第229条规定了侵犯商业秘密罪，这是对《反不正当竞争法》未规定侵犯商业秘密刑事责任的重要补充，使我国法律对商业秘密权的保护日趋缜密，保护水平亦接近国际先进水平。

《反不正当竞争法》第26条规定，经营者违反该法第13条的规定进行有奖销售的，监督检查部门应责令停止违法行为，可以根据情节处以1万元以上10万元以下的罚款。有关当事人因有奖销售活动中的不正当竞争行为受到侵害的，可根据《反不正当竞争法》第20条的规定，向人民法院起诉，请求赔偿。

第三节 反垄断法律制度

一、反垄断法概述

（一）垄断的基本含义和分类

垄断的经济学含义和垄断的法律含义。经济学上的垄断指的是少数大企业或经济组织之间为攫取高额利润，利用正当或不正当竞争手段，彼此达成协议独占某种商品的生产和销售。

法学上的垄断，是指违反国家法律、法规、政策和社会公共利益，通过合谋性协议、安排和协同行动，或者通过滥用经济优势地位，排斥或者控制其他经营者正当的经济活动，在某一领域内实质上限制竞争的行为。

垄断行为有两个特征：一是危害性，即这种行为和状态将会导致某一生产和流通领域的竞争受到实质性的限制和损害；二是违法性，即这种行为和状态是违反法律条文的明确规定的。

垄断可分为合法垄断和非法垄断两类。

1. 合法垄断

合法垄断是指国家为了保护整个国民经济的健康发展,在反垄断法中明确规定的不适用垄断禁止法律的垄断行为。合法垄断的范围和种类有:①特定的经济部门的垄断;②知识产权领域;③对外贸易领域;④协同组合行为。

2. 非法垄断

非法垄断即反垄断法所禁止的垄断,它是指违反法律、法规和社会公共利益,通过合谋性协议、安排和协同行动,或者通过滥用经济优势地位,排斥或控制其他经营者正当的活动,在某一生产领域或流通领域实质上限制竞争的行为。非法垄断的主要形式有:①垄断协议;②滥用市场支配地位;③经营者集中;④滥用行政权力排除、限制竞争。

(二) 反垄断法

反垄断法与反限制竞争法、反不正当竞争法同属于市场秩序规制法。

1. 反垄断法的含义

反垄断法是调整国家反对垄断和限制竞争行为过程中发生的社会关系的法律规范的总称。反垄断法所规范的是国家反垄断主管机关的反垄断(管理)行为及经营者的垄断和限制性行为。它所调整的是以国家(反垄断主管机关)为一方主体,同实施垄断和限制性行为的经营者之间的一种社会关系,这是一种国家调节、管理同被调节、被管理的关系,不是平等主体之间的关系,不是"企业和企业联合组织相互间竞争关系"。[1] 反垄断法不是民商法性质的规则,而是国家调节管理之法,是经济法性质的法律规范。

2. 反垄断法及其性质和地位

反垄断法是经济法体系中的基本法律之一。因为社会主义市场经济的大力发展,也不可避免地导致垄断和竞争矛盾的加剧。为了处理好这对矛盾,从保护社会主义市场竞争和国家利益出发,从维护广大竞争者和消费者利益出发,促进竞争机制功能的充分发挥,打破地区封锁和条块垄断、行政性垄断,必须把国家管理市场经济活动,制止垄断现象的经济政策规范化和规律化。反垄断法则是保障这种经济管理手段和政策措施的法律工具。

(三) 反垄断法的作用

反垄断法的精神在于维护公平竞争,保证市场发生最优化的作用。它保障企业公正的竞争能力和竞争机会的获得与行使,保障企业平等的进入市场的自由权利;它谴责、打击所有分裂市场、取消、扭曲市场的企业行为。正因如此,反垄

---

[1] 曹士兵:《反垄断法研究》,法律出版社,1996年,第8页。

断法才被喻为"自由企业的大宪章"。

1. 保障企业自由

保障企业自由原则即企业可以自主经营，为了追求利润，企业可以依法进入和退出某一产业部门，自由从事商事活动，不受非法干扰和障碍。

2. 打击行政性垄断

目前存在于我国的行政性垄断主要有行业壁垒、地区壁垒和行政性公司。

（1）行业壁垒。行业壁垒是由国家通过政策手段设置于一些特殊行业的进入壁垒，阻碍企业自由开业参与竞争。在我国存在着行业壁垒的典型行业是金融业和通信业。通信业在国内由于缺乏外部竞争，其服务质量和服务费用长期得不到改善，但它们的经营者和职员却比其他行业能获得更大的和更稳定的收益。行业壁垒是典型的国家垄断政策的体现，受歧视的只是市场众多主体中的一部分，主要是私营和集体企业。

（2）地区壁垒。地区壁垒实质为地方保护主义，是一道由地方政府设置的、用以保护本地区产品质量低劣的落后企业免遭外来企业冲击的屏障。它如同经济地方割据，严重影响我国国内统一市场的形成。

（3）行政性公司。行政性公司是政企合一、官商不分的产物。虽然国家三令五申禁止党政机关办企业，但以党政机关为真正的企业发起人或幕后靠山的行政性公司却如雨后春笋，其原因恐怕已超出了法律的领域。

3. 消灭企业差别待遇制

因政府因素而妨碍企业自由的方式并非只有行政性垄断，给企业进入市场附加不同的权利义务是妨碍企业自由的另一方式。行政性垄断是直接阻碍企业进入市场，而给企业进入市场附加不同的权利义务，并实质性导致企业间竞争能力的差别，是排斥企业进入市场的间接手段，我们称之为企业差别待遇制。

企业差别待遇制的制度形式可以是行政措施，也可以是法律法规，实施者只能是政府。在现代，企业差别待遇制主要存在于计划经济占统治地位或计划经济的因素还在发挥着作用的国家。以我国为例。我国现有企业在性质上可分为私营企业、集体企业、国营企业和三资企业。在进入市场时因企业性质之不同各自享有不同的权利，承担不同的义务，各类型企业此后在市场竞争中便拥有不同的竞争能力。

（四）各国反垄断法概况

国家对于垄断和由其产生的限制竞争行为的禁止和限制起源较早，但现代意义上的反垄断立法产生于19世纪末的垄断资本主义时期。那时，生产已高度社会化，垄断亦较为普遍。垄断不仅对社会经济结构与运行造成了严重威胁，而且直接妨害了自由竞争和价值规律的有效运作。为了克服垄断所造成的一系列弊害，反垄断法应运而生。

美国是最早制定现代反垄断法的国家。南北战争前后，美国发生了产业革命。之后，大企业不断出现，生产迅速集中，导致了市场暴利行为及托拉斯的泛滥，严重损害了农场主和广大民众的利益。在这一背景之下，西部农民掀起了波及美国全境的反托拉斯运动，该运动的成功促成了美国的立法改革。为了打破托拉斯的垄断，促进竞争，美国国会于1890年通过了《谢尔曼法》。它是世界上第一部反垄断法，同时也标志着现代经济法的诞生。后来，鉴于该法规定较为概括，适用范围也较为狭窄，1914年联邦议会又通过了《克莱顿法》和《联邦贸易委员会法》。不仅将限制贸易或产生实际垄断后果，而且将旨在垄断（并未实际造成垄断后果）的限制竞争行为，宣布为非法；并设立专门机构，同司法部分别负责《克莱顿法》和《谢尔曼法》的执行，确立了调查、颁布禁令或起诉的专门程序。除上述三个法律外，美国还于1934年通过了《鲁滨孙-帕特曼法案》（该法案较全面地规定了价格歧视）；1937年通过了《米勒-泰丁法案》；1938年通过了《惠勒-李法案》；1950年通过了《塞勒-凯浮尔法案》（这一法案旨在堵塞《克莱顿法》只禁止收买股票而排除禁止收买资产的漏洞）；1962年国会又通过了《反托拉斯民事程序法》；1974年通过了《反托拉斯诉讼程序和惩罚法》；1980年又通过了《反托拉斯诉讼程序改进法》等。这些都是美国的反垄断法。

日本的反垄断立法有一定的阶段性，并受到产业政策的影响。"二战"前，日本为了赶超发达国家，集中财力参与国际竞争，先是保护和支持垄断，如20世纪20年代制定的《出口组合法》《国家重要产业统制法》。"二战"结束后，情势发生变化。美军占领时期实行经济非军事化、民主化，颁布了《公司解散限制等事宜》（1945年）、《经济力量过度集中排除法》等法令，强令财阀解体。为防止将来垄断组织复活，1947年美军占领当局制定了《禁止私人垄断法》。由于《禁止私人垄断法》有许多规定不适合日本的国情，随着政治、经济条件的发展变化，日本对该法进行了数次修改。1949年的修改缓和了对公司持股的禁止，放宽了公司合并、国际契约等许可制度；1953年的修改认可了不景气卡特尔，放宽了对公司相互持股和兼任高级职员的限制，允许转卖价格维持制度等；1977年的修改增强了执法力度，规定对价格卡特尔及其他违法行为予以罚款制裁，对股份公司的股份规定限制标准，对处于严重垄断状态者要求其转让技术、命令分立或转让营业之一部分等。

德国的反垄断立法与日本比较相似。历史上，德国曾是卡特尔盛行的国家，对待卡特尔的态度也时有反复。1910年颁布的《钾矿业法》，针对由于卡特尔的垄断，使未加入卡特尔的同业者因竞争力不强而倒闭这一情况，采取国家扶助卡特尔的办法来抑制企业的新增设。第一次世界大战期间，德国颁布了《设立强制卡特尔法》（1915年）、《卡特尔规章法》（1919年），支持卡特尔的发展。"一战"

后成立的魏玛共和国意识到卡特尔对自由竞争的危害，于1923年制定了《防止滥用经济力法令》即《卡特尔条例》，允许国家机关对滥用强权的卡特尔在特设的"卡特尔"法院起诉。这是德国的第一个反垄断法，但实际作用很小。1933年，希特勒上台后制定了《强制卡特尔法》以取代《卡特尔条例》，为发动第二次世界大战并为以后的战争服务。"二战"结束以后，情况发生了很大变化。为了防止德国法西斯势力死灰复燃，东山再起，当时在美、英、法占领区根据一系列特别指令，施行反卡特尔法令和经济力量过度集中排除法令，禁止卡特尔和康采恩，并对煤炭、钢铁、化学、银行、电影等部门的大企业实行分割。1957年，当时的联邦德国颁布了《反限制竞争法》（又称《反卡特尔法》）。该法自1958年1月1日生效以来，曾于1966年、1973年、1976年、1980年、1990年作了修订，以不断适应变化的经济条件。现行的《德国反限制竞争法》被认为是当前世界上最严厉的竞争政策之一，也是欧洲最为综合和运用最广的竞争政策。

原苏联、东欧国家如匈牙利、南斯拉夫等国过去也曾颁布过反垄断法。但总的来说，这方面的法律制度不够健全。后来，这些国家社会制度发生变化，重新制定了它们的垄断和竞争政策。俄罗斯1991年颁布了《关于在商品市场上竞争和限制垄断的法律》，该法被视为向市场经济体制过渡的奠基石。

在国际领域，一些国际性组织和地区性组织也制定了有关反垄断和限制竞争的法律规定。1948年的《哈瓦那宪章》出现了禁止垄断条款。1980年联合国第35届大会通过了《关于控制限制性商业惯例的多边协议的公平原则和规则》。这里需要特别提到的是1957年西欧国家在罗马订立的《欧洲经济共同体条约》。三十多年来，该条约中有关垄断和竞争的条款得到了很好的实施，发挥了重要的作用。[①]

（五）我国反垄断法立法

1949年中华人民共和国成立以后，基本上不存在私人企业的垄断。1956年以后，私营经济基本消失，国有经济长期控制着除农业以外的国民经济绝大多数的部门和行业。国家实行高度集中的计划经济体制，社会经济运行主要靠指令性的计划调节而不是靠市场机制。排斥价值规律和市场机制的，是国家和国有企业的垄断，是国家计划使然。人们简直不存在垄断和反垄断的意识。20世纪70年代末开始经济体制改革，开始重视价值规律和市场调节的作用，各种垄断和限制竞争的现象及其产生的种种弊端开始显露。国家在提倡和鼓励多种经济成分发展的同时，允许非国有经济成分参与某些领域的竞争，同时也鼓励国有企业之间的竞争。这以后陆续制定了一些反对垄断和限制竞争、保护竞争的规定。

---

① 漆多俊：《经济法学》，武汉大学出版社，2004年，第123页。

1980年10月，国务院发布了《关于开展和保护社会主义竞争的暂行规定》。该规定指出："在经济活动中，除国家指定由有关部门和单位专门经营的产品以外，其余的不得进行垄断，搞独家经营。""开展竞争必须打破地区封锁和部门分割。任何地区和部门不准封锁市场，不得禁止外地商品在本地区和本部门销售。"上述规定首次提出了反对垄断尤其是行政性垄断的任务。1987年9月。国务院发布了《价格管理条例》。依据该条例的规定，企业之间或者行业之间商定垄断价格是违法的，应由有关部门进行处罚。1987年的《广告管理条例》规定："在广告经营活动中，禁止垄断。"1987年，国家体制改革委员会和国家经济委员会发布的《关于组建和发展企业集团的几点意见》中指出，"组建企业集团，必须遵循鼓励竞争、防止垄断的原则"，"在一个行业内一般不搞独家垄断企业集团，鼓励同行业集团间的竞争，促进技术进步，提高经济效益"。1987年8月，国务院法制局成立了反垄断法起草小组，该小组于1988年提出了"反对垄断和不正当竞争暂行条例草案"。1993年9月，八届全国人大常委会第三次会议通过了《中华人民共和国反不正当竞争法》。该法侧重于规制种种不正当竞争行为，从而保护经营者和消费者的合法权益，但也有关于反垄断的法律规定，例如，该法第6条就规定禁止公用企业及其他具有独占地位的经营者限制竞争，第7条规定了反行政性垄断。《反不正当竞争法》颁布实施后，许多省、市纷纷制定了反不正当竞争条例、实施办法等地方性法规、规章。这些地方性法规、规章中也有许多反垄断规定。

《中华人民共和国反垄断法》于2007年8月30日第十届全国人民代表大会常务委员会第二十九次会议通过，自2008年8月1日起施行。

二、反垄断法的适用原则

（一）合理原则和本身违法原则

合理原则与本身违法原则的区分源于垄断的二重性，即反垄断法只反对严重危害竞争的垄断状态及垄断行为。本身违法原则是指某些协议或行为本身具有明显的反竞争性质，一旦出现即为非法，无须花时间去证明。由于垄断行为在原则上是当然违法的，因而人们最初把它作为反垄断法的唯一原则。合理原则是指某些协议和行为不仅限制了竞争，而且造成了垄断弊害时，才应加以限制或禁止，即法律不能对垄断一律加以禁止，要区别对待，这是对本身违法原则的发展和补充。

在现代各国反垄断法律实践中，本身违法原则适用范围相当狭窄，一般仅限于固定价格、限制产量及划分市场等横向卡特尔中。合理原则虽肇始于对卡特尔的控制，但其适用面却相当广泛。合理原则的确定，有利于反垄断法更好地适应复杂的经济情况,避免机械的执法可能对正常经济活动造成的消极影响。现代各国的反垄断立法,趋向于合理原则优位于本身违法原则。

(二) 反垄断法的适用除外

1. 反垄断法适用除外的含义

反垄断法适用除外亦称"豁免条款",是指反垄断法对横向限制、纵向限制和滥用经济优势地位,规定了较为严格的禁止措施。但是,在某些特殊的事业部门和经济领域中,完全贯彻自由竞争、禁止垄断的原理,并不一定能够适应国民经济健康发展的需要,于是就产生了反垄断法的适用除外制度。

适用除外制度的概念和意义:适用除外制度,又称例外制度,是指国家为了保护整个国民经济的健康发展,在《反垄断法》等有关法规中规定的对某些行业或企业垄断行为不适用垄断禁止政策的法律制度。首先,适用除外制度是对反垄断法禁止垄断制度的放宽。其次,适用除外制度是反垄断法的重要组成部分。再次,适用除外制度对保证国民经济的健康发展具有重要意义。只有在反垄断法中建立合理的禁止垄断制度和适用除外制度,二者相辅相成,共同作用于整个国民经济领域,才能保障国民经济的健康发展。

2. 反垄断法适用除外的对象

反垄断法不完全适用于公益事业,如铁路、邮电、军工等部门;反垄断法不适用国际贸易中的限制性的商业行为;对一些限制性协议的适用除外。

三、反垄断法的基本内容

(一) 反垄断法的规制对象

反垄断法的规制对象是指反垄断法所禁止、限制或取缔的垄断和各种限制竞争行为。它是反垄断法的核心内容。

各国反垄断法对于规制对象的规定各不相同,其分类和提法也不甚一致。如德国《反对限制竞争法》规定,其规制对象为限制竞争行为,包括卡特尔合同和卡特尔决议、其他合同、控制市场的企业、限制竞争的行为和歧视行为等;日本《关于禁止私人垄断及确保公正交易的法律》(以下简称《禁止垄断法》)规定其规制对象为私人垄断、不当交易限制、垄断状态、不公正交易方法等。英国学者将英国的竞争法所规制的对象,分为单个企业的垄断和市场支配地位、兼并、限制贸易行为三类。[①] 我国《反垄断法》是在总结经验和严密论证的基础上制定的。具体来说,它对下列几种垄断行为作出了明确的规定。

---

① 〔英〕约翰·亚格纽:《竞争法》,徐海等译,南京大学出版社,1992年,第50页。

1. 垄断协议

垄断协议，是指排除、限制竞争的协议、决定或者其他协同行为。《反垄断法》规定，禁止具有竞争关系的经营者达成下列垄断协议：固定或者变更商品价格；限制商品的生产数量或者销售数量；分割销售市场或者原材料采购市场；限制购买新技术、新设备或者限制开发新技术、新产品；联合抵制交易；国务院反垄断执法机构认定的其他垄断协议。

另外，《反垄断法》还规定，禁止经营者与交易相对人达成下列垄断协议：固定向第三人转售商品的价格；限定向第三人转售商品的最低价格；国务院反垄断执法机构认定的其他垄断协议。

2. 滥用市场支配地位

市场支配地位，是指经营者在相关市场内具有能够控制商品价格、数量或者其他交易条件，或者能够阻碍、影响其他经营者进入相关市场能力的市场地位。《反垄断法》规定，下列行为属于其禁止的滥用市场支配地位的活动：以不公平的高价销售商品或者以不公平的低价购买商品；没有正当理由，以低于成本的价格销售商品；没有正当理由，拒绝与交易相对人进行交易；没有正当理由，限定交易相对人只能与其进行交易或者只能与其指定的经营者进行交易；没有正当理由搭售商品，或者在交易时附加其他不合理的交易条件；没有正当理由，对条件相同的交易相对人在交易价格等交易条件上实行差别待遇；国务院反垄断执法机构认定的其他滥用市场支配地位的行为。

根据《反垄断法》的规定，认定经营者具有市场支配地位，应当依据下列因素：该经营者在相关市场的市场份额，以及相关市场的竞争状况；该经营者控制销售市场或者原材料采购市场的能力；该经营者的财力和技术条件；其他经营者对该经营者在交易上的依赖程度；其他经营者进入相关市场的难易程度；与认定该经营者市场支配地位有关的其他因素。

此外，有下列情形之一的，可以推定经营者具有市场支配地位：一个经营者在相关市场的市场份额达到 1/2 的；2 个经营者在相关市场的市场份额合计达到 2/3 的；3 个经营者在相关市场的市场份额合计达到 3/4 的。被推定具有市场支配地位的经营者，有证据证明不具有市场支配地位的，不应当认定其具有市场支配地位。

3. 经营者集中

经营者集中是指下列情形：经营者合并；经营者通过取得股权或者资产的方式取得对其他经营者的控制权；经营者通过合同等方式取得对其他经营者的控制权或者能够对其他经营者施加决定性影响。

经营者集中达到国务院规定的申报标准的，经营者应当事先向国务院反垄断执法机构申报，未申报的不得实施集中。经营者向国务院反垄断执法机构申报集中，应当提交下列文件、资料：申报书；集中对相关市场竞争状况影响的说明；集中协议；参与集中的经营者经会计师事务所审计的上一会计年度财务会计报告；国务院反垄断执法机构规定的其他文件、资料。

审查经营者集中，应当考虑下列因素：参与集中的经营者在相关市场的市场份额及其对市场的控制力；相关市场的市场集中度；经营者集中对市场进入、技术进步的影响；经营者集中对消费者和其他有关经营者的影响；经营者集中对国民经济发展的影响；国务院反垄断执法机构认为应当考虑的影响市场竞争的其他因素。

经营者集中具有或者可能具有排除、限制竞争效果的，国务院反垄断执法机构应当作出禁止经营者集中的决定。但是，经营者能够证明该集中对竞争产生的有利影响明显大于不利影响，或者符合社会公共利益的，国务院反垄断执法机构可以作出对经营者集中不予禁止的决定。对不予禁止的经营者集中，国务院反垄断执法机构可以决定附加减少集中对竞争产生不利影响的限制性条件。

4. 滥用行政权力排除、限制竞争

关于滥用行政权力排除、限制竞争，《反垄断法》主要规定了下列几种情况：

（1）行政机关和法律、法规授权的具有管理公共事务职能的组织不得滥用行政权力，限定或者变相限定单位或者个人经营、购买、使用其指定的经营者提供的商品。

（2）行政机关和法律、法规授权的具有管理公共事务职能的组织不得滥用行政权力，实施下列行为，妨碍商品在地区之间的自由流通：对外地商品设定歧视性收费项目、实行歧视性收费标准，或者规定歧视性价格；对外地商品规定与本地同类商品不同的技术要求、检验标准，或者对外地商品采取重复检验、重复认证等歧视性技术措施，限制外地商品进入本地市场；采取专门针对外地商品的行政许可，限制外地商品进入本地市场；设置关卡或者采取其他手段，阻碍外地商品进入或者本地商品运出；妨碍商品在地区之间自由流通的其他行为。

（3）行政机关和法律、法规授权的具有管理公共事务职能的组织不得滥用行政权力，以设定歧视性资质要求、评审标准或者不依法发布信息等方式，排斥或者限制外地经营者参加本地的招标投标活动。

（4）行政机关和法律、法规授权的具有管理公共事务职能的组织不得滥用行政权力，采取与本地经营者不平等待遇等方式，排斥或者限制外地经营者在本地投资或者设立分支机构。

（5）行政机关和法律、法规授权的具有管理公共事务职能的组织不得滥用行政权力，强制经营者从事反垄断法规定的垄断行为。

（6）行政机关不得滥用行政权力，制定含有排除、限制竞争内容的规定。

各国反垄断法除正面规定各种规制对象外，还无一例外地规定了一些不予禁止的例外情形，此即反垄断法的适用除外制度。适用除外是指对某些特定行业、特定企业、特定行为以及法律所赋予的某些特权规定豁免适用反垄断法。竞争虽然是配置资源的最佳方式，但在某些领域内资源的优化配置只有在限制竞争的条件下才能实现，在这些领域当中允许垄断，排除激烈的竞争，对国民经济的整体发展和社会稳定更为有利。如德国《反对限制竞争法》规定对联邦邮局、联邦铁路、承运人、生产者协会、联邦银行、煤炭和钢铁联合会、信用机构和保险企业、事业团体、公用工程企业等予以适用除外，而且对条件卡特尔、回扣卡特尔、结构危机卡特尔、合理化卡特尔、专门化卡特尔、中小企业的协作便利、出口卡特尔、进口卡特尔、特别卡特尔等，经申请由卡特尔当局或联邦经济部长批准后亦可豁免适用反垄断法。日本《禁止垄断法》第6章对适用除外予以专章规定，包括自然垄断所固有的行为、根据事业法令的正当行为、行政无形财产权的行为、一定的组合行为、维持再贩卖价格的契约、应付不景气的共同行为、为事业合理化的共同行为等；日本还制定了单行的《关于禁止私人垄断和确保公正交易的法律的适用除外规定》。

我国《反垄断法》也规定了一些适用除外制度。例如，在垄断协议方面，《反垄断法》第15条规定，经营者能够证明所达成的协议属于下列情形之一的，不适用该法关于垄断协议的规定：为改进技术、研究开发新产品的；为提高产品质量、降低成本、增进效率，统一产品规格、标准或者实行专业化分工的；为提高中小经营者经营效率，增强中小经营者竞争力的；为实现节约能源、保护环境、救灾救助等社会公共利益的；因经济不景气，为缓解销售量严重下降或者生产明显过剩的；为保障对外贸易和对外经济合作中的正当利益的；法律和国务院规定的其他情形。在经营者集中方面，《反垄断法》第28条规定，经营者能够证明该集中对竞争产生的有利影响明显大于不利影响，或者符合社会公共利益的，国务院反垄断执法机构可以作出对经营者集中不予禁止的决定。

（二）反垄断法的主管机关及职权

综观各国反垄断主管机关的设置，大致有三种情况：一是国家特别设立的专司反垄断法实施的机关；二是对原有国家行政机关赋予其反垄断职能；三是负责反垄断案件审判的司法机关（法院、检察院）。

1. 专门反垄断机关

大多数国家特别设立专司的反垄断法实施的机关，如美国的联邦贸易委员会，德国的联邦卡特尔局，日本的公正交易委员会，英国的公平贸易局、垄断与兼并委员会等。这些专门机关拥有较为广泛的权力，可以调查垄断和各种限制竞争行为，可以搜查、扣押文件证书，有的还可以直接进行处罚，如罚款、禁止限制性协议实施和其他限制性行为等。这些机关被认为具有准司法权，对于它们的裁决，可以直接适用上诉程序。

美国联邦贸易委员会根据1914年《联邦贸易委员会法》创设，其主要职权主要有：负责执行《联邦贸易委员会法》中关于贸易限制问题的第5条和《克莱顿法》等法令；对反垄断案件享有广泛的调查权；有权与违法行为人达成"同意令"，使行为人自觉地停止违法行为；作为准司法机构，可以对案件进行自由裁决，发布"停止违法行为令"以及采取其他必要的纠正措施；对违反"同意令"和"停止违法行为令"的违法行为人，可申请法院对其处以民事罚款或发布"强制禁止令"；可以颁布具有法律效力的各种贸易管理规则。德国的联邦卡特尔局根据《反对限制竞争法》，其职权有：批准结构危机卡特尔、出口卡特尔、进口卡特尔等；监督对出版物的价格约束是否受到滥用；查处影响超过一个州的限制竞争行为、滥用经济优势行为；查处联邦邮政和联邦铁路中的卡特尔行为；可以禁止企业从事违法行为，主要是禁止企业实施限制竞争的合同与协议、企业合并、企业滥用控制市场地位以及其他歧视行为，针对这些违法行为，经过调查、裁定，可以发布停止令、撤销违法协议及处以罚款等。日本公正交易委员会拥有行政权、准司法权和准立法权，具体负责实施《禁止垄断法》及其补充法（包括赠品法和转包法）。行政权是指委员会执行《禁止垄断法》及其附属法规，从事认可事务、受理申报等行政事务的权力。准司法权是指委员会通过准司法程序对违法的垄断状态或行为进行裁决并采取措施的权力，所采取的措施包括发布停止令、课征金、勒令分散股份、解散协议、转让营业等。准立法权是指委员会可以制定其内部规则、有关事件的处理程序及呈报、认可或承认的申请和其他有关事项的必要程序的规则。

2. 赋予反垄断职能的原有国家行政机关

对原有国家行政机关赋予反垄断职能较为典型的有英国和德国。英国为国务大臣，德国为联邦经济部长。英国的国务大臣在反垄断方面的权力较大，公平贸易局和垄断与兼并委员会调查的案件要向国务大臣报告，并由其作出处理，如发布禁止令、撤销限制性贸易协议等，国务大臣还可以授权公平贸易局向限制性商业行为法院起诉。德国联邦经济部长的主要职权有：批准特别卡特尔；对于经批准予以豁免的出口卡特尔滥用这种豁免所获得的地位，并且明显损害对外经济的根本利益的，可以指令其消除已发生的滥用、修改合同或决议，或宣布合同或决议无效；批准有利于整体经济或公共利益的企业联合，并对违反批准书的企业联合可以采取撤回批准、通过限制令改变批准等措施。除英国、德国外，其他国家的行政机关在反垄断方面的权力较小，但各国政府都担负着一定的反垄断职能。

3. 司法机关

司法机关（法院、检察院）负责反垄断案件的审判。多数国家的普通司法机关兼施反垄断职能，如德国在其州高级法院和联邦法院中设置卡特尔庭。有的国家特别设立专司反垄断案件审理的法院，如英国 1956 年设立的限制性商业行为法院（Restrictive Trade Practices Court）。

我国《反垄断法》规定，对涉嫌垄断行为的调查由反垄断执法机构依法进行。

（三）反垄断法的实施程序

为了保证反垄断法实施的公正、真实、准确，各国反垄断法大都在制定实体法的同时，也制定了程序法，包括行政程序和诉讼程序，有的国家还专门就程序问题制定了单行法律。下面以美国、日本的有关规定为例，对反垄断法的实施程序作一介绍。

美国反垄断法的主管机关有司法部反托拉斯局和联邦贸易委员会。反托拉斯局根据《谢尔曼法》《克莱顿法》提起刑事诉讼或民事诉讼，联邦贸易委员会是可以自由进行案件裁决的准司法机构，其裁决案件的程序大体相当于美国法院的程序。一旦出现案件，委员会下属的行政法官（裁决案件者）负责听取当事人必要的陈述和审阅有关案件文件，然后宣布初步的裁决。对于行政法官的裁决，被告或委员会的法律顾问可以向委员会提出上诉。在听取上诉后，委员会可以撤销这个案件或者发布"停止违法行为令"。对于该命令，被告可以在 60 天内向上诉法院的巡回法庭提起上诉。在裁决案件中，委员会集"检察"与"审判"于一身，它可以在确信企业违反法律后，向该企业发出、送达起诉状，被起诉者必须由本人或律师出庭参加诉讼。

日本公正交易委员会负责执行《禁止垄断法》，它也是准司法机关，其裁决程序与日本法院审判程序基本相同。先由委员会下设的事务局职员根据职权或检察总长的通知或一般人的报告对违法情形进行调查，调查后要写出审查报告书报告委员会。委员会根据审查报告书，经合议作出以下决定：不予过问、进行劝告或开始审判程序。劝告是对违法者提出的"停止违法行为"的官方建议。如果劝告被接受，则终结案件；如劝告不被接受，或委员会认为存在违法事实且付诸审判符合公共利益时，则可开始审判程序。审判开始后，被审人对认定其违反法律的事实可以提出申诉，由委员会决定对申诉是否采纳。对于公正交易委员会的裁决，被审人如果不服，可以向东京高等法院提起取消审决的诉讼。

我国《反垄断法》规定了"对涉嫌垄断行为的调查"的具体程序。

1. 调查程序的启动

反垄断执法机构依法对涉嫌垄断行为进行调查。对涉嫌垄断行为，任何单位和个人有权向反垄断执法机构举报。反垄断执法机构应当为举报人保密。举报采用书面形式并提供相关事实和证据的，反垄断执法机构应当进行必要的调查。

2. 调查措施

反垄断执法机构调查涉嫌垄断行为，可以采取下列措施：进入被调查的经营者的营业场所或者其他有关场所进行检查；询问被调查的经营者、利害关系人或者其他有关单位或者个人，要求其说明有关情况；查阅、复制被调查的经营者、利害关系人或者其他有关单位或者个人的有关单证、协议、会计账簿、业务函电、电子数据等文件、资料；查封、扣押相关证据；查询经营者的银行账户。

被调查的经营者、利害关系人有权陈述意见。反垄断执法机构应当对被调查的经营者、利害关系人提出的事实、理由和证据进行核实。

3. 调查结果

反垄断执法机构对涉嫌垄断行为调查核实后，认为构成垄断行为的，应当依法作出处理决定，并可以向社会公布。

4. 中止调查、终止调查和恢复调查

对反垄断执法机构调查的涉嫌垄断行为，被调查的经营者承诺在反垄断执法机构认可的期限内采取具体措施消除该行为后果的，反垄断执法机构可以决定中止调查。中止调查的决定应当载明被调查的经营者承诺的具体内容。反垄断执法机构决定中止调查的，应当对经营者履行承诺的情况进行监督。经营者履行承诺的，反垄断执法机构可以决定终止调查。

有下列情形之一的，反垄断执法机构应当恢复调查：经营者未履行承诺的；作出中止调查决定所依据的事实发生重大变化的；中止调查的决定是基于经营者提供的不完整或者不真实的信息作出的。

（四）法律责任

反垄断法中的法律责任，既包括经营者进行垄断行为所应承担的法律责任，也包括其在反垄断调查过程中进行违法行为所应承担的法律责任，还包括反垄断执法机构及其工作人员进行违法行为应负的法律责任。从形式上来说，包括行政责任、民事责任和刑事责任。

1. 行政责任

（1）违法达成并实施垄断协议的法律责任。经营者违反《反垄断法》规定，达成并实施垄断协议的，由反垄断执法机构责令停止违法行为，没收违法所得，并处上一年度销售额1%以上10%以下的罚款；尚未实施所达成的垄断协议的，可以处50万元以下的罚款。

经营者主动向反垄断执法机构报告达成垄断协议的有关情况并提供重要证据的，反垄断执法机构可以酌情减轻或者免除对该经营者的处罚。

行业协会违反《反垄断法》规定，组织本行业的经营者达成垄断协议的，反垄断执法机构可以处50万元以下的罚款；情节严重的，社会团体登记管理机关

可以依法撤销登记。

（2）滥用市场支配地位的法律责任。经营者违反《反垄断法》规定，滥用市场支配地位的，由反垄断执法机构责令停止违法行为，没收违法所得，并处上一年度销售额1％以上10％以下的罚款。

（3）违法实施经营者集中的法律责任。经营者违反《反垄断法》规定实施集中的，由国务院反垄断执法机构责令停止实施集中、限期处分股份或者资产、限期转让营业以及采取其他必要措施恢复到集中前的状态，可以处50万元以下的罚款。

（4）滥用行政权力排除、限制竞争的法律责任。行政机关和法律、法规授权的具有管理公共事务职能的组织滥用行政权力，实施排除、限制竞争行为的，由上级机关责令改正；对直接负责的主管人员和其他直接责任人员依法给予处分。反垄断执法机构可以向有关上级机关提出依法处理的建议。

法律、行政法规对行政机关和法律、法规授权的具有管理公共事务职能的组织滥用行政权力实施排除、限制竞争行为的处理另有规定的，依照其规定。

2．民事责任

经营者实施垄断行为，给他人造成损失的，依法承担民事责任。

3．刑事责任

（1）拒绝、阻碍调查应负的法律责任。对反垄断执法机构依法实施的审查和调查，拒绝提供有关材料、信息，或者提供虚假材料、信息，或者隐匿、销毁、转移证据，或者有其他拒绝、阻碍调查行为的，由反垄断执法机构责令改正，对个人可以处2万元以下的罚款，对单位可以处20万元以下的罚款；情节严重的，对个人处2万元以上10万元以下的罚款，对单位处20万元以上100万元以下的罚款；构成犯罪的，依法追究刑事责任。

（2）反垄断执法机构工作人员滥用职权、玩忽职守、徇私舞弊或者泄露执法过程中知悉的商业秘密，构成犯罪的，依法追究刑事责任；尚不构成犯罪的，依法给予处分。

思考题

1．简述我国《反不正当竞争法》的基本原则。

2．什么叫商业秘密？侵犯商业秘密行为的表现形式有哪些？侵犯商业秘密的法律责任是什么？

3．简述搭售或附加其他不合理交易条件行为的构成要件。

4．我国《反不正当竞争法》列举了哪几种假冒、仿冒行为？行为人应当如何承担法律责任？

5．我国反垄断法规定了哪几种垄断行为？

6．简述反垄断法对滥用市场支配地位的规制。

7. 简述反垄断法对经营者集中的规制。
8. 简述反垄断法对滥用行政权力排除、限制竞争的规制。

典型案例

甲旅行社的欧洲部副经理李某，在劳动合同未到期时提出辞职，未办移交手续即到了乙旅行社，并将甲旅行社的欧洲合作伙伴情况、旅游路线设计、报价方案和客户资料等信息带到乙旅行社。乙旅行社原无欧洲业务，自李某加入后欧洲业务猛增，成为甲旅行社的有力竞争对手。

问题：
（1）李某和乙旅行社的行为是否构成了不正当竞争？为什么？
（2）如果构成不正当竞争，则赔偿数额如何计算？

参考答案：
（1）构成不正当竞争。侵犯了甲旅行社的商业秘密。李某是违反约定或者违反权利人有关保守商业秘密的要求，披露、使用以及允许他人使用其所掌握的商业秘密；乙旅行社则是明知存在上述违法行为，而获取并使用了甲社的商业秘密。

（2）确定侵权损害赔偿有两种办法：一是被侵权者实际产生的损失；二是实际损失无法计算时，赔偿额为侵权人在侵权期间因侵权所获得的利润。

第十二章　产品质量法律制度

重点问题
　　* 生产者、销售者的产品质量责任与义务
　　* 产品责任制度
　　* 违反产品质量法的法律责任

第一节　产品质量法概述

一、产品与产品质量的含义

（一）产品的含义

　　广义的产品是指与自然界相对的一切劳动生产物，是指天然的或者经过加工、制作、使之具有使用价值的物品。但法律上所指的产品，其范围有明确的规定。《中华人民共和国产品质量法》(以下简称《产品质量法》)中所称的产品，是指经过加工、制作，用于销售的产品。因此，天然的物品，非用于销售的物品，不属于该法所说的产品。另外，由于建设工程、军工产品在质量监管方面的特殊性，这类产品的质量由专门的法律加以调整；但建设工程所用的建筑材料、建筑构配件和设备、军工企业生产的民用产品，适用《产品质量法》的规定。因核设施、核产品造成损害的赔偿责任，法律、行政法规另有规定的，依照其规定。

（二）产品质量的含义

　　国际标准化组织（ISO）规定的产品质量的定义是，产品能满足规定的或者潜在需要的特征和特性的总和。所谓总和是指在标准中规定的产品的安全性、使用性、可靠性、维修性、有效性、经济性等质量指标，它反映和代表了产品的质量状况。根据产品标准进行检验，符合标准的即是合格产品，方可认为达到了质量要求。

二、产品质量法的概念及调整对象

(一)产品质量法的概念

产品质量法是调整产品质量监督管理关系和产品质量责任关系的法律规范的总称。广义的产品质量法包括所有调整产品质量及产品责任关系的法律、法规。我们通常所说的产品质量法是指狭义的产品质量法,即 1993 年 2 月 22 日颁布、同年 9 月 1 日实施的《中华人民共和国产品质量法》。2000 年 7 月 8 日第九届全国人民代表大会常务委员会第十六次会议修改了《产品质量法》。

(二)产品质量法的调整对象

在我国境内从事产品生产、销售活动的企业、其他组织和个人(包括外国人)均必须遵守产品质量法。具体而言,产品质量法的调整对象包括两个方面的社会关系。

1. 产品质量监督管理关系

即各级技术质量监督部门、工商行政管理部门在产品质量的监督检查、行使行政惩罚权时与市场经营主体所发生的法律关系。

2. 产品质量责任关系

即因产品质量问题引起的消费者与生产者、销售者之间的法律关系,包括因产品缺陷导致的人身、财产损害在生产者、销售者消费者之间所产生的损害赔偿法律关系。

第二节 产品质量的监督与管理

一、政府对产品质量的宏观管理

在修改后的《产品质量法》中对政府在产品质量监督管理体制上作出了更明确的规定。

(一)加强统筹规划和组织领导

《产品质量法》第 7 条要求各级人民政府应当把提高产品质量纳入国民经济和社会发展规划,加强对产品质量工作的统筹规划和组织领导,引导、督促生产者、销售者加强产品质量管理,提高产品质量。组织各有关部门依法采取措施,制止产品生产、销售中违反该法规定的行为,保障该法的实施。

（二）鼓励与奖励

《产品质量法》第 6 条明确规定，国家鼓励推行科学的质量管理方法，采用先进的科学技术，鼓励企业产品质量达到并超过行业标准、国家标准和国际标准；对质量管理先进和产品质量达到国际先进水平、成绩显著的单位和个人给予奖励。

（三）运用法律手段，强化个人责任

《产品质量法》第 9 条规定，各级人民政府工作人员和其他国家工作人员不得滥用职权、玩忽职守或者徇私舞弊，包庇、放纵本地区、本系统发生的产品生产、销售中违反该法规定的行为，或者阻挠、干预依法对这些行为进行查处。各级地方人民政府和国家机关包庇、放纵产品生产、销售中违反该法规定的行为的，依法追究其重要负责人的法律责任。

二、产品质量行政监督

（一）产品质量行政监督部门

国务院产品质量监督管理部门负责全国的产品质量监督管理。县级以上地方人民政府管理产品质量监督工作的部门负责本行政区域内的产品质量监督管理工作。这里的"产品质量监督管理部门"是指国家及地方各级技术质量监督局，"有关部门"是指各级卫生行政部门、劳动部门、商品检验部门等，它们依相关法律授予各自的职权，对某些特定产品的质量进行监督管理。

（二）产品质量监督部门的职权

作为行政机关产品质量监督部门在履行职权时要做到依法行政。《产品质量法》赋予了县级以上产品质量监督部门对涉嫌违法的行为进行查处时，可以行使以下职权：

（1）对当事人涉嫌从事违反《产品质量法》的生产、销售活动的场所实施现场检查；

（2）向当事人的法定代表人、主要负责人和其他有关人员调查、了解与涉嫌从事违反《产品质量法》的生产销售活动的有关情况；

（3）查阅、复制当事人有关的合同、发票、账簿以及其他有关资料；

（4）对有根据认为不符合保障人体健康和人身、财产安全的国家标准、行业标准的产品或者有其他严重质量问题的产品，以及直接用于生产、销售该项产品的原辅材料、包装物、生产工具，予以查封或者扣押。

（三）产品质量监督管理制度的主要内容

1. 产品质量抽查制度

该制度是国家对产品质量监管的基本制度之一。抽查的重点是可能危及人体健康和人身、财产安全的产品，影响国计民生的重要工业产品以及消费者、有关组织反映有质量问题的产品。为了检验的公正，法律规定抽查的样品应当在待销产品中随机抽查；为防止增加企业的负担，不得向被检查人收取检验费用，抽取样品的数量也不得超过检验的合理需要。如被检查人对抽查结果有异议的，可以在规定的时间内向监督抽查部门或者上级产品质量监督部门申请复检。

2. 产品状况信息发布制度

作为消费者有知情权，社会公众需要及时了解产品质量状况。另外，产品质量监管部门的工作也应该是公开、透明的。在《产品质量法》中明确规定，国务院和省、自治区、直辖市人民政府的产品质量监督部门应当定期发布其监督抽查的产品的质量状况公告。政府质量信息公布是行使监督权的前提条件，政府有关部门必须依法履行该项职责。

3. 企业质量体系认证制度及产品质量认证制度

企业质量体系认证制度是由独立的认证机构依据国际通用的"质量管理和质量保证"系列标准，根据企业自愿申请，对企业的质量体系和质量保证能力审核合格后颁发企业质量体系认证证书，予以证明的制度。产品质量认证是依据具有国际水平的产品标准和技术要求，由独立的认证机构确认并通过颁发认证证书和产品认证标志的形式，证明产品符合相应标准和技术要求的活动。经认证合格后，准许企业在产品标识、包装或广告宣传中使用，使产品对消费者更具竞争力，并为进入国际市场提供通行证。

三、产品质量的社会监督

（一）公民个人的监督权

消费者有权就产品的质量问题进行查询，有权向产品质量监督部门、工商行政管理部门及有关部门申诉，接受申诉的部门应当负责处理。

（二）社会组织的监督权

保护消费者权益的社会组织可以就消费者反映的产品质量问题建议有关部门负责处理，支持消费者对因产品质量造成的损失向人民法院起诉。

（三）公众的检举权

任何单位和个人有权对产品质量违法行为，向产品质量监督管理部门或者其他有关部门检举，产品质量监督部门和有关部门应当为检举人保密，并按照省、自治区、直辖市人民政府的规定给予奖励。

第三节 产品生产者、销售者的产品质量和义务

一、生产者的产品质量义务

（一）生产者首先应对其生产的产品质量负责，产品质量应符合下列要求

（1）不存在危及人身、财产安全的不合理危险，有国家标准、行业标准的应当符合该标准；

（2）具备产品应具备的使用性能，但是对产品存在使用性能的瑕疵作出说明的除外；

（3）符合在产品或者其包装上注明采用的产品标准，符合以产品说明、实物样品的方式表明的质量状况。

（二）生产者还应遵守质量标识制度，产品或者包装上的标识必须真实，并符合下列要求

（1）有产品质量检验合格证明；

（2）有中文标明的产品名称、生产厂的厂名和地址；

（3）根据产品的特点和使用要求，需要标明产品规格、等级、主要成分的名称和含量的，应用中文予以标明；

（4）限期使用的产品，应当在显著位置清晰地标明生产日期和安全或者失效期；

（5）产品使用不当容易造成本身损害或者可能危及人身、财产安全的产品，有警示标志或者中文警示说明；

（6）易碎、易燃、易爆、有毒、有腐蚀性、有放射性等危险物品，储运中不能倒置和有其他特殊要求的产品，其包装质量必须符合相应要求，依照规定作出警示标志或者中文警示说明，标明储运注意事项。

（三）生产者不得从事法律禁止的行为

（1）生产者不得生产国家明令淘汰的产品。一般来说，凡是经国家确认淘汰的产品，都存在能耗高、性能落后或者毒副作用大、不宜继续使用等问题。我国

早在1992年，就对医药、机械制造等行业的一部分产品明令淘汰，发布了淘汰产品目录；同时要求生产领域不得制造，流通领域不得销售。

(2) 不得伪造产地，不得伪造或者冒用他人的厂名和厂址。所谓产地，就是物产出产的地方。很多产品都具有特殊的产地，即我们通常所说的特产，如信丰脐橙、泸州老窖等。生产者不能随意将产品的出产地更换，否则就是违法行为。法律确认并保护企业的名称权，生产者不能为了自己的利益擅自使用其他企业的名称。

(3) 不得伪造或者冒用认证标志、名优标志等质量标志。认证标志、名优标志是企业依法享有的荣誉权，直接关系到企业的生产和经营状况，因此不允许随意伪造和冒用。

(4) 不得掺杂、掺假，不得以假充真、以次充好，不得以不合格产品冒充合格产品。所谓掺杂、掺假是生产者、销售者以牟取利润为目的，故意在产品中掺入杂质或造假，进行欺骗性商业活动，使产品中有关物质的含量不符合国家有关法律、法规、质量标准的一种违法行为。所谓以假充真、以次充好，是生产者、销售者以牟取利润为目的，用完全不同的产品经过伪装冒充另一种产品，以低等级、低档次的产品冒充高等级、高档次产品的欺骗行为。

二、销售者的产品质量义务

(一) 进货验收义务

销售者应当建立并执行进货检查验收制度。所谓进货检查验收制度，是指销售者进货时，要对所进货物进行检查，查明货物的质量水平，同时对货物应具备的标识，如产品合格证、生产日期、认证标志等是否齐备进行检查，查明货物可以销售时才收存货物的制度。如果销售者在执行该项制度过程中查明产品不符合《产品质量法》及有关法规的规定或合同的约定，应拒绝接受货物，防止不合格产品、伪劣产品在市场上流通。严格执行进货检查验收制度，可以防止不合格产品进入市场，可以为准确判断和区分生产者及销售者的产品质量责任提供依据。

(二) 保持产品质量的义务

销售者进货后应对保持产品质量负责，以防止产品变质、腐烂，丧失或降低使用性能，产生危害人身和财产的瑕疵等。如果进货时的产品符合质量要求，销售时发生质量问题的，销售者应当承担相应的责任。

(三) 有关产品标识的义务

销售者在销售产品时，应保证产品标识符合《产品质量法》对产品标识的要求，符合进货时验收的状态，不得更改、覆盖、涂抹产品标识，以保证产品标识的真实性。

（四）不得违反禁止性规范

销售者不得销售国家明令淘汰并停止销售的产品和失效、变质的产品；不得伪造产地，不得伪造或者冒用他人的厂名、厂址；不得伪造或者冒用认证标志、名优标志等质量标志；不得掺杂、掺假，不得以假充真、以次充好，不得以不合格产品冒充合格产品。

第四节 产品责任

一、产品责任概述

根据我国法律的规定，产品责任是指产品的生产者、销售者因其生产、销售的产品造成他人人身、财产损害而依法应当承担的赔偿责任。

关于产品责任性质的认定主要有两种观点：一种观点认为产品责任是一种侵权责任，是产品的生产者、销售者生产、销售的缺陷产品侵害了他人合法的人身权和财产权；另一种观点认为产品责任是一种双重责任，是合同责任和侵权责任两重责任。我国《产品质量法》将产品责任归于侵权责任，但在实践中将产品责任认定为双重责任将更有利于保护消费者的权益。按照法律的规定，当合同责任和侵权责任发生竞合时，作为消费者就可以选择二者中有利于自己的法律依据主张权利。

二、产品责任的归责原则

归责原则是确立产品的生产者、销售者承担损害赔偿责任的理由和依据。关于产品责任的归责原则，过去一般采取主观主义标准，以主观过错作为承担责任的依据；目前多采取客观主义标准，只要因产品缺陷造成人身、他人财产损害的，不论有无过错，均应负赔偿责任。从产品责任归责原则经历的发展过程，也可以看出经营者与消费者在社会经济领域里力量消长的变化轨迹。

（一）生产者的严格责任

严格责任原则是指不论生产者是否有过错，只要生产者生产的产品有缺陷并造成他人人身、财产损害的，生产者都应当承担赔偿责任。也就是说，在这种情况下，无论生产者有什么样的主观心理状态，只要有损害事实发生，都要承担赔偿责任。对消费者而言，当自身的人身和财产权利因产品质量缺陷受到损害时，无须证明产品生产者有无过错，便可向产品生产者请求赔偿。但受害人还必须证明产品存在缺陷和该缺陷是造成产品责任事故的原因。《产品质量法》中所指的产品缺陷是产品存在危及人身、他人财产安全的不合理的危险，产品有保障人体健康和人身、财产安全的国家标准、行业标准的，不符合该标准的也属于缺陷产品。

生产者的严格责任不同于绝对责任，它仍然是一种有条件的责任。《产品质量法》同时规定了法定免责条件，即生产者能够证明有下列情形之一的，不承担赔偿责任：

(1) 未将产品投入流通的；

(2) 产品投入流通时，引起损害的缺陷尚不存在的；

(3) 将产品投入流通时科学技术水平尚不能发现缺陷存在的。

(二) 销售者的过错责任

过错原则又称过失推定原则，由于销售者的过错使产品存在缺陷，或者销售者应当知道产品有缺陷而没有知道，将产品投入流通造成他人人身、财产损害的，销售者应当承担赔偿责任。销售者不能指明缺陷产品的生产者也不能指明缺陷产品的供货者的，应当承担赔偿责任。在这种情况下，销售者负有举证责任，否则不能免除赔偿责任。

三、损害赔偿责任

(一) 损害赔偿的含义

《产品质量法》第4章所规定的损害赔偿，是指因产品存在缺陷造成人身、缺陷产品以外的其他财产损失的而应承担的赔偿责任，即产品责任。产品责任实质上是一种民事赔偿责任。产品责任不同于质量责任，质量责任主要是指因违反产品质量法律、法规所导致的所有法律责任。《产品质量法》中既包含了产品责任的规范，又包含了有关产品质量管理的规范。

(二) 产品缺陷责任的求偿对象

为了更好地保护消费者的合法权益，《产品质量法》赋予了消费者选择起诉对象的权利，并规定了生产者和销售者之间的连带责任。《产品质量法》第43条明确规定，因产品存在缺陷造成人身、他人财产损害的，受害人可以向产品生产者要求赔偿，也可以向产品的销售者要求赔偿。属于产品生产者的责任，产品的销售者赔偿的，产品的销售者有权向产品的生产者追偿。属于产品销售者的责任，产品的生产者赔偿的，产品的生产者有权向产品的销售者追偿。生产者和销售者之间连带责任的规定，有效地防止了二者之间相互推卸责任，维护了消费者的利益。

(三) 赔偿范围

1. 人身伤害的赔偿范围

根据《产品质量法》第 44 条的规定，人身伤害的赔偿范围分为三种情况：

(1) 产品缺陷造成受害人人身伤害的，侵害人应当赔偿医疗费、治疗期间的护理费、因误工减少的收入等费用；

(2) 造成残疾的，还应支付残疾者的生活自助具费、生活补助费、残疾补偿金，以及由其抚养的人所必需的生活费等；

(3) 造成受害人死亡的，并应当支付丧葬费、死亡赔偿金，以及由死者生前抚养的人所必需的生活费等。

由此可见，现行《产品质量法》规定的人身伤害的赔偿范围与消费者权益保护法完全一致。

2. 财产损害的赔偿范围

对于因产品缺陷造成受害人财产损失的，《产品质量法》规定侵害人应当恢复原状或者折价赔偿；受害人因此遭受其他重大损失的，侵害人应当赔偿损失。

(四) 产品责任的诉讼

因产品质量发生民事纠纷时，当事人可以通过协商或者调解解决。当事人不愿通过协商、调解解决或者协商、调解不成的，可以直接向人民法院起诉。

因产品缺陷造成损害要求赔偿的诉讼时效期间为 2 年，自当事人知道或者应当知道其权益受到损害时开始计算。

损害赔偿的请求权是指权利人的权利受到侵害时，受害人享有的要求侵权人给以赔偿损失的权利。损害赔偿的请求权是一种实体权利，因受到损害而发生，之后才产生时效的计算问题。《产品质量法》规定，因产品存在缺陷造成损害要求赔偿的请求权，在造成损害的缺陷产品交付最初用户、消费者满 10 年丧失；但是，尚未超过明示的安全使用期的除外。

四、产品质量的赔偿责任

(一) 销售者的先行负责及赔偿义务

我国的《产品质量法》同时又是一部产品质量责任法。《产品质量法》第 40 条规定，售出的产品有下列情形之一的，销售者应当负责修理、更换、退货；给购买产品的消费者造成损失的，销售者应当赔偿损失：

(1) 不具备产品应当具备的使用性能而事先未作说明的；

(2) 不符合在产品或者其包装上注明采用的产品标准的；

(3) 不符合以产品说明、实物样品等方式表明的质量状况的。

之所以规定销售者先行赔偿的义务是因为在绝大多数情况下，用户或消费者只知道销售者为何人，且双方存在着买卖合同关系，由销售者承担责任非常合理。

(二) 销售者的追偿权

依照前款规定负责修理、更换、退货、赔偿损失后，属于生产者的责任或者属于向销售者提供产品的其他销售者（即供货者）的责任的，销售者有权向生产者、供货者追偿。为了尊重合同当事人的定约自由权，如果生产者之间、销售者之间、生产者与销售者之间订立的买卖合同、承揽合同对责任承担顺序有不同约定的，可以按照合同约定执行。

五、违反《产品质量法》的法律责任

修改后的《产品质量法》第5章，较全面地规定了对产品质量负有义务的市场经济主体及行使管理监督职责的地方政府、行政监督部门违反该法所应承担的法律责任，与产品质量有关的其他社会组织的法律责任。

(一) 生产者、销售者的行政责任

为了加强对产品质量的监督管理，杜绝产品事故隐患，《产品质量法》第49～56条，明确了生产者、销售者违反产品质量法应承担的行政责任。

1. 生产者、销售者违反产品质量法的行为

生产者、销售者有下列行为之一的，由产品质量监督部门或工商行政管理部门给予行政处罚：

(1) 生产、销售不符合保障人体健康，人身、财产安全的国家标准、行业标准的产品的；

(2) 在产品中掺杂、掺假，以假充真，以次充好，或者以不合格产品冒充合格产品的；

(3) 生产国家明令淘汰的产品、销售国家明令淘汰并停止销售的产品的；

(4) 销售失效、变质产品的；伪造产地，冒用他人厂名、厂址，伪造或者冒用各种质量标志的；

(5) 使用的产品标识不符合本法规定的；

(6) 拒绝接受依法进行的产品质量监督检查的；

(7) 隐匿、转移、变卖、损毁被依法查封、扣押的物品的。

2. 行政处罚的种类

行政处罚的种类包括责令停止违法行为、没收违法所得、罚款和吊销营业执照。拥有行政处罚权的质量监督部门、其他行政管理部门应根据具体情节决定处罚的种类及单处还是并处。此外，没收的对象除违法生产、销售的产品和违法所得外，对生产者专门用于生产假冒伪劣产品、不合格产品的原辅材料、包装物、生产工具应予没收。罚款的幅度最高可达违法生产、销售产品货值金额的3倍。为了保障受害人优先得到赔偿，《产品质量法》第64条规定，应当承担民事赔偿责任和缴纳罚款、罚金的，其财产不足以同时支付时，先承担民事赔偿责任。

(二) 其他相关人的违法行为及责任

1. 为违法行为提供便利条件的责任

已知或应知属于该法规定禁止生产、销售的产品而为其提供运输、保管、仓储等便利条件的，或者提供制假技术的，应没收其收入，并处罚款。

2. 服务业经营者的责任

为了避免不符合质量标准的产品直接进入服务业，《产品质量法》增加了对服务业使用的产品质量的监督管理。该法第62条规定，服务业经营者将禁止销售的产品用于经营性服务的，责令停止使用；对知道或应当知道该产品是禁止销售的产品的，依照该法对销售者的处罚规定进行处罚。

(三) 产品质量监督部门及相关行政部门的法律责任

1. 地方政府和国家机关的责任

各级人民政府工作人员和其他国家机关工作人员，违反《产品质量法》第9条的规定，有下列行为之一的，给予行政处分；构成犯罪的，依法追究刑事责任：包庇、放纵行为，通风报信，帮助违法当事人逃避查处的行为，阻挠、干预查处行为。

2. 产品质量监督部门的法律责任

产品质量监督部门有下列行为的，应承担相应的法律责任：

(1) 监督抽查中超量索取样品或者向被检查人收取检验费用的，由其上级产品质量监督部门或者监察机关责令退还，情节严重的，对直接主管人员和责任人员依法给予行政处分。

(2) 产品质量监督部门或者其他国家机关违反《产品质量法》第25条的规定，向社会推荐产品或者以某种方式参与产品经营的，由上级机关或者监察机关责令改正，消除影响，没收违法收入；情节严重的，对直接主管人员和责任人员依法给予行政处分；产品质量检验机构有此行为的，产品质量监督部门可责令改正，消除影响，没收违法收入及罚款；情节严重的，可撤销其质量检验资格。

（3）产品质量监督部门或者工商行政管理部门的工作人员渎职构成犯罪的，依法追究刑事责任；尚未构成犯罪的，依法给予行政处分。

（四）社会团体、社会中介机构的法律责任

（1）产品质量检验机构、认证机构伪造检验结果或者出具虚假证明的，应责令改正，对单位和直接主管人员及责任人员处以罚款、没收违法所得；情节严重的，取消其检验资格、验证资格。

（2）产品质量检验机构、认证机构出具的检验结果或者认证不实，造成损失的，应当承担相应的赔偿责任；造成重大损失的，撤销其检验资格、认证资格。

（3）产品质量认证机构违反《产品质量法》第21条的规定，不履行质量跟踪检验义务的，对因其产品不符合认证标准给消费者造成的损失，与产品的生产者、销售者承担连带责任；情节严重的，撤销其认证资格。

（4）社会团体、社会中介机构的承诺、保证责任。社会团体、社会中介机构对产品质量的承诺和保证，对消费者而言，通常比生产者、销售者自己的保证更加有效，如果不实，欺骗性、危害性也更大。为了约束他们的行为，《产品质量法》第58条规定："社会团体、社会中介机构对产品质量作出承诺和保证，而产品又不符合其承诺、保证的质量要求，给消费者造成损失的，与生产者、销售者承担连带责任。"

（五）刑事责任

《产品质量法》的大量条款都涉及刑事责任，《刑法分则》第3章第1节"生产、销售伪劣商品罪"，对生产者、销售者的行为构成犯罪的，具体规定了应当承担的刑事责任。

思考题

1. 生产者和销售者的产品质量义务有哪些？
2. 如何理解产品责任的归责原则？
3. 有关产品缺陷造成损害的求偿对象及赔偿的范围《产品质量法》是如何规定的？

典型案例

1998年3月20日，李女士在本市人民商场购买了一只电吹风机。当日，

第十二章 产品质量法律制度

李女士在正常使用该电吹风机的过程中，因电吹风机漏电而被电流击伤，虽救治及时仍造成手指残废。1999年4月2日，李女士以人民商场为被告在法院提起诉讼，请求法院判令人民商场对其因触电致残承担赔偿责任。人民商场在答辩状中称：第一，根据《民法通则》的规定，因身体伤害要求赔偿的诉讼时效期间为1年，因此原告的起诉已过诉讼时效；第二，原告触电是由于电吹风机存在质量缺陷，被告作为产品销售者没有过错，因此原告无权要求人民商场承担赔偿责任，而应向电吹风机的生产者某省B电器厂要求赔偿。法院认为，被告的两条答辩理由均不成立，最后判人民商场败诉。

问题：

(1) 被告人民商场的第一条答辩理由和第二条答辩理由为什么不成立？

(2) 被告人民商场应承担哪些赔偿责任？

(3) 如果经鉴定，电吹风机漏电确系由于该产品的设计与制造工艺缺陷所致，人民商场赔偿后，对某省B电器厂享有什么权利？

参考答案：

(1) 关于诉讼时效的抗辩不成立。因产品缺陷造成损害要求赔偿的诉讼时效期间为2年，自当事人知道或者应当知道其权益受到损害时开始计算。第二条抗辩不成立，因为销售者有先行负责及赔偿义务。

(2) 产品缺陷造成受害人人身伤害的，侵害人应当赔偿医疗费、治疗期间的护理费、因误工减少的收入等费用；造成残疾的，还应支付残疾者的生活自助具费、生活补助费、残疾补偿金，由其抚养的人所必需的生活费等。

(3) 人民商场对电器厂享有追偿权。销售者依照法律规定负责修理、更换、退货、赔偿损失后，属于生产者的责任或者属于向销售者提供产品的其他销售者（即供货者）的责任的，销售者有权向生产者、供货者追偿。

第十三章　消费者权益保护法律制度

重点问题
* 《消费者权益保护法》中规定的消费者的权利
* 《消费者权益保护法》中规定的经营者的义务
* 消费者权益争议的解决

第一节　消费者权益保护法概述

一、消费者权益保护法的概念

消费者权益保护法是调整在保护公民消费权益过程中所产生的社会关系的法律规范的总称。消费者权益保护法有广义狭义之分。广义的消费者权益保护法是指所有涉及消费者权益保护的各种法律规范；狭义的消费者权益保护法，在我国是指1993年10月31日颁布、1994年1月1日起实施的《中华人民共和国消费者权益保护法》。该法的颁布实施，是我国第一次以单行法律的形式明确了消费者的权利，是法律赋予广大消费者自我保护的强大武器。同时，对规范经营者的行为，维护社会经济秩序，促进社会主义市场经济健康发展具有十分重要的意义。

二、消费者权益保护法的特点

（1）《消费者权益保护法》以专章规定消费者的权利，列举的消费者的权利有9项之多，体现出较高的保护水平，表明该法以保护消费者权益为宗旨。

（2）《消费者权益保护法》特别强调经营者的义务。首先，该法第4条明确规定，经营者与消费者进行交易时应当遵循自愿、平等、公平、诚实信用的原则。其次，该法以专章形式规定了经营者对消费者的义务。

（3）鼓励、动员全社会为保护消费者合法权益共同承担责任，对损害消费者权益的不法行为进行全方位监督。

三、消费者权益保护法的适用对象

根据《消费者权益保护法》第2条、第3条、第54条的规定，该法的适用对象可以从以下三个方面来理解。

(1) 根据《消费者权益保护法》第 2 条规定:"消费者为生活消费需要购买、使用商品或者接受服务,其权益受本法保护。"消费者的概念该如何界定是目前学术界讨论的一个热点问题。王海"知假买假"的行为引发了学者对消费者概念的争论,即消费者是否仅应限定在为购买商品或者接受服务仅仅只是为了满足自己的消费的人?显然,仅仅将消费者的概念局限在满足自己消费的范围是过于狭窄的。因此,有学者认为,在市场中,消费者是指非以营利为目的的购买商品和接受服务的人。[①] 这在一定程度上扩大了消费者的范围,更有利于对消费者权益的保护。另外,关于消费者是仅局限于自然人还是包括单位的问题,我国理论界还存在很大的争议。从《消费者权益保护法》立法的初衷及目前国际上对消费者的定义来看,消费者原则上应仅局限于自然人,不包括单位。单位因消费而购买商品或接受服务的,可以适用我国《合同法》的相关规定。

(2) 农民购买、使用直接用于农业生产的生产资料时,参照《消费者权益保护法》执行。农民购买直接用于农业生产的生产资料,虽然不是为个人生活消费,但是作为经营者的相对方,其始终处于相对劣势的地位。我国现阶段坑害农民的事件时有发生,农业生产资料市场存在大量的假货、劣货,对此必须采取有效的法律手段加以控制。《消费者权益保护法》第 54 条规定,将农民购买、使用直接用于农业生产的生产资料的行为纳入该法的保护范围,有利于保护农民的利益。

(3) 经营者为消费者提供其生产、销售的商品或者提供服务,适用于《消费者权益保护法》。《消费者权益保护法》以保护消费者利益为核心,在处理经营者与消费者的关系时,经营者首先应当遵守该法的有关规定;该法未作规定的,应当遵守其他有关法律、行政法规的规定。

第二节 消费者的权利与经营者的义务

一、消费者的权利

消费者的权利是在消费活动中,消费者依法享有的各种权利的总和。《消费者权益保护法》为消费者设立了相互独立又相互关联的 9 项权利。

(一) 安全保障权

《消费者权益保护法》第 7 条规定:"消费者在购买、使用商品和接受服务时享有人身、财产安全不受损害的权利。"安全保障权是消费者最基本、最重要的

[①] 王利明:消费者的概念及消费者权益保护法的调整范围。新闻来源:中国民商法律网。

权利,在消费者权利体系中居于首要位置。

对于任何公民而言,其人身、财产安全不受侵犯是法律赋予的权利。同样,消费者在购买商品、使用商品过程中和在接受服务时,其人身、财产安全应不受任何侵害。消费者在有偿取得商品时,有权要求其符合国家的安全和卫生标准,不致因此受到伤害;在有偿取得服务时,有权要求其设施、用品、用料等安全、卫生,并有权要求采取保护措施,不危及人身、财产安全。当消费者的人身健康、财产安全确实遭到损害后,有权主张法律的救助。

(二) 知悉真情权

《消费者权益保护法》第 8 条规定:"消费者享有知悉其购买、使用的商品或者接受的服务的真实情况的权利。"充分了解商品或服务的真实情况,是消费者购买商品或者接受服务的前提。对消费者而言,了解的真实情况越多,越有利于作出正确的消费决策。

知情权至少包括三个方面的含义:一是消费者有权要求经营者按法律、法规的规定用文字的方式标明商品或者服务的有关情况;二是消费者在购买、使用商品或者接受服务时,有权询问、了解商品或者服务的有关情况;三是消费者有权要求经营者以文字或口头形式提供的商品或者服务的情况具有真实性。

(三) 自主选择权

《消费者权益保护法》第 9 条规定:"消费者在面临众多的商品和服务提供者时,有自主选择商品或服务的权利。"自主选择权包括四个方面的权能:

(1) 消费者有权自主选择提供商品或者服务的经营者;
(2) 消费者有权自主选择商品品种或者服务方式;
(3) 消费者有权自主决定是否购买任何一种商品或是否接受任何一项服务;
(4) 消费者有权对商品或服务进行比较、鉴别和选择。经营者不得以任何方式干涉消费者行使自主选择权。

在消费者行使其自主选择权时,有两个问题应予注意:一是消费者在行使权利时必须是合法行使,而不得滥用自主选择权;二是消费者的自主选择权不排除经营者向消费者进行商品、服务的介绍和推荐,买与不买、接受不接受在于消费者的自主意志。

(四) 公平交易权

《消费者权益保护法》第 10 条规定:"消费者享有公平交易的权利。"公平交易是指经营者与消费者之间的交易应在平等的基础上达到公正的结果。公平交易权体现在两个方面:

（1）交易条件公平，即消费者在购买商品或接受服务时，有权获得质量保证、价格合理、计量正确等公平交易的条件；

（2）不得强制交易，即消费者有权按照真实意愿从事交易活动，对经营者的强制交易行为有权拒绝。

（五）获得赔偿权

获得赔偿权又称消费者的求偿权。《消费者权益保护法》第 11 条规定："消费者因购买、使用商品或者接受服务受到人身、财产损害的，享有依法获得赔偿的权利。"求偿权包括要求财产损害赔偿和精神损害赔偿两个方面。经营者提供的商品或者服务，造成消费者或者其他人的人身伤害的，应当支付医疗费、护理费、误工费、伤残者生活补助费，造成死亡的，要支付丧葬费、死亡赔偿金、由其抚养的人所必须的生活费用。给消费者精神上造成了损害，消费者也可以要求经营者给予赔偿。

享有求偿权的主体也很广泛，既包括购买、使用商品或者接受服务的消费者本人，也包括既未购买商品、也未使用商品的第三人。第三人是指消费者之外的因某种原因在事故发生现场而受到损害的人。

损害发生后，消费者既可以找销售者，也可以找生产者要求赔偿，生产者和销售者需承担连带责任。

（六）结社权

结社自由是宪法赋予公民的基本权利之一。《消费者权益保护法》第 12 条规定："消费者享有依法成立维护自身合法权益的社会团体的权利。"

赋予消费者结社权是非常必要的。在消费领域，经营者一般具有经济上的优势，而消费者往往处于不利的地位。作为单独个体的消费者往往无力与经营者对抗，这就需要消费者有组织地参加消费者保护工作，建立一个能够有效维护每一个消费者合法权益的团体。目前，在法律许可和政府鼓励下，中国消费者协会及地方各级消费者协会相继成立。实践证明，消费者组织的工作对推动我国消费者运动的健康发展，沟通政府与消费者的联系，解决经营者与消费者的矛盾，更加充分地保护消费者权益，起到了积极的作用。

（七）获得相关知识权

《消费者权益保护法》第 13 条规定："消费者享有获得有关消费和消费者权益保护方面的知识的权利。"消费知识指有关商品、服务、市场以及消费心理方面的知识，消费者权益保护知识主要是指有关消费者权益保护方面及权益受到损害时如何有效解决方面的法律知识。

这项权利一方面要求消费者应努力掌握所需商品或者服务的知识和使用技能，正确使用商品，提高自我保护意识；另一方面也要求政府部门、大众传播媒介及社会各界都要宣传普及与消费有关的知识，正确引导消费。

（八）受尊重权

《消费者权益保护法》第14条规定："消费者在购买、使用商品和接受服务时，享有其人格尊严、民族风俗习惯得到尊重的权利。"

公民的人格尊严受法律保护，禁止用侮辱、诽谤等方式损害公民的名誉。人格权是人身权的主要组成部分，人格尊严不受侵犯是我国公民的基本权利之一。尊重他人的人格尊严和不同民族的风俗习惯，是一个国家和社会文明进步的重要标志，也是法律对人权保障的基本要求。我国是一个多民族国家，尊重各个民族尤其是少数民族的风俗习惯，关系到社会的安定团结，关系到各民族的长久和睦。消费者权益保护法将人格尊严和民族风俗习惯专条加以规定，充分体现了对消费者精神权利的有力保障。

（九）监督批评权

《消费者权益保护法》第15条规定："消费者享有对商品和服务以及保护消费者权益工作进行监督的权利。"消费者的监督权是消费者其他各项权利的必然延伸，对消费者权利的切实实现至关重要。这种监督权体现在三个方面：

（1）有权对经营者的商品和服务进行监督，包括对商品的价格、质量和其他方面的状况进行监督；当自身合法权益受到侵害时有权提出检举或控告；

（2）有权对国家机关及工作人员进行监督，对其在保护消费者权益工作中的违法失职行为进行检举、控告；

（3）对消费者权益保护工作享有批评和建议的权利。

二、经营者的义务

在消费法律关系中，消费者的权利就是经营者的义务。经营者的义务，是一种法律上的义务，指经营者在消费领域中所必须履行的某种责任。为了有效地保护消费者的权益，约束经营者的经营行为，《消费者权益保护法》不仅专章规定了消费者的权利，还专章规定了经营者的义务。

（一）履行法定义务及约定义务

《消费者权益保护法》第16条明确规定，经营者向消费者提供商品和服务，应当依照《产品质量法》和其他有关法律、法规的规定履行义务。经营者和消费者有约定的，应当按照约定履行义务，但双方的约定不得违背法律、法规的规定。

（二）接受监督的义务

根据《消费者权益保护法》第17条的规定，经营者应当听取消费者对其提供的商品或服务的意见，接受消费者的监督。由于经营者与消费者总是处于既对立又依赖的关系中，在赋予消费者监督权的同时，强调经营者有接受监督的义务，对转变经营观念，使经营者站在消费者的立场上检验自己的工作，认真听取消费者的意见，从而自觉地接受批评和监督是很有必要的。

（三）保证商品和服务的安全的义务

《消费者权益保护法》第18条规定，经营者应当保证其提供的商品或者服务符合保障人身、财产安全的要求。消费者购买商品或接受服务是为了满足个人生活消费需求。人身、财产安全受到威胁，不仅需求得不到满足，现有利益还受到损害，完全违背了商品生产和交换的初衷。为了避免危险的发生，《消费者权益保护法》要求经营者应当做到：

（1）对可能危及人身、财产安全的商品和服务，应作出真实说明和明确的警示，标明正确使用及防止危害发生的方法。

（2）经营者发现其提供的商品或者服务存在严重缺陷，即使正确使用或接受服务仍然可能对人身、财产造成危害的，应立即向政府有关部门报告和告知消费者，并采取相应的防范措施。

（四）提供真实信息的义务

根据《消费者权益保护法》第19条的规定，经营者应当向消费者提供有关商品或者服务的真实信息，不得作引人误解的虚假宣传。

真实的信息是消费者自主选择商品或服务的前提和基础，经营者不得以虚假宣传误导甚至欺骗消费者。对消费者关于质量、使用方法等问题的询问，经营者应作出明确的、完备的、符合实际的答复。此外，商店提供商品应明码标价，即明确单位数量的价格，以便于消费者选择，同时防止经营者在单位数量或重量价格上随意更改。

（五）表明真实名称和标记的义务

根据《消费者权益保护法》第20条的规定，经营者应当标明其真实名称和标记。租赁他人柜台或者场地的经营者，应当标明其真实名称和标记。

经营者的名称是经营者之间相互得以区别的文字符号，经营者的标记是经营者在营业活动中使用的特殊标识。经营者的名称和标记,在消费领域中的重要作用就是区别商品或服务的经营主体,区别商品或服务的来源。如果名称和标记不实,就会使消费者误认,无法正确选择喜欢或信任的经营者。在发生纠纷时,则无法准确地确定求偿主体。

对租赁柜台或场地的行为,消费者权益保护法强调承租方有义务标明自己的真实名称和标记,目的在于区分承租方和出租方,一旦发生责任问题,便于确定责任承担者。

(六)出具凭证或单据的义务

为了有利于解决经营者和消费者之间发生的纠纷,使经营者和消费者之间的交易有据可查,以进一步保护消费者的合法权益,经营者应当依照法律规定或者消费者的要求出具购货凭证和服务单据。《消费者权益保护法》第21条规定:"经营者提供商品或者服务,应当按照国家有关规定或者商业习惯向消费者出具购货凭证或者服务单据;消费者索要购货凭证或者服务单据的,经营者必须出具。"因为购货凭证或服务单据是经营者与消费者之间存在法律关系的证据,有此书面证据,便于消费者维护自身的合法权益。

(七)保证质量的义务

根据《消费者权益保护法》第22条的规定,经营者有义务保证商品和服务的质量。该项义务主要体现在两个方面:

(1)经营者应当保证在正常使用商品或者接受服务的情况下其提供的商品或者服务应当具有的质量、性能、用途和有效期限,但消费者在购买该商品或者接受服务前已经知道其存在瑕疵的除外。

(2)经营者以广告、产品说明、实物样品或者其他方式表明商品或者服务的质量状况的,应当保证提供的商品或者服务的实际质量与表明的质量状况相符。

(八)履行"三包"或其他责任的义务

《消费者权益保护法》第23条规定:"经营者提供商品或者服务,按照国家规定或者与消费者的约定,承担包修、包换、包退或者其他责任的,应当按照国家规定或者约定履行,不得故意拖延或者无理拒绝。"这是对经营者售后服务义务的规定。这里的"包修、包换、包退"就是人们常说的"三包"。国家对少数涉及大多数消费者利益及关系人身、财产安全的商品实行三包,目的在于促进企业重视提高产品质量,切实保护用户和消费者的人身、财产安全。

(九) 不得单方作出对消费者不利规定的义务

《消费者权益保护法》第 24 条规定："经营者不得以格式合同、通知、声明、店堂告示等方式作出对消费者不公平、不合理的规定，或者减轻、免除其损害消费者合法权益应当承担的民事责任。"格式合同是经营者单方拟订的，消费者只能接受，而无法改变其内容，或者消费者只能拒绝，而无法实现或难以实现消费需求，当该经营者处于独家垄断时更是如此。经营者作出的通知、声明、店堂告示也属于单方意思表示，侧重于保护经营者的利益，对消费者来说是十分不公平的。在这种情况下，经营者的格式合同、通知、声明、店堂告示等含有对消费者不公平、不合理规定的，或者减轻、免除其损害消费者合法权益应当承担的民事责任的，其内容无效。

(十) 不得侵犯消费者人格权的义务

消费者的人格尊严和人身自由理应依法获得保障。《消费者权益保护法》第 25 条明确规定："经营者不得对消费者进行侮辱、诽谤，不得搜查消费者的身体及其携带的物品，不得侵犯消费者的人身自由。"这是经营者必须履行的法定义务。

《消费者权益保护法》对经营者的义务作出了明确而详细的规定，体现出法律对消费者权益的倾斜。而经营者的合法利益应如何得到应有的保护，是目前《消费者权益保护法》立法的空白。现实中，不良消费者侵犯经营者合法权益的行为也是存在的，最典型的如超市货物被偷现象。经营者所试图采取一些保护自己的措施，也有可能被《消费者权益保护法》认定为是违法的行为。因此，有学者指出要赋予经营者一定的权利，让他们在法律允许的范围内采取一定手段和措施保护其正当利益不受损害。

第三节　消费者权益争议的解决和法律责任

一、消费者权益争议的解决

(一) 争议解决的途径

消费者和经营者发生消费者权益争议的，可以通过下列途径解决。

1. 与经营者协商和解

当消费者和经营者因商品或服务发生争议时，协商和解应作为首选方式，特别是因误解产生的争议，通过解释、谦让及其他补救措施，便可化解矛盾，平息争议。协商和解必须是在双方平等自愿的前提下进行的。如果是重大纠纷，双方立场对立严重，要求相距甚远的，可寻求其他解决方式。

2. 请求消费者协会调解

消费者协会是依法成立的对商品和服务进行社会监督的保护消费者合法权益的社会团体。在消费者协会所具有的职能中，对消费者的投诉事项进行调查、调解是其法定职能之一。消费者协会在调解经营者和消费者之间的争议时，应依照法律、行政法规及公认的商业道德，并由双方自愿接受和执行。

3. 向有关行政部门申诉

政府有关行政部门依法具有规范经营者的经营行为，维护消费者合法权益和市场经济秩序的职能。消费者权益争议涉及的领域很广，当权益受到侵害时，消费者可根据具体情况，向不同的行政职能部门，如物价部门、工商行政管理部门、技术质量监督部门等提出申诉，求得行政救济。

4. 提请仲裁

由仲裁机构解决争端，在国际国内商贸活动中被广泛采用。消费者权益争议也可通过仲裁途径加以解决，但仲裁必须具备的前提条件是双方订有书面仲裁协议或书面仲裁条款。在一般的消费活动中，大多数情况下没有条件也没有必要签订仲裁协议。因此，在消费领域，很少通过仲裁方式解决争议。

5. 向人民法院提起诉讼

《消费者权益保护法》及相关法律都规定，消费者权益受到损害时，可径直向人民法院起诉；也可因不服行政处罚决定而向人民法院起诉。司法审判具有权威性、强制性，是解决各种争议的最后手段。消费者为求公正解决争议，可依法行使诉权。

（二）损害赔偿责任的承担

当消费者的合法权益受到损害时，消费者可以依法要求经营者承担赔偿责任。《消费者权益保护法》对于损害赔偿责任的承担有一些特定的规则。具体如下。

（1）销售者的先行赔付义务。消费者在购买、使用商品时，其合法权益受到损害的，可以向销售者要求赔偿。销售者赔偿后，属于生产者的责任或者属于向销售者提供商品的其他销售者的责任的，销售者有权向生产者或者其他销售者追偿。

（2）生产者与销售者的连带责任。消费者或者其他受害人因商品缺陷造成人身、财产损害的，可以向销售者要求赔偿，也可以向生产者要求赔偿。此时，销售者与生产者被看做一个整体，对消费者承担连带责任。属于生产者责任的，销售者赔偿后，有权向生产者追偿。属于销售者责任的，生产者赔偿后，有权向销售者追偿。

(3) 消费者在接受服务时，其合法权益受到损害的，可以向服务者要求赔偿。

(4) 变更后的企业仍应承担责任。企业变更是市场经济活动中常见的现象。为了防止经营者利用企业变更之机逃避对消费者应承担的损害赔偿责任，《消费者权益保护法》第36条明确规定："消费者在购买、使用商品或者接受服务时，其合法权益受到损害，因原企业分立、合并的，可以向变更后承受其权利义务的企业要求赔偿。"

(5) 营业执照持有人与租借人的赔偿责任。出租、出借营业执照或租用、借用他人营业执照是违反工商行政管理法规的行为。如果消费者权益纠纷涉及营业执照的使用方式不当，应根据《消费者权益保护法》第37条的规定处理。使用他人营业执照的违法经营者提供商品或者服务，损害消费者合法权益的，消费者可以向其要求赔偿，也可以向营业执照的持有人要求赔偿。

(6) 展销会举办者、柜台出租者的特殊责任。通过展销会、出租柜台销售商品或者提供服务，不同于一般的店铺营销方式。为了在展销会结束后或出租柜台期满后，使消费者能够获得赔偿，《消费者权益保护法》第38条明确规定："消费者在展销会、租赁柜台购买商品或者接受服务，其合法权益受到损害的，可以向销售者或者服务者要求赔偿。展销会结束或者柜台租赁期满后，也可以向展销会的举办者、柜台的出租者要求赔偿。展销会的举办者、柜台的出租者赔偿后，有权向销售者或者服务者追偿。"

(7) 虚假广告的广告主与广告经营者的责任。现代社会广告对消费行为有很大的影响作用。为了规范广告行为，《广告法》《消费者权益保护法》对虚假广告作了禁止性规定。《消费者权益保护法》第39条明确规定："消费者因经营者利用虚假广告提供商品或者服务，其合法权益受到损害的，可以向经营者要求赔偿。广告的经营者发布虚假广告的，消费者可以请求行政主管部门予以惩处。广告的经营者不能提供经营者的真实名称、地址的，应当承担赔偿责任。"

二、违反消费者权益保护法的法律责任

(一) 侵犯消费者权益的民事责任的一般规定

经营者提供商品或者服务有下列情形之一的，应当依照《产品质量法》和其他有关法律、法规的规定，承担民事责任：

(1) 商品存在缺陷的；
(2) 不具备商品应当具备的使用性能而出售时未作说明的；
(3) 不符合在商品或者其包装上注明采用的商品标准的；
(4) 不符合商品说明、实物样品等方式表明的质量状况的；

(5) 生产国家明令淘汰的商品或者销售失效、变质的商品的；

(6) 销售的商品数量不足的；

(7) 服务的内容和费用违反约定的；

(8) 对消费者提出的修理、重作、更换、退货、补足商品数量、退还货款和服务费用或者赔偿损失的要求，故意拖延或者无理拒绝的；

(9) 法律、法规规定的其他损害消费者权益的情形。

(二) 特殊规定

侵犯消费者权益的民事责任的特殊规定有以下几方面。

1. "三包"责任

《消费者权益保护法》第45条明确规定："按照国家规定或者经营者与消费者约定包修、包换、包退的商品，经营者应当负责修理、更换或者退货。在保修期内2次修理仍不能正常使用的，经营者应当负责更换或者退货。对于'三包'的大件商品，消费者要求经营者修理、更换、退货的，经营者应当承担运输等合理费用。"

2. 邮购商品中的民事责任

以邮购方式买卖商品是现代社会商品销售的一种手段。由于这种销售方式的特殊性，使消费者在购买商品的过程中将承担更大的风险。为此，《消费者权益保护法》第46条规定："经营者以邮购方式提供商品的，应当按照约定提供。未按照约定提供的，应当按照消费者的要求履行约定或者退回货款；并应当承担消费者必须支付的合理费用。"

3. 预收款方式提供商品或服务的责任

在某些情况下，经营者先预收部分款项，提供商品或服务后再与消费者进行结算。《消费者权益保护法》第47条就规定，经营者以预收款方式提供商品或者服务的，应当按照约定提供。未按照约定提供的，应当按照消费者的要求履行约定或者退回预付款；并应当承担预付款的利息、消费者必须支付的合理费用。

4. 商品不合格的责任

《消费者权益保护法》第48条规定："依法经有关行政部门认定为不合格的商品，消费者要求退货的，经营者应当负责退货。"这一条规定的特殊性就在于，一般商品发现问题后应经过修理、更换，仍无法使用的再予以退货；对不合格商品，只要消费者要求退货，经营者即应负责办理，不得以修理、更换或者其他借口延迟或者拒绝消费者退货要求。

（三）因提供商品或服务造成人身伤害、人格受损、财产损失的民事责任及赔偿范围

1. 人身伤害的民事责任

根据《消费者权益保护法》第 41 条、第 42 条的规定，经营者提供的商品或服务，造成消费者或其他人受伤、残疾、死亡的，应承担下列责任：

（1）造成消费者或者其他受害人人身伤害的，应当支付医疗费、治疗期间的护理费、因误工减少的收入等费用；

（2）造成残疾的，除上述费用外，还应支付残疾者生活自助具费、生活补助费、残疾赔偿金以及由其抚养的人所必需的生活费等费用；

（3）造成消费者或其他受害人死亡的，应当支付丧葬费、死亡赔偿金以及由死者生前抚养的人所必需的生活费用。

2. 侵犯消费者人格尊严、人身自由的民事责任

《消费者权益保护法》规定消费者享有人格尊严，经营者不得对消费者侮辱、诽谤，不得侵犯消费者的人身自由。经营者如果违反了以上的规定，应当停止侵害、恢复名誉、消除影响、赔礼道歉，并赔偿损失。

3. 财产损害的民事责任

经营者提供商品或者服务造成消费者财产损害的，应当以修理、重作、更换、退货、不足商品数量、退还货款和服务费用或者赔偿损失等方式承担民事责任。同时，《消费者权益保护法》承认并尊重消费者与经营者的自由订约权，允许双方就财产损害赔偿自行约定，并可按照约定履行。

（四）对欺诈行为的惩罚性规定

《消费者权益保护法》第 49 条规定："经营者提供商品或者服务有欺诈行为的，应当按照消费者的要求增加赔偿其受到的损失，增加赔偿的金额为消费者购买商品的价款或者接受服务的费用的 1 倍。"这是我国第一个使用惩罚性赔偿的立法例。设立惩罚性赔偿规则的目的：一是为了惩罚性地制止损害消费者的欺诈行为人，二是鼓励消费者同欺诈行为和假货作斗争。

1. 欺诈消费者行为的认定

这里所说的欺诈行为，是指经营者故意在提供的商品或服务中，以虚假陈述或者其他不正当手段欺骗、误导消费者，致使消费者权益受到损害的行为。在实践中，消费者可以根据经营者在出售商品或提供服务时所采取的手段进行判断。具体可以从以下几个方面来认定：

（1）经营者对其商品或服务的说明是虚假的，足以使一般消费者受到欺骗或误导；

(2) 经营者的这种虚假说明行为主观上是出于故意;

(3) 消费者因受到误导而接受了经营者的商品或服务,即经营者的虚假说明与消费者的消费行为之间存在因果关系;

(4) 经营者的欺诈行为使消费者的利益受到了损害。

2. 赔偿数额

对经营者的欺诈行为,消费者不仅可以获得补偿性的赔付,还可以要求增加赔偿额。增加的赔偿金额为消费者购买商品价款或者接受服务费用的1倍。增加的这部分赔偿金额是超出消费者的实际损失的,因此带有明显的惩罚性质。

(五) 违反《消费者权益保护法》的行政责任

1. 经营者应当承担行政责任的情形

经营者应当承担行政责任的情形包括以下几方面:

(1) 生产、销售的商品不符合保障人身、财产安全要求的;

(2) 在商品中掺杂、掺假,以假充真,以次充好,或者以不合格商品冒充合格商品的;

(3) 生产国家明令淘汰的商品或者销售失效、变质的商品的;

(4) 伪造商品的产地,伪造或者冒用他人厂名、厂址,伪造或者冒用认证标志、名优标志等质量标志的;

(5) 销售的商品应当检验、检疫而未检验、检疫或者伪造检验、检疫结果的;

(6) 对商品或者服务做引人误解的虚假宣传的;

(7) 对消费者提出的修理、重作、更换、退货、补足商品数量、退还货款和服务费用或者赔偿损失的要求故意拖延或者无理拒绝的;

(8) 侵犯消费者人格尊严或者侵犯消费者人身自由的;

(9) 法律、法规规定的对损害消费者权益应当予以处罚的其他情形。

2. 行政处罚机关和处罚方式

(1) 处罚依据。对上述的9种情形,若相关法律、法规(如《产品质量法》《食品卫生法》《广告法》《价格法》等)对处罚机关和处罚方式有规定的,应依照其规定执行;若法律法规没有规定的,由工商行政管理部门进行处罚。

(2) 处罚方式。对上述9种违法情形的处罚方式有责令改正、警告、没收违法所得、罚款;还可以对情节严重者责令停业整顿、吊销营业执照。

(3) 行政复议。为了防止行政机关滥用权力作出对经营者不公正的处罚,《消费者权益保护法》规定了经营者的行政复议权。当经营者对行政机关作出的行政处罚不服的,可自收到处罚决定之日起15日内向上一级机关申请复议,对复议决定仍不服的,可以向人民法院提起诉讼。

（六）消费者权益保护法中的刑事责任

违反《消费者权益保护法》，构成犯罪的行为有：经营者提供的商品或者服务，造成消费者或其他人受伤、残疾、死亡的；以暴力、威胁等方式阻碍有关行政部门工作人员依法执行职务的；国家机关工作人员玩忽职守或者包庇经营者侵害消费者合法权益的。对这些行为应根据情节依法追究刑事责任。

思考题

1. 《消费者权益保护法》对消费者的权利和经营者的义务是如何规定？
2. 对《消费者权益保护法》第49条的规定如何理解？
3. 谈谈你对进一步完善《消费者权益保护法》的看法？

典型案例

2001年5月1日，某市振兴家具城举行大型家具展览。前来参展的新兴华家具公司通过金声广告公司宣传其新品红木家具，吸引来很多顾客。王某在看到广告介绍后，来到展台，并在导购小姐的介绍下买回一套红木衣柜，价值6万元。后经专家鉴定，确认该套家具并非红木所制，市值仅为3万元。王某到振兴家具城要求退货，家具城答复家具展览已于2天前结束，且自己并无责任，要求王某到新兴华家具公司解决。王某遂以振兴家具城为被告诉至法院，要求振兴家具城承担法律责任。

问题：

(1) 在展览结束后，振兴家具城是否应当承担责任？为什么？
(2) 王某可以通过哪些途径解决这项争议？

参考答案：

(1) 振兴家具城依法应当承担责任。我国《消费者权益保护法》规定，消费者在展销会、租赁柜台购买商品或者接受服务，其合法权益受到损害的，可以向销售者或者服务者要求赔偿。展销会结束或者柜台租赁期满后，也可以向展销会的举办者、柜台的出租者要求赔偿。展销会的举办者、柜台的出租者赔偿后，有权向销售者或者服务者追偿。因此，王某可以选择向振兴家具城或者新兴华家具公司要求赔偿。

(2) 王某可以通过以下途径解决争议：与经营者协商和解；请求消费者协会调解；向有关行政部门申诉；根据与经营者达成的仲裁协议提请仲裁机构仲裁；向人民法院提起诉讼。

第十四章 担 保 法

重点问题
* 担保生效的要件及效力
* 保证的概念、种类及责任范围
* 抵押的种类、抵押物及抵押的效力

第一节 担保法概述

一、担保的概念和特征

（一）担保的概念

担保，是指法律为保证特定债权人利益的实现而特别规定的以第三人的信用或者以特定财产保障债务人履行义务、债权人实现权利的制度。它具有以下三方面的含义：

（1）债的担保是保障特定债权人债权实现的法律制度。债的担保不同于债的保全。债的保全是担保全体债权人利益的，是债的一般担保。

（2）债的担保是以第三人的信用或者特定财产来保障债权人债权实现的制度。以债务人的一般财产作担保则不属于债的担保，属于债的保全。

（3）债的担保是对债的效力的一种加强和补充，是对债务人信用的一种保证措施。债权人所享有的担保上的权利为一种从权利，债权人的债权为主权利。

（二）担保的特征

债的担保一般具有从属性、补充性及相对独立性的特点。

1. 债的担保具有从属性

从属性，指债的担保依附于债权债务关系而发生和存在。通常情形，担保的设定都是为既存的债权债务关系而设，或者为与担保同时成立的债权债务关系而设。因此，在传统民法上，原则上不允许为不存在的债的关系设定担保。

由担保的从属性所决定，债权债务关系不成立、无效或者被撤销时，担保即因失其依附而归于消灭；债权债务关系因清偿等原因消灭或缩小的，担保也随之消灭或缩小；在附有条件或期限的债权债务，债的关系未发生效力时，担保也不发生效力；担保的范围除非另有约定，仅就其成立时已经确定的债权债务（包括其转化形态以及利息、实行时的必要费用等）为限。

随着市场经济的发达，债的担保制度也出现了一些新的方式，如最高额抵押制度。最高额抵押系为不确定的债权债务设定的担保，即使债权债务最终没有发生，也不影响其存在。故在最高额抵押，已失去债的担保的从属性特征。此属债的担保从属性的例外。

2. 债的担保具有补充性

补充性，指债的担保只有在其所担保的债务不履行或者不能履行时，才能执行担保财产。例如，保证人可以行使债务人对于债权人的一切抗辩，即使债务人放弃抗辩权。在一般保证，甚至只有首先执行主债务人的财产且其执行仍不足以清偿债务时，才能执行保证人的财产。因此，各国法律均规定，实行担保须以债务履行期届至时债务人不履行债务为前提条件。

3. 债的担保具有相对独立性

相对独立性，指因担保的成立而发生与其所担保的债务有别的法律关系。例如，就担保的设定，当事人须另外达成合意；担保的范围，须当事人另行约定，不必和所担保的债务范围相同；由第三人提供担保的，须债权人与第三人另以合同定之；担保可有自己的发生原因、成立要件和消灭原因；担保不成立、无效或者被撤销的，对于其所担保的债权债务关系不发生影响，等等。

二、担保的种类

（一）人的担保

人的担保又称信用担保，是指在债务人的全部财产之外，又附加了第三人的一般财产或信用作为债权实现的担保。债务人不履行到期债务时，则由担保人负责清偿。人的担保包括保证和银行担保。银行担保是银行作保证人的担保方式，它是在现代国际经济贸易中出现的一种新的人的担保方式。

（二）物的担保

物的担保是指由自然人或者法人以自身的财产为自己或他人的债务提供担保，如果债务人不履行其债务，债权人可以依法处分担保财产，优先得到清偿的担保方式。物的担保包括抵押、质押和留置三种方式。

（三）金钱担保

定金担保既不属于人的担保，也不属于物的担保，而是一种金钱担保。

此外，还有一种担保称为反担保。所谓反担保，是指在商品贸易、工程承包和资金借贷等经济往来中，有时为了换取担保人提供保证、抵押或质押等担保方式，而由债务人或其他第三人向该担保人新设担保，该新设担保相对于原担保而言被称为反担保。反担保人可以是债务人，也可以是债务人之外的其他人。

反担保方式可以是债务人提供的抵押或者质押，也可以是其他人提供的保证、抵押或者质押。设定反担保的目的在于对抗担保风险，对因债权人为实现担保权而造成保证人的财产损失，第三人作为反担保的担保权人，其损失可以从反担保中优先获得清偿。

三、担保的效力

（一）担保生效的要件

担保作为一种法律行为，确认其效力的要件是：

（1）担保人的主体必须合格。主体合格是指担保人必须具有特定的权利能力和行为能力。

（2）担保人的担保意思表示必须真实。

（3）担保的内容必须合法。担保是一种民事法律行为，其行为所表现的内容必须符合法律的规定，即担保主体作出的担保行为不得违反法律的规定。

（4）担保的形式必须符合法定要求。担保要通过一定的方式，如口头方式、书面方式等表现出来。符合法定形式是担保发生效力的要件之一。不符合法定形式的担保不具有法律效力。如《中华人民共和国担保法》（以下简称《担保法》）第13条规定："保证人与债权人应当以书面形式订立保证合同。"从而在法律上否定了口头保证的有效性。

担保无效，通常有两种情况：一是被担保的主债无效，从而导致担保之债无效；二是担保之债本身无效，与主债的效力无关。担保被确认为无效后，其所约定的担保权利义务虽不发生法律效力，但并不免除担保各方当事人的责任承担。《担保法》第2条规定："担保合同被确认无效后，债务人、担保人、债权人有过错的，应当根据其过错各自承担相应的民事责任。"担保无效后，担保各方当事人承担的已不是担保责任，而是有过错的民事责任。

（二）担保的效力

担保的效力是指担保成立以后所具有的法律约束力。担保是一种民事法律行为，其法律的约束力是由法律赋予的，依法受法律保护。担保的效力表现为以下几方面。

（1）担保对于担保权人的效力。由于担保权的标的不同，担保权人行使担保权，使其债权受偿的方式和程序不同。在人的担保中，在一定条件下担保权人可以直接请求担保人清偿；而在物的担保中，担保权人在一定的条件下可从担保物的价值中优先受偿。

(2) 担保对于担保人的效力。担保对于担保人的效力主要表现为担保人负有担保债权实现的义务。担保人的担保责任在不同的担保中表现不同。在人的担保中，担保人在一定条件下须以自己的财产向担保权人清偿其债权；而在物的担保中，担保人须以其提供的担保物的价值清偿担保权人的债权。

担保人担保义务的履行是有条件的。一般情形下，只有在被担保人不履行债务时，担保人才承担担保责任。如果被担保人履行了债务，担保权人的债权已受清偿，则担保人的担保责任消灭。

主合同解除后，担保人对债务人应当承担的民事责任仍应承担担保责任。但是，担保合同另有约定的除外。

(3) 担保对于被担保人的效力。担保对于被担保人的效力主要有两个：第一，担保并不减轻或削弱被担保人的义务。担保是以确保债权实现为目的，是对债权的效力的加强和补充，因而在担保成立后，被担保人即主债务人的债务并不会因担保的设定而减轻或削弱，被担保人仍应向债权人履行自己的债务。第二，在一定条件下，负有向担保人返还的义务。担保人为保证人或物上保证人的，在债务人不履行债务时，担保人向担保权人承担担保责任后，有权向被担保人追偿。因此，被担保人在担保人承担保证责任后，负有向担保人偿还的义务。

四、担保的原则

担保的原则是指贯穿于担保活动中，担保各方当事人应遵循的最一般的行为规范准则。我国《担保法》第3条规定："担保活动应当遵循平等、自愿、公平、诚实信用的原则。"依此规定，担保活动的原则可以分为以下四种。

(1) 平等原则。平等原则是指担保当事人在担保活动中的地位平等。这是由担保活动的性质决定的。

(2) 自愿原则。自愿原则是指担保当事人完全按照自己的意愿依法自主地决定和选择担保事项。

(3) 公平原则。公平原则是指当事人应根据社会公认的公平观念进行担保活动。公平原则是适用法律的原则，它可以弥补担保法规定的不足。

(4) 诚实信用原则。诚实信用原则是指当事人进行担保活动、行使权利和履行义务时，应遵守信用，不得采取欺诈手段。

五、担保法的概念

担保法有广义和狭义之分。广义的担保法是指调整担保活动中有关当事人之间发生的担保关系的法律规范的总称，包括《中华人民共和国担保法》和其他法律以及规范性文件中有关担保的法律规范；狭义的担保法是指《中华人民共和国担保法》。

1995年6月30日由第八届全国人民代表大会常务委员会第十四次会议通过的《中华人民共和国担保法》，自1995年10月1日起实施。这是国家为促进资金融通和商品流通，保障债权的实现和发展社会主义市场经济而制定的一部法律。

担保法规定的担保方式有保证、抵押、质押、留置和定金五种。

第二节 保 证

一、保证的概念和特征

（一）保证的概念

保证是指第三人和债权人约定，当债务人不履行债务时，由第三人履行债务的担保方式。在保证关系中，以自身信用和不特定财产担保债务履行的第三人称为保证人，其债务被担保履行的人是被保证人（主合同中的债务人），其债权被担保实现的人为债权人。保证法律关系涉及债权人、债务人和保证人，由三个不同的法律关系构成：一是债权人与债务人之间的主债权债务关系，它是保证关系存在的前提和保证担保的对象；二是保证人与被保证人（即债务人）之间的委托保证关系；三是债权人与保证人之间的保证关系。

（二）保证的特征

（1）保证是一种人的担保。保证是以保证人的信用和不特定财产来担保债务履行的，与抵押和质押等物的担保不同。

（2）保证从属于主合同。保证以主债权债务关系的有效发生和存在作为前提，保证人的保证债务随主债务人债务的存在而于保证期限内存在，并随主债务的消灭而消灭，主合同无效，保证合同无效；保证人履行保证义务是有条件和范围的，只在债务人不履行债务时保证人始负保证责任，保证的范围从属于主债务，不得大于主债务范围。

（3）保证合同是无偿合同。在保证合同中，债权人不需向保证人支付任何代价而对保证人享有权利。但保证人接受被保证人的委托，承担了风险，他可以在与被保证人签订的委托保证合同中约定被保证人应支付的费用，即委托保证合同可以是有偿的。

（4）保证人承担的责任是补充责任或连带责任。只有在债务人不履行债务时，债权人才可以要求保证人承担保证责任；保证人代替债务人履行合同义务或连带偿还主债务后，即取得债权人地位，有权向债务人追偿或要求承担连带责任的其他保证人清偿其应当承担的份额。

二、保 证 人

（一）保证人的概念

保证人是与债权人在保证合同中约定，当债务人不履行债务时，由其按照约定履行债务或承担保证责任的一方当事人。即保证人是保证合同中与债权人约定承担保证责任的义务主体。保证人必须是主合同债权人和债务人以外的第三人，债务人不得为自己的债务作保。

（二）保证人的资格

《担保法》第7条规定："凡具有代为清偿债务的能力的法人、其他组织或者公民，可以作保证人。"

1. **具有民事主体资格的法人、其他组织或者公民可以作保证人**

保证人必须具有民事行为能力。自然人应具有完全民事行为能力，法人和其他组织作保证人，不得违反法律的禁止性规定，如《公司法》规定，公司不得为个人债务或其股东作保证人。

2. **保证人应具有代为清偿债务的能力**

保证人是以其信誉和不特定财产来担保主债务的履行，保证人若无代偿能力，则设立的保证不能起到担保作用。

3. **不得担任保证人的主体**

下列主体不得担任保证人：

（1）国家机关不得作保证人，但经国务院批准为使用外国政府或者国际经济组织贷款进行转贷的除外。

（2）学校、幼儿园、医院等以公益为目的的事业单位、社会团体不得为保证人。

（3）未经企业法人授权的分支机构及企业法人的职能部门不得担任保证人。

（三）共同保证人

共同保证是指数个保证人对同一债权所作的保证，即保证人有2个以上。《担保法》第12条规定："同一债务有两个以上保证人的，保证人应当按照保证合同约定的保证份额，承担保证责任。没有约定保证份额的，保证人承担连带责任，债权人可以要求任何一个保证人承担全部保证责任；保证人都负有担保全部债权实现的义务。已经承担保证责任的保证人,有权向债务人追偿,或者要求承担连带责任的其他保证人偿付其应当承担的份额。"

三、保证合同

(一) 保证合同的概念

保证合同是指保证人与债权人之间以书面形式订立的明确保证人与债权人权利义务关系的协议。保证合同的双方当事人是保证人和债权人。

(二) 保证合同的形式

保证合同应当采用书面形式。保证人与债权人可以单独签订保证合同,也可在主合同中订立保证条款。保证合同可以在主合同成立之前订立,也可以在主合同成立之后订立。

(三) 保证合同的订立程序

一般先由保证人发出订立保证合同的要约,债权人经审查保证人的主体资格、代偿能力后,若符合要求,向保证人表示承诺。双方签订书面保证合同,签字盖章后生效。

(四) 保证合同的内容

保证合同应当包括以下内容:①被保证的主债权种类、数额;②债务人履行债务的期限;③保证的方式;④保证担保的范围;⑤保证的期间;⑥双方认为需要约定的其他事项。

保证合同订立时若不完全具备上述规定内容的,可以事后补正。

四、保证的方式

(一) 一般保证

一般保证是指当事人在保证合同中约定,债务人不能履行债务时,由保证人承担保证责任。这里"不能"应理解为经法院强制执行后仍无法履行。因而,在一般保证中,保证人享有先诉抗辩权。

1. 保证人享有先诉抗辩权

《担保法》第17条第2款规定:"一般保证的保证人在主合同纠纷未经审判或者仲裁,并就债务人财产依法强制执行仍不能履行债务前,对债权人可以拒绝承担保证责任。"即保证人在债权人未就主债务人的财产强制执行而无效果前,对债权人有权拒绝清偿。因而，一般保证债权人只有先向债务人提起诉讼或仲裁，经法院对债务人财产进行强制执行后，对不能清偿的债权，债权人才能请求保证人承担保证责任。

2. 保证人不得主张先诉抗辩权的情形

根据《担保法》的规定，有以下情形之一的，保证人不得以主张先诉抗辩权为理由，不承担保证责任：①债务人住所变更，致使债权人要求其履行债务发生重大困难的；②人民法院受理债务人破产案件，中止执行程序的；③保证人以书面形式放弃先诉抗辩权的。

（二）连带责任保证

连带责任保证是指当事人在保证合同中约定保证人与债务人对债务承担连带责任。连带责任保证具有以下特点。

1. 连带责任保证中的保证人和债务人是连带债务人

《担保法》第18条第2款规定："连带责任保证的债务人在主合同规定的债务履行期届满没有履行债务的，债权人可以要求债务人履行债务，也可以要求保证人在其保证范围内承担保证责任。"

2. 连带责任保证中的保证人无先诉抗辩权

只要债务人在主合同规定的债务履行期届满没有履行债务，经债权人请求，保证人应承担保证责任。因而，连带责任保证加重了保证人的责任，与一般保证相比对保证人不利，但对债权人是非常有利的，可减少债权人的诉讼成本，节省时间。

3. 连带责任保证是法定责任

当事人对保证方式没有约定或者约定不明确的，按照连带责任保证承担保证责任。

4. 连带责任保证中保证人与债务人的权利义务及责任承担适用民法中连带债务的法律规定

保证人作为连带债务人，应清偿全部债务。清偿完后，取得债权人的地位，可向被保证人行使追偿权。

五、保证责任

（一）保证责任承担的方式

根据保证的法定概念，保证人承担保证责任主要方式为代为履行债务和代为赔偿损失两种。

1. 代为履行债务

代为履行债务是指当债务人逾期不履行债务时，债权人可按约定请求保证人实际履行债务。采用代为履行方式承担保证责任，一般适用于金钱给付。实物代为履行，应考虑保证人的代为履行能力，如保证人无此行为能力则不能采用代为履行方式，只能由保证人承担赔偿责任。

2. 代为赔偿损失

在保证合同没有约定保证人承担保证责任的方式，或者约定不明确的，保证人应承担赔偿责任。保证人代为赔偿通常用金钱进行，当事人经协商也可选定以实物折价、财产权利转让等方式进行。

（二）保证责任的范围

保证责任的范围即保证担保的范围，是指保证人按照保证合同约定或《担保法》规定，向债权人代为履行债务或代为承担赔偿责任的范围。

（1）保证责任范围可以由当事人自行约定，并且约定优先于法定。约定的保证范围可以小于或等于主债务的范围，但不能超过全部主债务范围。保证人与债权人还可以协议在最高债权额限度内就一定期间连续发生的借款合同或者某项商品交易合同订立最高额保证合同。

（2）当事人没有约定或者约定不明确的，则保证担保的范围包括主债权及利息、违约金、损害赔偿金和实现债权的费用。

（三）保证责任期间

保证责任的期间（即保证期间），是指依照法律规定或者当事人的约定，保证人仅在一定期限内承担保证责任，超过该期限，保证人不承担保证责任。这一期间一般是指从主债务履行期届满之日开始至约定或法定保证期间届满时止。根据《担保法》第 25 条和第 26 条的规定，当事人有约定保证期间的，按照约定确定保证期间，并且约定优先于法定。当事人没有约定或约定不明确的，法定保证期间为主债务履行期届满之日起 6 个月。

保证期间届满，债权人未向保证人主张债权的，保证人免除保证责任。对此，《担保法》规定：一般保证的保证人享有先诉抗辩权，当保证期间届满，债权人未对债务人提起诉讼或者申请仲裁的，保证人免除保证责任；债权人已提起诉讼或者申请仲裁的，保证期间适用诉讼时效中断的规定。承担连带责任的保证人，在保证期间，债权人未要求保证人承担保证责任的，保证人免除保证责任。可见，保证期间是除斥时效，保证期间届满，债权人丧失的是要求保证人承担保证责任的实体权利，与诉讼时效届满，权利人丧失的是胜诉权不同。

（四）保证责任的免除和消灭

保证人的保证责任得因一定的事由而免除。其保证责任的免除和消灭的事由主要有以下几方面。

(1) 保证期限届满而债权人未请求。

(2) 债权人放弃物的担保。《担保法》第 28 条规定："同一债权既有保证又有物的担保的，保证人对物的担保以外的债权承担保证责任。债权人放弃物的担保的，保证人在债权人放弃权利的范围内免除保证责任。"

(3) 主债务消灭。保证责任是从属于主债务的从债务，主债务因清偿、混同、免除、提存、抵销等原因而消灭时，保证债务自然也就消灭，保证人的保证责任消灭。

(4) 主债务转让给第三人而未经保证人书面同意。《担保法》第 23 条规定："保证期间，债权人许可债务人转让债务的，应当取得保证人书面同意，保证人对未经其同意转让的债务，不再承担保证责任。"

(5) 主合同内容变更而未经保证人书面同意。《担保法》第 24 条规定："债权人与债务人协议变更主合同的，应当取得保证人书面同意，未经保证人书面同意的，保证人不再承担保证责任。保证合同另有约定的，按照约定。"

(6) 保证合同依法解除或终止。《担保法》第 27 条规定："保证人依照本法第 14 条规定就连续发生的债权作保证，未约定保证期间的，保证人可以随时书面通知债权人终止保证合同，但保证人对于通知到债权人前所发生的债权，承担保证责任。"

(7) 保证合同无效，保证人不承担保证责任。但保证人有过错的，应承担相应民事责任。根据《担保法》第 30 条规定，有下列情形之一的，保证人不承担民事责任：①主合同当事人双方串通，骗取保证人提供保证的；②主合同债权人采取欺诈、胁迫等手段，使保证人在违背真实意思的情况下提供保证的。

六、保证人的抗辩权和追偿权

（一）保证人享有债务人对债权人的抗辩权

《担保法》第 20 条规定："一般保证和连带责任保证的保证人享有债务人的抗辩权。债务人放弃对债务的抗辩权的，保证人仍有权抗辩。抗辩权是指债权人行使债权时，债务人根据法定事由，对抗债权人行使请求权的权利。"

保证人对债权人的抗辩权除一般保证的保证人对债权人的先诉抗辩权外，一般保证和连带责任保证的保证人还享有本属于债务人对债权人的抗辩权。

债务人对债权人的债权主张可以根据民法的规定以主合同未生效，主债务因履行、解除已消灭,由于债权人违约而抵销部分债权等理由提出抗辩,以消灭、减少主债务。保证人是代债务人履行债务,保证责任是从属于主债务的从债务,保证人承担的保证责任范围应以债务人承担的债务为限,当主债务减少时,保证人的保证责任范围自然也应减少。因而,保证人应享有债务人对债权人的抗辩权,并且即使债务人放弃对债权人的抗辩权的,保证人仍有权抗辩。如卖方(债权人)与买方(债务人)签订一份买卖合同,卖方又与保证人签订保证合同,约定当买方逾期未付清货款时,由保证人承担连带保证责任。卖方交货后,因质量不符合合同要求,买方不予付款,卖方要求保证人承担保证责任,清偿买方应付的货款。则保证人可以以债权人(卖方)所交货物不符合同要求提出抗辩。

(二)保证人对债务人享有追偿权

保证人对债务人的追偿权,又称代位追偿权、代位求偿权,是指保证人代债务人履行债务或承担保证责任之后,以债权人的身份在其承担保证责任的限度内请求主债务人偿还的权利。无论是一般保证还是连带责任保证,保证人在按约定或法律规定承担保证责任以后,有权在其承担保证责任的范围内,向主债务人追偿,成为债务人的债权人。《担保法》第31条规定:"保证人承担保证责任后,有权向债务人追偿。"

《担保法》第32条规定:"人民法院受理债务人破产案件后,债权人未申报债权的,保证人可以参加破产财产分配,预先行使追偿权。"此规定赋予了保证人的预先追偿权。所谓预先追偿权,是指人民法院受理债务人破产案件后,债权人未申报债权的情况下,法律赋予保证人以将来的求偿权作为破产债权申报,参加破产程序,参与分配破产财产的权利。

第三节 抵 押

一、抵押的概念、特征与种类

(一)概念

抵押是指债务人或第三人不转移对特定财产的占有而将该财产作为债权的担保,当债务人到期不履行债务时,债权人有权就该财产的价值优先受偿的担保方式。在《担保法》中,该特定财产称为抵押物;将他人财产作为自己债权优先受偿对象的债权人称为抵押权人;提供财产向他人抵押的人称为抵押人;抵押人可以是债务人本人,也可以是债务人以外的第三人。

抵押是一种以对债务人或第三人的特定财产设定优先受偿权从而实现保障债

权人利益的物权担保方式。如同其他担保方式，抵押作为一种担保手段，也同样具有从属性与补充性。另外，抵押作为一种物权担保方式，与作为债权担保方式的保证相比，又具有以下特征。

（二）特征

1. 绝对性和排他性

作为一种物权担保方式，抵押权如同其他物权，是一种绝对权。作为权利主体的抵押权人是一个人，而义务主体除抵押人之外，还包括除抵押权人以外的其他任何人，他们对抵押权人均负有消极的不作为的义务，即不能损害抵押权人根据抵押合同所享有的抵押权益，否则就将承担对其不利的后果。因而，对同一抵押价值，如有在先抵押权，则在后抵押权就不能先于或同时于在先抵押权而优先受偿，这就是抵押权的排他性特征。

2. 追及力

正是因为抵押是一种物权担保方式，具有绝对性，所以抵押权也能对抗未经其同意而取得财产的买方、受赠人等对抵押物的所有权，在债务人未清偿到期债务的情况下，抵押权人可以以物权人的身份，要求返还抵押物并就抵押物的价值行使优先受偿权。这是抵押所谓的追及力特征。

（三）种类

（1）不动产抵押。不动产抵押是指以不动产为抵押物而设置的抵押。在实践中不动产抵押最为普遍。

（2）动产抵押。动产抵押是指以动产为抵押物，不转移动产的占有而设置的抵押。

（3）权利抵押。权利抵押是指以法律规定的各种财产权利作为抵押客体的抵押。如国有土地使用权抵押等。

（4）财团抵押。所谓财团，是指由企业的土地使用权、地上房屋、设备、知识产权等财产组成的一种集合的财产。财团抵押是指抵押人（企业）以财团作为抵押权客体而进行的抵押。

（5）最高额抵押。最高额抵押是指具有继续交易关系的当事人协议，在最高额限度内，以抵押物对一定期间内连续发生的债权作担保。

二、抵 押 物

（一）抵押物的概念

抵押物是指由抵押人提供，符合担保法规定的，经抵押权人认可的，在抵人到期不履行或不能履行合同义务时，抵押权人依照法律规定或者合同约定可以用来处分的财产。

（二）抵押物应符合的条件

抵押物应符合下列条件：
(1) 抵押物必须是抵押人享有处分权的财产；
(2) 抵押物必须是具有交换价值的财产；
(3) 抵押物必须是依法能够流通转让的财产，即能够变卖。

（三）可以抵押的财产

下列财产可以单独或一并抵押：
(1) 抵押人所有的房屋和其他地上定着物；
(2) 抵押人所有的机器、交通运输工具和其他财产；
(3) 抵押人依法有权处分的国有的土地使用权、房屋和其他地上定着物；
(4) 抵押人依法有权处分的国有的机器、交通运输工具和其他财产；
(5) 抵押人依法承包并经发包方同意抵押的荒山、荒沟、荒丘、荒滩等荒地的土地使用权；
(6) 依法可以抵押的其他财产。

此外，《担保法》第36条规定："以依法取得的国有土地上的房屋抵押的，该房屋占有范围内的国有土地使用权同时抵押。以出让方式取得的国有土地使用权抵押的，应当将抵押时该国有土地上的房屋同时抵押。乡（镇）、村企业的土地使用权不得单独抵押。以乡（镇）、村企业的厂房等建筑物抵押的，其占用范围内的土地使用权同时抵押。"

（四）不得抵押的财产

下列财产不得抵押：
(1) 土地所有权；
(2) 耕地、宅基地、自留地、自留山等集体所有的土地使用权，但前述可抵押财产中的依法承包并经发包方同意抵押的荒山、荒沟、荒丘、荒滩等荒地的土地使用权，以及随乡（镇）、村企业的厂房等建筑物抵押的其占用范围内的土地使用权除外；
(3) 学校、幼儿园、医院等以公益为目的事业单位、社会团体的教育设施、医疗卫生设施和其他社会公益设施；
(4) 所有权、使用权不明或者有争议的财产；
(5) 依法被查封、扣押、监管的财产；

(6) 依法不得抵押的其他财产。

三、抵押合同

抵押人和抵押权人应当以书面形式订立抵押合同。抵押合同应当包括以下内容：被担保的主债权种类、数额；债务人履行债务的期限；抵押物的名称、数量、质量、状况、所在地、所有权权属或者使用权权属；抵押担保的范围；当事人认为需要约定的其他事项。

抵押合同对被担保的主债权种类、抵押财产没有约定或者约定不明，根据主合同和抵押合同不能补正或者无法推定的，抵押不成立。

订立抵押合同时，抵押权人和抵押人在合同中不得约定在债务履行期届满抵押权人未受清偿时，抵押物的所有权转移为债权人所有。该约定的无效不影响抵押合同其他部分内容的效力。债务履行期届满后抵押权人未受清偿时，抵押权人和抵押人可以协议以抵押物折价取得抵押物，但是不得损害顺序在后的担保物权人和其他债权人利益。

四、抵押物登记

抵押权为物权，为使抵押合同约定的抵押权成立或取得对抗第三人的公信力，抵押合同订立后当事人应采取法定的登记方法进行公示，以对抗善意的第三人。

（一）必须办理登记的抵押物

当事人以下列财产抵押的，应向法定登记机关办理抵押物登记，抵押合同自登记之日起生效，未办理抵押物登记，抵押合同不生效：

(1) 以无地上定着物的土地使用权抵押的，向核发土地使用权证书的土地管理部门办理登记；

(2) 以城市房地产或者乡（镇）、村企业的厂房等建筑物抵押的，向县级以上地方人民政府规定的部门办理登记；

(3) 以林木抵押的，向县级以上林木主管部门办理登记；

(4) 以航空器、船舶、车辆抵押的，向运输工具登记部门办理登记；

(5) 以企业的设备和其他动产抵押的，向财产所在地的工商行政管理部门办理登记。

（二）自愿办理登记的抵押物

当事人以法定登记的抵押物以外的其他财产抵押的，可以自愿办理抵押物登记。抵押合同自合同签订之日起生效。当事人自愿办理抵押物登记的，登记部门为抵押人所在地的公证部门。当事人未办理抵押物登记的，不得对抗善意第三人。如抵押人将抵押物转让给善意第三人，抵押权人不得以该物已作抵押，向第三人主张对物的抵押权。即善意第三人能够以不知财产上存在抵押权为理由，拒绝抵押权人对该财产的追索。

（三）抵押物登记的程序

办理抵押物登记，应当向登记部门提供的材料办理抵押物登记，应当向登记部门提供下列文件或者其复印件：
(1) 主合同和抵押合同；
(2) 抵押物的所有权或者使用权证书。
登记部门登记的资料，应当允许查抄、抄录或者复印。

五、抵押的效力

（一）抵押担保的范围

抵押担保的范围包括主债权及利息、违约金、损害赔偿金和实现抵押权的费用。抵押合同另有约定的，按照约定。

（二）抵押人的权利和义务

在抵押关系存续期间，抵押人享有的权利有以下几种。

1. 对抵押物的占有权

除法律和合同另有约定的以外，抵押人有权继续占有抵押物，并有权取得抵押物的孳息。

2. 对抵押物设定多项抵押的权利

抵押人可以就同一抵押物在抵押物价值范围内设定多项抵押权。

3. 对抵押物的出租权

抵押人将已抵押的财产出租的，抵押权实现后，租赁合同对受让人不具有约束力。抵押人将已抵押的财产出租时，如果抵押人未书面告知承租人该财产已抵押的，抵押人对出租抵押物造成承租人的损失承担赔偿责任；如果抵押人已书面告知承租人该财产已抵押的，抵押权实现造成承租人的损失，由承租人自己承担。但是，抵押人将已出租的财产抵押的，应当书面告知承租人，原租赁合同继续有效。抵押权实现后，租赁合同在有效期内对抵押物的受让人继续有效。

4. 对抵押物的处分权

抵押设定后，抵押人并不丧失对抵押物的所有权，抵押人有权决定将抵押物转让他人。但是在抵押期间，抵押人转让已办理登记的抵押物的，应当通知抵押权人并告知受让人转让物已经抵押的情况；抵押人未通知抵押权人或者未告知受让人的，转让行为无效。转让抵押物的价款明显低于其价值的，抵押权人可以要求抵押人提供相应的担保；抵押人不提供的，不得转让抵押物。抵押人转让抵押物所得的价款，应当向抵押权人提前清偿所担保的债权或者向与抵押权人约定的第三人提存。超过债权数额的部分，归抵押人所有，不足部分由债务人清偿。抵押物依法被继承或者赠与的，抵押权不受影响。

抵押权存续期间，抵押人转让抵押物未通知抵押权人或者未告知受让人的，如果抵押物已经登记的，抵押权人仍可以行使抵押权。取得抵押物所有权的受让人，可以代替债务人清偿其全部债务，使抵押权消灭。受让人清偿债务后可以向抵押人追偿。如果抵押物未经登记的，抵押权不得对抗受让人，因此给抵押权人造成损失的，由抵押人承担赔偿责任。

债务人有多个普通债权人的，在清偿债务时，债务人与其中一个债权人恶意串通，将其全部或者部分财产抵押给该债权人，因此，丧失了履行其他债务的能力，损害了其他债权人的合法权益，受损害的其他债权人可以请求人民法院撤销该抵押行为。

已经设定抵押的财产被采取查封、扣押等财产保全或者执行措施的，不影响抵押权的效力。

抵押人的义务主要是妥善保管抵押物。抵押人有义务采取各种必要的措施以防止抵押物的毁损、灭失和价值减少。因抵押人的行为足以使抵押物价值减少的，抵押权人有权要求抵押人停止其行为。抵押物价值减少时，抵押权人有权要求抵押人恢复抵押物的价值，或者提供与其减少的价值相当的担保。若要求遭到拒绝时，抵押权人可以请求债务人履行债务，也可以请求提前行使抵押权。

抵押人对抵押物价值减少无过错的，抵押权人只能在抵押人因损害而得到的赔偿范围内要求提供担保。抵押物折价或者拍卖、变卖该抵押物的价款低于抵押权设定时约定价值的，应当按照抵押物实现的价值进行清偿。不足清偿的剩余部分，由债务人清偿。

（三）抵押权人的权利

1. 抵押权的保全权

抵押权人在抵押权存续期间，遇有抵押物的价值受到侵害的情形时，享有保全其抵押权益的权利。抵押人享有的权利主要包括停止侵害和排除妨害请求权、恢复原状请求权、提供相应担保请求权和损害赔偿请求权。

2. 孳息的收取权

债务履行期届满，债务人不履行债务致使抵押物被人民法院依法扣押的，自扣押之日起抵押权人有权收取由抵押物分离的天然孳息以及抵押人就抵押物可以收取的法定孳息。抵押权人未将扣押抵押物的事实通知应当清偿法定孳息的义务人的，抵押权的效力不及于该孳息，该孳息应当先充抵收取孳息的费用。

3. 优先受偿权

在债务人不履行债务时，抵押权人有权以抵押财产折价或者以拍卖、变卖抵押物的价款优先于普通债权人受偿。抵押权不得与债权分离而单独转让，或者作为其他债权的担保。抵押权与其担保的债权同时存在，债权消灭的，抵押权也消灭。

六、抵押权的实现

抵押权的实现是指在主合同债务清偿期届满，债务人未予清偿，抵押权人依法处分抵押物以使其债权受偿的行为。

（一）抵押权实现须具备的要件

1. 抵押权存在并且有效

如果存在抵押合同应登记而未经登记、抵押权人绝对抛弃抵押权、抵押权消灭等情况，抵押权便不能实现。

2. 债务履行期届满

抵押权是担保债务履行的手段，在债务履行期届满前，债权人没有要求债务人履行债务的权利，自然也没有实现抵押权的权利。当事人协商同意延长债务履行期的，债权人应在延长的期限届满时确定是否以抵押物受偿。

3. 抵押权人未受清偿

未受清偿是由于债务人履行不能或者拒绝履行引起的，债权人不能拒绝债务人的履行，而直接主张实现抵押权。未受清偿包括全部不受清偿和部分不受清偿，无论在哪一种情况下，债权人都可以实现抵押权。

（二）抵押权实现的方式

1. 拍卖

根据抵押权设立的本意，当债务人到期不履行债务时，抵押权人自然有权请求法院将抵押物予以拍卖。若法律有规定，抵押权人更可以将抵押物直接提交公共拍卖机构拍卖。拍卖所得价款先支付拍卖费用，再清偿抵押权人的债权，若还有剩余则返还抵押人。若卖得价款不足以清偿抵押权人之债权，抵押权人有权要求债务人以其他财产清偿。如抵押财产上存在数个抵押权，则按各个抵押权设定时间之先后顺序依次受偿。

2. 折价

将抵押财产折价归抵押权人所有以清偿债权，也是抵押权实现的一种重要方式。但是采用此种方式实现抵押权时，应在财产评估部门进行公平估价的基础上进行，以示公平。此外，还须经抵押权人与抵押人就折价协商一致。如双方不能协商一致达成折价协议，则抵押权便不能用折价方式予以实现，而只能改用拍卖或变卖方式实现。

3. 变卖

变卖即指普通的出让抵押物获得价款的方式。采用普通买卖方式处分抵押财产时，若遇抵押权人或抵押人一方不接受买受人给予的价格，双方均可请求增价拍卖，即以买方已给的价格作为拍卖起点进行拍卖。若增价拍卖又不能成功，则应以原买受人给予的价格卖与原买受人，除非原买受人又予拒绝。

(三) 数个抵押权人就同一抵押物卖得价款受偿的顺序

同一抵押物向两个以上债权人抵押的，拍卖、变卖抵押物所得价款按下列顺序清偿所担保的债权。

(1) 抵押合同已登记生效的，按照抵押物登记的先后顺序清偿；顺序相同的，按照债权比例清偿；

(2) 抵押合同自签订之日起生效的（即自愿登记的），其清偿顺序分三类：第一，该抵押物已登记的，按照抵押物登记的先后顺序清偿；顺序相同的，按照债权比例清偿；第二，该抵押物未登记的，按照合同生效时间的先后顺序清偿；顺序相同的，按照债权比例清偿；第三，抵押物已登记的先于未登记的受偿。

(四) 城市房地产和农村集体土地使用权作为抵押物时抵押权的实现

《担保法》第55条规定："城市房地产抵押合同签订后，土地上新增的房屋不属于抵押物。需要拍卖该抵押的房地产时，可以依法将该土地上新增的房屋与抵押物一同拍卖，但对拍卖新增房屋所得，抵押权人无权优先受偿。依照本法规定以承包的荒地的土地使用权抵押的，或者以乡（镇）、村企业的厂房等建筑物占用范围内的土地使用权抵押的，在实现抵押权后，未经法定程序不得改变土地集体所有和土地用途。"

(五) 划拨的国有土地使用权作为抵押物时抵押权的实现

拍卖划拨的国有土地使用权所得的价款，在依法缴纳相当于应缴纳的土地使用权出让金的款额后，抵押权人有优先受偿权。

（六）第三人的追偿权

抵押人为债务人外的第三人，在抵押权人实现抵押权后，有权向债务人追偿。

（七）抵押权消灭及抵押物灭失所得的赔偿金性质

抵押权因抵押物的灭失而消灭。因灭失所得的赔偿金，应当作为抵押财产。

七、最高额抵押

最高额抵押是指抵押人与抵押权人协议，在最高债权额限度内，以抵押物对一定期间内连续发生的债权作担保。最高额抵押适用于：第一，借款合同；第二，一定期间内连续发生的某项商品交易合同。例如，银行给企业的流动资金贷款，可不就每笔贷款签订抵押合同，而就1年的连续借款在预定的借款总额内签订一份抵押合同，约定在最高额范围内承担担保责任。

最高额抵押较之普通抵押的特点在于：抵押财产所担保的不是已经发生的特定债权，而是担保当事人间在一定期间内将来可能发生的不特定债权。"最高额"应理解为在担保期间的连续交易结束后，通过结算确定的债权余额不超过该最高额，而非每笔债权额的总和不超过该最高额。通过结算确定的实际债权额如低于抵押合同约定的最高额，抵押财产以实际债权额为限负担保责任；如高于抵押合同约定的最高额，抵押财产则以抵押合同约定的最高额为限负担保责任。

第四节　质　　押

一、质押的概念

质押是指债务人或者第三人将其动产或可转让的权利移交债权人占有，将该动产（权利）作为债的担保，债务人不履行债务时，债权人有权依法以该动产（权利）折价或者以拍卖、变卖该动产（权利）的价款而优先受偿。尽管质权与抵押权都是担保物权，均为物权的类型，但两者是有区别的，表现在：

（1）从标的来看，依据《担保法》，作为抵押标的的财产既包括动产也包括不动产。然而，质押的标的物则不包括不动产。

（2）从是否要求移转占有来看，抵押权的设定并不要求移转抵押物的占有。

而质权的设定必须移转占有。

(3) 从公示方式来看，尽管抵押权和质权的产生都需要公示，但其方法不完全相同。抵押权的设定主要应采用登记方法，但一般动产和其他权利出质并不需要登记。因为质权的设定要移转占有，而占有移转本身就是一种公示方法。

(4) 从担保物权人享有的权利来看，质权人因质物移转占有，可直接对质物行使占有权，也有权收取质物所生的孳息。

质押包括动产质押和权利质押两种。

二、动产质押

(一) 动产质押的概念

动产质押是指债务人或者第三人将其动产移交债权人占有，将该动产作为债权的担保，当债务人不履行债务时，债权人有权依法以该动产折价或者以拍卖、变卖该动产的价款优先受偿。债务人或者第三人为出质人，债权人为质权人，移交的动产为质物。

(二) 质押合同

出质人和质权人应当以书面形式订立质押合同。动产质押是实践合同，自质物移交于质权人占有时生效。出质人代质权人占有质物的，质押合同不生效。质权人将质物返还于出质人后，不得以其质权对抗第三人。出质人以间接占有的财产出质的，质押合同自书面通知送达占有人时视为移交。占有人收到出质通知后，仍接受出质人的指示处分出质财产的，该行为无效。

质押合同中对质押的财产约定不明，或者约定的出质财产与实际移交的财产不一致的，以实际交付占有的财产为准。

质押合同应包括以下内容：被担保的主债权种类、数额；债务人履行债务的期限；质物的名称、数量、质量、状况；质押担保的范围；质物移交的时间；当事人认为需要约定的其他事项。

出质人和质权人在合同中不得约定在债务履行期届满质权人未受清偿时，质物的所有权转移为质权人所有。该约定的无效不影响质押合同其他部分内容的效力。债务履行期届满后质权人未受清偿时，质权人和出质人可以协议以质物折价取得质物，但是不得损害顺序在后的担保物权人和其他债权人利益。

(三) 质押的效力

1. 质押担保的范围

除质押合同另有约定的外，质押担保的范围包括主债权及利息、违约金、损害赔偿金、质物保管费用和实现质权的费用。

2. 质权人的权利与义务

质权人享有下列权利：

（1）对质物的占有和留置权。在质权设定以后，质权人有权占有出质人出质的财产。在债务没有被清偿之前，质权人有权留置质物，即使质物的所有者已经由出质人转让给他人，质权人仍然享有留置权，并有权拒绝任何第三人提出的交付质物的要求。因不可归责于质权人的事由而丧失对质物的占有，质权人可以向不当占有人请求停止侵害、恢复原状、返还质物。

（2）质物孳息的收取权。除质押合同另有约定的外，质权人有权收取质物所产生的孳息。该孳息应当先充抵收取孳息的费用。

（3）预行拍卖或变卖质物权。如果质物有损坏或者价值明显减少的可能，足以危害质权人权利的，质权人可以要求出质人提供相应的担保。出质人不提供的，质权人拍卖或者变卖质物，并与出质人协议将拍卖或变卖所得的价款用于提前清偿所担保的债权或与出质人约定的第三人提存。

（4）费用偿还请求权。质权人对于因保管所支出的必要费用有偿还请求权。

（5）质物的转质权。质权人在质权存续期间，为担保自己的债务，经出质人同意，以其所占有的质物为第三人设定质权的，应当在原质权所担保的债权范围之内，超过的部分不具有优先受偿的效力。转质权的效力优于原质权。质权人在质权存续期间，未经出质人同意，为担保自己的债务，在其所占有的质物上为第三人设定质权的无效。质权人对因转质而发生的损害承担赔偿责任。

（6）优先受偿权。在债务人不履行债务时，质权人有权以折价或者拍卖、变卖质物的价款优先于普通债权人受偿。债务人或者第三人将其金钱以特户、封金、保证金等形式特定化后，移交债权人占有作为债权的担保，当债务人不履行债务时，债权人可以以该金钱优先受偿。

质权人的主要义务为妥善保管质物。质权人负有妥善保管质物的义务。因保管不善致使质物灭失或者毁损的，质权人应当承担民事责任。

质权人在质权存续期间，未经出质人同意，擅自使用、出租、处分质物，因此给出质人造成损失的，由质权人承担赔偿责任。

3. 出质人的权利及义务

出质人的主要权利有：

（1）对质物的处分权。出质人在质权成立以后，并不丧失对质物的所有权，因此出质人仍然对质物有法律上的处分权。

（2）质物孳息的收取权。出质人可以与质权人约定在质权人占有质物期间，由出质人或第三人收取质物的孳息。

（3）除去权利侵害和返还质物的请求权。《担保法》规定："质权人不能妥善保管质物可能致使其灭失或者毁损的,出质人可以要求质权人将质物提存,或者要求提前清偿债权而返还质物。"在提存期间,提存的费用应由质权人负担。出质人提前清偿债权的,应当扣除未到期部分的利息。

(4) 追偿权。为债务人质押担保的第三人在质权人实现质权后,有权向债务人追偿。

出质人的主要义务在于:

(1) 出质人以其不具有所有权但合法占有的动产出质的,不知出质人无处分权的质权人行使质权后,因此给动产所有人造成损失的,由出质人承担赔偿责任;

(2) 债务人或者第三人未按质押合同约定的时间移交质物的,因此,给质权人造成损失的,出质人应当根据其过错承担赔偿责任;

(3) 质物有隐蔽瑕疵造成质权人其他财产损害的,应由出质人承担赔偿责任,但是质权人在质物移交时明知质物有瑕疵而予以接受的除外。

动产质权的效力及于质物的从物。但是,从物未随同质物移交质权人占有的,质权的效力不及于从物。

4. 动产质权的实现

债务履行期届满质权人未受清偿的,质权人可以继续留置质物,并以质物的全部行使权利。出质人清偿所担保的债权后,质权人应当返还质物。债务履行期届满,出质人请求质权人及时行使权利,而质权人怠于行使权利致使质物价格下跌的,由此造成的损失,质权人应当承担赔偿责任。

质权因质物灭失而消灭,因灭失所得的赔偿金应当作为出质财产;质权与其担保的债权同时存在,债权消灭的,质权也消灭。

三、权利质权

(一) 权利质权的含义

权利质权是指以所有权之外的可转让之财产权为质物的质权。质权的本质在于交换价值权,即对质物之交换价值之支配,是此凡具有可让与性之交换价值财产权利均可成为其客体。例如,财产性债权、专利权、商标权、著作权等无形财产权及有价证券票据等即属此列,不动产财产权中的所有权,可为抵押权之标的,不宜作为质权之标的。

关于可作为质权标的的财产权利我国《担保法》第 75 条作了明确规定,具体包括:①汇票、支票、本票、债券、存款单、仓单、提单;②依法可以转让的股份、股票;③依法可转让的商标权,专利权、著作权中的财产权;④依法可以质押的其他权利。

(二) 权利质权的设定

1. 债权质权的设定

以汇票、支票、本票、债券、存款单、仓单、提单出质的即属此类。该质权设定须签订书面协议,在协议中应明确将权利凭证交付质权人的期限。自权利凭证交付之日起质押合同生效。

2. 股权质权的设定

包括以股票及以股份为客体的质权设定。以依法可以转让的股票出质的,出质人与质权人应当订立书面合同,并向证券登记机构办理出质登记。质押合同自登记之日起生效。以有限责任公司的股份出质的,按照公司法关于股份转让的规定办理。质押合同自股份出质记载于股东名册之日起生效。

3. 知识产权质权的设定

以依法可以转让的知识产权如商标专用权,专利权、著作权中的财产权出质的,出质人与质权人订立书面合同,并向有关管理部门即商标局、专利局、新闻出版署办理出质登记。质押合同自登记之日起生效。

(三) 权利质权的效力

就权利质押而言,以载明兑现或者提货日期的汇票、支票、本票、债券、存款单、仓单、提单出质的,汇票、支票、本票、债券、存款单、仓单、提单兑现或者提货日期先于债务履行期的,质权人可以在债务履行期届满前兑现或者提货,并与出质人协议将兑现的价款或者提取的货物用于提前清偿所担保的债权或者向与出质人约定的第三人提存。股票出质后不得转让,但经出质人与质权人协商同意的可以转让。出质人转让股票所得的价款应当向质权人提前清偿所担保的债权或者向与质权人约定的第三人提存。商标专用权,专利权、著作权等权利出质后,出质人不得转让或者许可他人使用,但经出质人与质权人协商同意的可以转让或者许可他人使用。出质人所得的转让费、许可费应当向质权人提前清偿所担保的债权或者向与质权人约定的第三人提存。

为债务人质押担保的第三人,在质权人实现质权后,有权向债务人追偿。

(四) 权利质权的消灭

权利质权之消灭,与动产质权之消灭并无二致,因而其同样适用动产质权消灭之法律规定。在此不作赘述。

第五节 留 置

一、留置的概念与性质

留置,是指依照法律的规定,债权人按照合同约定占有债务人的动产,当债务人不按照合同约定的期限履行债务时,债权人有权扣留该动产,超过一定期限债务人仍未履行债务的,留置权人有权以该动产折价或者以拍卖、变卖该动产的价款优先受偿。

上述被扣留的动产称为留置物,债权人称为留置权人,债权人基于留置而享有的权利称为留置权。

在我国民法中,留置权作为债的一种担保方式,具有如下法律性质。

(一)留置权是担保物权

尽管民法通则将留置权规定在"债权"一节中,但法律学说均认为留置权是一种担保物权。根据《民法通则》第89条第4项规定和《担保法》第82条的规定,首先,留置权是一种物权。留置权是以留置物为客体的权利,其效力直接及于留置物。当具备法定条件时,留置权人就可以排他地占有、支配留置物,不仅可对抗债务人的返还请求,且可以对抗一般第三人对留置物的权利主张。其次,留置权是一种担保物权。留置权是以担保债权受清偿为目的的物权,是以取得留置物的交换价值为主要内容的权利。故留置权体现为一种价值权。当债务人不履行给付义务超过约定期限时,留置权人可以就留置物的交换价值优先受偿。

(二)留置权具有法定性

留置权是一种法定权利,依照法律规定而直接产生,不是依当事人的协议而设立。留置权的法定性是其区别于其他担保方式的一个重要特征。如抵押权、保证、定金等均须依当事人的协议而成立。留置权的法定性,决定了在具备法律规定的条件时,留置权就当然成立。应当注意的是,《担保法》第84条规定,"当事人可以在合同中约定不得留置的物",可见留置可依约定排除。

(三)留置权具有从属性

留置权为担保债权而设立,故留置权从属于其所担保的债权,它们之间形成主从关系:债权为主权利,留置权为从权利。留置权的从属性表现为以下三点。第一,留置权的成立以主债权的成立为前提。这是留置权在成立上的属性。留置权是债权人以占有债务人的财产为其债权的担保。因此，只有主债权成立，留置权才能成立。第二，留置权随主债权的消灭而消灭。这是留置权在消灭上的从属性。当留置物所担保的主债权消灭时，留置权也随之消灭。如在主债权人放弃债权、债务人履行了全部债务、主债权的诉讼时效期间届满等情形下，留置权均归于消灭。第三，留置权优先受偿的范围决定于债权的范围。这是留置权在优先受偿上的从属性。就是说，留置权人只有在主债权的范围内才享有优先受偿权：一方面当留置物的价值大于主债权价值时，对于多余部分，留置权人必须返还债务人，不得用于清偿其他债务；另一方面，当留置物的价值小于主债权价值时，对于不足部分，留置权人不存在优先受偿权，与其他无担保债权处于平等地位。

二、留置权的成立条件

留置权作为法定的担保物权必须符合法定的条件才能成立。

(1) 债权人必须占有债务人的动产，债权人占有债务人的动产是留置权发生的前提。

(2) 占有的动产必须与债权有牵连关系。例如，修缮费请求权、运费请求权、保管费请求权的发生，均以修缮物、运输货物、保管物所为的契约为原因，其物与债权的发生具有牵连性。

(3) 债权须已届清偿期而债务人未按规定的期限履行义务。

(4) 留置必须符合法律的规定和当事人的约定。

《担保法》第83条规定，当事人可以在合同中约定不得留置的物。

三、留置权的效力

（一）留置担保的范围

担保的范围包括主债权及利息、违约金、损害赔偿金、留置物保管费用和实现留置权的费用。

留置权效力所及的标的物的范围一般包括主物（即留置权得以成立时债权人占有的动产）、从物、留置物的孳息、留置物的代位物。

（二）留置关系中当事人的权利义务

1. 留置权人的权利义务

留置权发生后，留置权人的权利义务包括下列几项：

(1) 对留置物的占有权。留置权一经成立，留置权人有权继续占有对方的财产，有权拒绝对方返还财产的请求。

（2）留置物孳息的收取权。留置权人在占有留置物期间，可以收取留置物的孳息。

（3）留置物必要的使用权。留置权为担保物权，留置权人虽有权占有留置物，但原则上对留置物不得使用。但为保管上的必要，如为防止留置的机械生锈，或者经留置物所有人同意，留置权人可以使用留置物。

（4）必要费用返还请求权。留置权人为保管留置物所支出的必要费用，是为物的所有人的利益而支出的，应有权向物的所有人请求返还。这些费用属于留置权所担保的债权范围，可以优先受偿。

（5）优先受偿权。留置权人有权就留置财产的价值优先受偿，这是保障留置权人债权实现的根本手段。

留置权人的主要义务是妥善保管留置物，因保管不善致使留置物灭失或者毁损的，留置权人应当承担民事责任。留置权人在占有留置物期间，不得擅自使用和利用留置物，不得为获取收益而使用留置物，更不得非法处分留置物。在债务人履行债务或债务人另行提供担保而使留置权消灭时，留置权人负有返还留置物的义务。

2. 留置物所有人的权利义务

留置物所有人是指对留置物享有处分权的人，既包括物的所有人，也包括对留置物享有经营权的人。在有些情况下，留置物所有人与债务人不一致。

留置物所有人在留置物被留置期间并不丧失对留置物的所有权，因此留置物所有人仍可以处分留置物，但因留置权人留置了留置物，所以留置物所有人的权利行使受到一定的限制。

留置权债务人的主要义务是在留置权发生后，不得干扰、阻碍留置权人行使留置权，并应偿付因保管留置物而支出的必要的费用。

四、留置权的实现

根据《担保法》第87条的规定，债权人与债务人应当在合同中约定，债权人留置财产后，债务人应当在不少于两个月的期限内履行债务。债权人与债务人在合同中未约定的，债权人留置债务人财产后，应当确定两个月以上的期限，通知债务人在该期限内履行债务。债务人逾期仍不履行的，债权人可以与债务人协议以留置物折价，也可以依法拍卖、变卖留置物。留置物折价或者拍卖、变卖后，其价款超过债权数额的部分归债务人所有，不足部分由债务人清偿。

第六节 定 金

一、定金的概念和种类

定金是合同当事人一方预先给付对方一定数额的货币，以保证合同义务履行的担保方式。

依定金的目的、性质、作用等，国际上通常将定金分为以下几类。

（一）成约定金

所谓成约定金是指定金为合同成立的要件，即只有交付定金，合同才告成立，若未交付定金，合同就未成立。

（二）证约定金

所谓证约定金是指以定金的交付作为合同成立的证据。我国的定金就具有此性质。

（三）违约定金

所谓违约定金是指以定金作为合同不履行的赔偿。即给付定金的一方不履行合同时，不得请求返还定金；接受定金的一方不履行合同时，应当加倍返还定金。我国《担保法》及《民法通则》即采取这一做法。它与违约金有相同之处。

（四）解约定金

所谓解约定金是指以定金作为将来合同解除的代价，即给付定金的一方得抛弃定金而解除合同；接受定金的一方得加倍返还定金而解除合同，双方都无须为解除合同承担支付违约金的责任。应注意的是解约定金应当在合同履行前为之。

二、定金生效的条件

（1）定金应当以书面形式约定。

（2）定金合同以主合同的有效为其生效的必要前提，主合同无效，不发生定金的担保作用，定金应返还。

（3）定金合同从实际交付定金之日起生效。

(4) 定金合同须以货币为标的。

(5) 定金的数额不能超过法定限额。《担保法》第 91 条规定："定金的数额由当事人约定，但不得超过主合同标的额的百分之二十。"

三、定金的效力

（一）证约效力

定金具有证明主合同成立的作用，当定金已经交付，且不具备无效或可撤销的原因时，即发生证明主合同成立的效力。

（二）抵作价款或收回

《担保法》第 89 条规定："债务人履行债务后，定金应当抵作价款或者收回。"

（三）违约定金罚则

《担保法》第 89 条规定："给付定金的一方不履行约定的债务的，无权要求返还定金；收受定金的一方不履行约定的债务的，应当双倍返还定金。"

合同部分不履行时定金处理办法，可以参照我国《农副产品购销合同条例》第 17 条第 6 项和第 18 条第 6 项的规定，供方"不履行或不完全履行预购合同的，应加倍偿还不履行部分的预付定金"，需方"不履行或不完全履行预购合同的，无权收回未履行部分的预付定金"。

（四）因不可归责于双方当事人的事由致使债务不能履行时的效力

《民法通则》第 107 条规定："因不可抗力不能履行合同或者造成他人损害的，不承担民事责任，法律另有规定的除外。"依照上述规定原则，当因不可归责于当事人的事由而导致合同债务不能履行时，不履行者不应当承担民事责任，定金作为合同的担保，也就不再发生效力，应当使其回复原状，接受定金一方应当将定金返还给付定金的一方当事人。

思考题

1. 试述担保的概念和特征。
2. 简述抵押、质押及留置的区别。
3. 试述抵押权人的权利。
4. 试述留置权的成立要件。
5. 试述一般保证和连带责任保证的区别。

经济法学

典型案例

冯系养鸡专业户,为改建鸡舍和引进良种需资金20万元。冯向陈借款10万元,以自己的一套价值10万元的音响设备抵押,双方立有抵押字据,但未办理登记。冯又向朱借款10万元,又以该设备质押,双方立有质押字据,并将设备交付朱占有。冯得款后,改造了鸡舍,且与县良种站签订了良种鸡引进合同。合同约定良种鸡款共计2万元,冯预付定金4000元,违约金按合同总额的10%计算,冯以销售肉鸡的款项偿还良种站的贷款。合同没有明确约定合同的履行地点。后县良种站将良种鸡送交冯,要求支付运费,冯拒绝。因发生不可抗力事件,冯预计的收入落空,冯因不能及时偿还借款和支付货款而与陈、朱及县良种站发生纠纷。诉至法院后,法院查证上述事实后又查明:朱在占有该设备期间不慎将该设备损坏,送蒋修理。朱无力交付修理费1万元,该设备现已被蒋留置。

问题:

(1) 冯与陈之间的抵押关系是否有效?为什么?

(2) 冯与朱之间的质押关系是否有效?为什么?

(3) 朱与蒋之间是何种法律关系?

(4) 对该音响设备,陈要求行使抵押权,蒋要求行使留置权,应由谁优先行使其权利?为什么?

(5) 冯无力支付县良种站的货款,合同中规定的定金条款和违约金条款可否同时适用?为什么?

(6) 县良种站要求冯支付送鸡运费,该请求应否支持?为什么?

(7) 冯对县良种站提出不可抗力的免责抗辩,能否成立?为什么?

(备注:对于本案例第4~7个问题,请同学们课外查找有关法律条文予以回答)

参考答案:

(1) 冯与陈之间的抵押关系有效。冯、陈双方立有抵押字据,为书面形式的合同,且抵押物并非必须办理登记的土地使用权、房地产、林木等,当事人以其他财产抵押的,可以自愿办理抵押物登记,也可以不办理抵押物登记,故冯与陈之间的抵押关系有效。

(2) 冯与朱之间的质押关系有效。《担保法》第64条规定,出质人和质权人应当以书面形式订立质押合同。质押合同自质物移交于质权人占有时生效。本案中,双方当事人立有质押字据,且质物已移交质权人占有,故冯与朱之间的质押关系有效。

(3) 朱与蒋之间是承揽合同关系和留置关系。朱是定作人,蒋是承揽人,之后朱与蒋之间因承揽合同发生的债权发生留置关系,朱是债务人,蒋是债权人、留置权人。

(4) 应由蒋优先行使留置权。《最高人民法院关于适用〈中华人民共和国担保法〉若干问题的解释》第49条第2款规定:"当事人未办理抵押物登记手续的,不得对抗第三人。"第79条规定:"同一财产法定登记的抵押权与质权并存时,抵押权人优先于质权人受偿。同一财产抵押权与留置权并存时,留置权人优先于抵押权人受偿。"本案中,因抵押物未办理登记,不得对抗第三人,故朱不能优先行使其权利。朱与蒋之间,蒋的留置权有优先权。

(5) 不可以。根据《合同法》第116条规定,当事人既约定违约金,又约定定金的,一方违约时,对方可以选择适用违约金或者定金条款。根据《合同法》的有关规定,在合同中既约定违约金，又约定定金的情形下，当事人只能选择适用其中的一种。

（6）县良种站要求冯支付送鸡运费，该请求不应支持。合同生效后，当事人就质量、价款或者报酬、履行地点等内容没有约定或者约定不明确的，可以协议补充；不能达成补充协议的，适用《合同法》的规定：履行费用的负担不明确的，由履行义务一方负担。

（7）不能成立。其经营风险应由自己承担，不能作为免责事由。

后 记

本书稿撰人及撰稿分工如下：

李响：第四章、第十四章；
王委艳：第八章、第九章；
刘锴：第三章、第六章；
曲玉萍：第十章、第十一章；
曹楠：第五章；
王晓琳：第十二章、第十三章；
闫勇：第九章；
于晟：第一章；
张丽丽：第二章、第七章；
王国柱：第十章；
刘永春：第六章。

王国柱博士为本书书稿接头大学及科研院所寄赠。

各书由李响审读、张丽丽、王国柱、刘永春对各书进行了校对。

书中的许多观点和前辈先生于我的启蒙——武汉大学，中南大学等多位先生皆是奉陪王先生习作时期接续着的教诲和启迪者，我特此向九位前辈先师诸兄及师长以其苦难之情难以言表。本书撰写及发稿中亦得到许多朋友的鼓励和帮助，除武汉大学、西南大学、贵州师范大学、河北经贸大学及其他尚未全部的同仁外，在忙碌中给予本书稿的和支持，在此谨表谢意！

李响
2007 年 12 月